U0563423

本书为国家社会科学基金重点项目"增强主流媒体的传播力公信力影响力研究"
（立项编号：14AXW001）结项成果

主流媒体"三力"研究

STUDY ON COMMUNICATION CAPABILITY, CREDIBILITY, AND INFLUENCE OF MAINSTREAM MEDIA

强月新　陈　星　等　著

社会科学文献出版社
SOCIAL SCIENCES ACADEMIC PRESS (CHINA)

目录

第一章 引言 ……………………………………………………… 1
  第一节 研究背景及意义 ………………………………………… 1
  第二节 研究内容与框架 ………………………………………… 6
  第三节 研究方法 ………………………………………………… 9

第二章 关于主流媒体"三力"的理论研究 …………………… 12
  第一节 关于主流媒体的理论研究 ……………………………… 12
  第二节 关于传播力的理论研究 ………………………………… 19
  第三节 关于公信力的理论研究 ………………………………… 24
  第四节 关于影响力的理论研究 ………………………………… 30
  第五节 "三力"关系的逻辑界定 ……………………………… 36
  本章小结 ………………………………………………………… 41

第三章 关于主流媒体"三力"的实证研究现状 ……………… 43
  第一节 传播力的测评指标研究现状 …………………………… 43
  第二节 公信力的测评指标研究现状 …………………………… 57
  第三节 影响力的测评指标构建与现状 ………………………… 66
  第四节 主流媒体"三力"影响因素的相关研究 ……………… 79
  本章小结 ………………………………………………………… 84

第四章　被访者媒介及媒体接触情况考察 ················· 85
第一节　问卷设计及样本构成 ······················· 85
第二节　被访者媒介接触的整体情况 ··················· 89
第三节　不同媒介的受众结构特征 ····················· 91
第四节　被访者的媒体接触情况及评价 ·················· 99
本章小结 ····························· 104

第五章　主流媒体"三力"的现状考察 ·················· 105
第一节　主流媒体传播力现状考察 ····················· 105
第二节　主流媒体公信力现状考察 ····················· 116
第三节　主流媒体影响力现状考察 ····················· 122
本章小结 ····························· 128

第六章　主流媒体"三力"的影响因素 ·················· 129
第一节　相关变量测量及数据分析 ····················· 129
第二节　媒体传播力的影响因素 ······················ 137
第三节　媒体公信力的影响因素 ······················ 142
第四节　媒体影响力的影响因素 ······················ 146
本章小结 ····························· 149

第七章　主流媒体"三力"提升中的问题分析 ··············· 150
第一节　主流媒体"三力"发展过程中的问题 ··············· 150
第二节　主流媒体"三力"提升过程中的困境 ··············· 154
第三节　影响主流媒体"三力"提升的原因 ················ 174
本章小结 ····························· 184

第八章　主流媒体提升"三力"的对策建议 ················ 186
第一节　转变发展理念，坚守核心价值 ·················· 186
第二节　内容至上，保持渠道畅通 ····················· 191
第三节　智能先行，推进成果转化 ····················· 195
第四节　推进变革，创新体制机制 ····················· 202

  第五节　用户为本，筑牢人才基石 ………………………… 207
  第六节　全面融合，勇于进行传媒实践 …………………… 211
  本章小结 …………………………………………………………… 215

第九章　媒体提升"三力"的实践 ………………………………… 216
  第一节　人民日报社新媒体中心的"三力"建设 …………… 216
  第二节　湖北广播电视台提升"三力"的探索 ……………… 225
  第三节　腾讯媒体业务的"三力"提升实践 ………………… 237

附录一　"三力"调查问卷（广东省） …………………………… 253

附录二　媒体从业人员半结构化访谈提纲 ……………………… 261

附录三　被访者信息和访谈情况 ………………………………… 262

参考文献 …………………………………………………………… 263

后　记 ……………………………………………………………… 281

图目录

图 2-1 "三力"研究关键词共现 ……………………………… 38
图 2-2 传播力、公信力、影响力关系 ……………………… 39
图 3-1 吴月红建构的主流媒体传播力评估模型 …………… 46
图 3-2 张春华建构的大众传媒传播力评估模型 …………… 47
图 3-3 "PRIME AIM"模型 …………………………………… 49
图 3-4 受众层次的效果评估指标体系 ……………………… 50
图 3-5 微信公众号传播力评价指标体系 …………………… 56
图 3-6 BEE 模型 ……………………………………………… 69
图 3-7 效果群相互作用模型 ………………………………… 69
图 3-8 电视媒体影响力的"五星模型" ……………………… 71
图 3-9 电视媒体影响力的"五星模型"测评指标体系 …… 71
图 4-1 有效样本接触各类媒介总体情况 …………………… 90
图 5-1 被考察的 21 家媒体的传播力现状 ………………… 110
图 5-2 3 家中央级主流媒体与 3 家知名门户网站在三地的
　　　 传播力比较 …………………………………………… 111
图 5-3 三地 3 类省级主流媒体和省级都市报、区域门户网站
　　　 传播力比较 …………………………………………… 112
图 5-4 男女被访者群体媒体传播力比较 …………………… 113
图 5-5 不同年龄被访者群体中央级主流媒体及知名门户网站
　　　 传播力比较 …………………………………………… 113

图 5-6	不同年龄被访者群体省级媒体传播力比较	114
图 5-7	不同受教育程度被访者群体中央级主流媒体及知名门户网站传播力比较	115
图 5-8	不同受教育程度被访者群体省级媒体传播力比较	115
图 5-9	不同经济收入水平被访者群体中央级主流媒体及知名门户网站传播力比较	116
图 5-10	不同经济收入水平被访者群体省级媒体传播力比较	116
图 5-11	被考察的 11 家/类媒体公信力现状	118
图 5-12	3 家中央级主流媒体与 3 家知名门户网站在三地的公信力比较	119
图 5-13	三地 3 类省级主流媒体和省级都市报、区域门户网站公信力比较	119
图 5-14	不同年龄被访者群体媒体公信力比较	120
图 5-15	不同受教育程度被访者群体媒体公信力比较	121
图 5-16	不同经济收入水平被访者群体媒体公信力比较	121
图 5-17	被考察的 11 家/类媒体影响力现状	124
图 5-18	被考察的 11 家/类媒体在三地影响力比较	124
图 5-19	不同性别被访者群体媒体影响力比较	125
图 5-20	不同年龄被访者群体媒体影响力比较	126
图 5-21	不同受教育程度被访者群体媒体影响力比较	127
图 5-22	不同经济收入水平被访者群体媒体影响力比较	127

表目录

表 1-1	本书问卷调查关注的21家媒体	8
表 2-1	习近平"三力"相关表述	36
表 3-1	吴月红建构的主流媒体传播力评估指标体系	45
表 3-2	中国报纸科技传播力指数之构建	48
表 3-3	主流媒体应用三大国际社交媒体的时间与人气状况	51
表 3-4	刘燕南等建构的国际传播效果评估体系	52
表 3-5	陕西媒体微信公众号传播力分布情况	55
表 3-6	葛亚诺—麦格拉思及梅耶的公信力测评量表	60
表 3-7	靳一设计的媒体公信力测评指标	62
表 3-8	城市和农村抽样地区大众媒介的绝对公信力	65
表 3-9	社交媒体公信力测评量表	66
表 3-10	中国报业市场影响力评价指标	70
表 3-11	媒体影响力的量化指标	72
表 3-12	媒介市场影响力指标	72
表 3-13	媒体影响力构成指标	73
表 3-14	媒介影响力评价指标体系	74
表 3-15	社交媒体影响力评价指标	75
表 3-16	政府网站互联网影响力评估指标体系及考核要点	77
表 4-1	有效样本性别总体情况	87

表 4-2	有效样本年龄总体情况	88
表 4-3	有效样本受教育程度总体情况	88
表 4-4	有效样本家庭收入总体情况	89
表 4-5	电视接触情况	91
表 4-6	报纸接触情况	91
表 4-7	广播接触情况	91
表 4-8	网络接触情况	91
表 4-9	电视观众的性别结构	92
表 4-10	电视观众的年龄结构	92
表 4-11	电视观众的受教育程度结构	93
表 4-12	电视观众的家庭月收入水平结构	93
表 4-13	报纸读者的性别结构	94
表 4-14	报纸读者的年龄结构	94
表 4-15	报纸读者的受教育程度结构	95
表 4-16	报纸读者的家庭月收入水平结构	95
表 4-17	广播听众的性别结构	96
表 4-18	广播听众的年龄结构	96
表 4-19	广播听众的受教育程度结构	96
表 4-20	广播听众的家庭月收入水平结构	97
表 4-21	网络受众的性别结构	98
表 4-22	网络受众的年龄结构	98
表 4-23	网络受众的受教育程度结构	98
表 4-24	网络受众的家庭月收入水平结构	99
表 5-1	被访者对各媒体的接触频率	107
表 5-2	被访者对各媒体的单次接触时长	109
表 6-1	媒体功能认知探索性因子分析结果	131
表 6-2	新媒体特征认知探索性因子分析结果（第2轮）	133
表 6-3	主流媒体传播力多元阶层回归分析	138
表 6-4	网络媒体传播力多元阶层回归分析	139
表 6-5	主流媒体公信力多元阶层回归分析	144

表6-6 网络媒体公信力多元阶层回归分析 …………………………… 145

表6-7 主流媒体影响力多元阶层回归分析 …………………………… 147

表6-8 网络媒体影响力多元阶层回归分析 …………………………… 148

表9-1 湖北广播电视台栏目 …………………………………………… 226

第一章 引　言

主流媒体的传播力、公信力、影响力（以下酌情简称"三力"）始终是中国新闻传播学界及传媒业界共同关注的热点话题，同时也是新闻宣传管理工作的重要课题。当前中国传媒技术发展迅速，媒介社会化和社会媒介化进程不断加深，崭新的媒介生态逐渐形成，主流媒体的"三力"建设迎来新的机遇和挑战。

2016年2月19日，在党的新闻舆论工作座谈会上，习近平总书记强调，要"切实提高党的新闻舆论传播力、引导力、影响力、公信力"[1]。"引导力"一般指媒体通过自身议题的设置引导受众认识、思考、理解新闻的能力。[2] 需要说明的是，本书所依托的课题"增强主流媒体的传播力公信力影响力研究"，申报立项时间是2014年底，项目名称和问卷设计中虽未涉及"引导力"，但主流媒体的传播力、公信力及影响力与引导力息息相关，提升主流媒体传播力、公信力及影响力是发挥舆论工作引导力的首要前提。因此，本书在探讨"三力"的过程中，始终认为应坚持充分发挥每一种力的内在能量，使三种力形成合力，与"引导力"一起全面立体地发挥作用。

第一节　研究背景及意义

2014年8月18日，习近平主持召开中央全面深化改革领导小组第四次会议，会议审议通过的《关于推动传统媒体和新兴媒体融合发展的指导

---

[1] 习近平总书记在党的新闻舆论工作座谈会上的重要讲话引起强烈反响［EB/OL］.（2016-02-22）［2020-06-18］. http://www.xinhuanet.com//politics/2016-02/22/c_1118122184.htm.

[2] 沈正赋. 新媒体时代新闻舆论传播力、引导力、影响力和公信力的重构［J］. 现代传播（中国传媒大学学报），2016（5）：1-7.

意见》提出，要"着力打造一批形态多样、手段先进、具有竞争力的新型媒体，建成几家拥有强大实力和传播力、公信力、影响力的新型媒体集团，形成立体多样、融合发展的现代传播体系"[①]。传播力、公信力、影响力首次作为一个整体在官方文件中出现，媒体"三力"被提到一个新的高度。研究主流媒体的"三力"现状、问题及提升路径，在当前特殊的传媒格局及社会背景下显得十分必要。

一 研究背景

（一）当前传媒格局中传统媒体日趋边缘化

近年来，随着网络技术的迅速发展和普及，中国媒体所处的环境格局发生了巨大变化。风起云涌的数字技术、数量庞大的用户群体、种类繁多的新闻资讯产品和机构等已大规模进入传统媒体领域。新媒体的发展和应用极大地丰富了信息市场，打破了传统媒体长期以来的信息垄断地位，与受众建立了良好的互动关系，实现了多媒体传播。传统媒体被迫进入更加开放的市场竞争，与新媒体、大众媒体和个人媒体竞合发展的时代已经开启。媒体发展从单一广告业态发展到新媒体、全媒体甚至跨媒体产业发展格局。[②] 众多传统媒体正经历"自主经营、自负盈亏、自我约束、自我发展"的商业模式转型。《中国传媒产业发展报告（2018）》数据显示，2017年中国传媒产业总规模达1.9万亿元，同比增长16.6%，其中移动互联网的市场份额接近一半，而传统媒体的总体规模仅占1/5，报刊广告和发行规模持续下降，2017年广播电视广告也首次出现负增长。[③]

目前，随着网络传媒技术的急剧变革，受众的媒介接触习惯已迁移变更至网络移动端，传统传播渠道的传播力和影响力已然失去优势。用户接收信息的渠道日益多样和便捷，新兴媒体设置议题、影响舆论、传播价值观的能力日益增强，传统主流媒体受众流失严重、市场份额下降、话语权

---

① 推动主流媒体在融合发展之路上走稳走快走好 [EB/OL]. (2014-08-20) [2020-06-18]. http://www.gov.cn/xinwen/2014-08/20/content_2737635.htm.
② 强月新，陈星，张明新. 我国主流媒体的传播力现状考察——基于对广东、湖北、贵州三省民众的问卷调查 [J]. 新闻记者，2016（5）：16-26.
③ 崔保国. 中国传媒产业发展报告（2018）[M]. 北京：社会科学文献出版社，2018：11.

被削弱，其原有的主流地位也在逐渐边缘化。

2019年6月12日，玛丽·米克（Mary Meeker）发布2019年互联网趋势报告。该报告以美国为例指出，2019年，美国人每天移动端的使用时间达到226分钟，首次超过电视端，Facebook、YouTube、WhatsApp、微信等社交媒体成为用户占比较高的移动端应用产品，有43%的用户获取新闻的方式是Facebook，超过1/5的用户借助YouTube获取资讯，① 社交媒体已成为设置新闻议程、放大热门话题的重要途径。同样的情况在中国也十分突出，第47次《中国互联网发展状况统计报告》显示，截至2020年12月，中国网民规模达9.89亿人，互联网普及率为70.4%，手机网民规模为9.86亿人，网民使用手机上网的比例达99.7%，网络新闻用户规模达7.43亿人，手机网络新闻用户规模达7.41亿人。② 相较之下，近几年的《新闻出版产业分析报告》等数据显示，中国报纸发行量和电视开机率在持续下滑，中青年受众群体流失严重。

传统传播渠道失灵导致传统主流媒体收入也出现断崖式下跌，其经营状况每况愈下，经济地位逐渐边缘化。传统媒体的广告收入自2014年起连续四年出现负增长，③ 多家报纸宣布停刊，截至2018年12月31日，发布停休刊消息的报纸媒体已超过40家，④ 传统媒体人离职转型的热潮也再次涌现。在技术和资本的双重推动下，以信息服务为主导的传媒产业降低制作成本和物质成本，信息内容和科学经营一跃成为传媒产业的核心生产力，网络新媒体成为传媒产业新的经济增长点，传统媒体的边缘化趋势日益明显。

（二）中国转型关键期亟须主流媒体引导

改革开放后，自由流动的资源和空间逐渐出现。社会结构开始分化与凝固，社会中的价值观和利益诉求也走向多元，其中不同利益集团、群

---

① 2019互联网趋势报告中文完整版［EB/OL］.（2019-06-12）［2020-06-19］. http://www.ebrun.com/20190612/337225.shtml.
② 中国互联网络信息中心. 第47次中国互联网络发展状况统计报告［R］. 2021.
③ 丁和根. 反向融合：传统媒体衰退背景下新闻业的边缘化与未来进路［J］. 西北工业大学学报（社会科学版），2019（1）：48-56.
④ 2018年，与我们告别的报纸，已经超过40家［EB/OL］.（2018-12-31）［2020-06-20］. https://baijiahao.baidu.com/s?id=1621337710084908693&wfr=spider&for=pc.

体、个人之间的利益冲突也在不断加剧，中国进入转型关键时期。这一时期，传递核心价值观的社会话语在媒体话语结构中的缺失，直接影响社会风险的调和与化解，主流媒体必须担负起引导舆论、弘扬社会主义核心价值观、调和各方利益关系、化解各种矛盾的社会责任。

随着社会主义市场经济体制的确立，各类媒体资源持续改革，"经济效益"逐渐超过"新闻价值"，一跃成为各类媒体机构及传播者盲目追求的目标，社会效益被抛诸脑后。盲目追求收视率、收听率、点击率，无视新闻采访规则和审校程序的虚假新闻屡见不鲜，损害了传统主流媒体公信力，有的还引发不小的舆论争议甚至网络暴力。2018年10月28日，重庆市长江二桥突发重大交通事故，一辆大巴坠入长江，导致15人遇难。重庆青年报官方微博最先发布消息称该事故是一名女司机驾车逆行所致，后新京报网也发布报道称从万州区应急办获悉，大巴坠江系一轿车逆行导致。[①] 新闻一经发出，受众纷纷指责女轿车司机。然而，经调查，该事故的原因是大巴行驶中突然越过中心实线，冲出路沿，坠入江中，女轿车司机为正常行驶。众多专业媒体在事件真相并未调查清楚前，就做出先入为主的定性，不仅间接伤害女司机及其家人，还大量消耗媒体自身的公信力。

此外，媒体机构过度追求经济效益带来的过度娱乐化也会严重污染社会信息生态和舆论环境。娱乐功能本是新闻媒体的重要功能之一，但一些媒体机构不顾道德责任及社会影响，刻意迎合受众，利用煽情炒作，公开传播"三俗内容"，过度开发娱乐功能，导致"性、腥、星"等劣质内容充斥公共空间，损害社会文明，极易误导缺乏信息素养和判断能力的青少年。2018年7月，中央巡视组曾点名湖南卫视"过度娱乐化"，要求湖南卫视积极整改"过度集中综艺娱乐、过度依赖明星艺人、过度追求商业价值和市场效果"等问题。这就再次强调主流媒体应承担起正确引导广大受众的责任，积极传递正能量，将优秀的新闻作品以受众喜闻乐见的形式进行创新传播。

从整体上看，处于国家转型关键期的主流媒体也面临发展和变革的任务。在纷繁复杂的舆论空间中，主流媒体必须正视自身传播力、公信力和影响力建设当中的问题，探索掣肘"三力"发展的深层原因，并提出具有

---

① 年度虚假新闻研究课题组. 2018年虚假新闻研究报告［J］. 新闻记者，2019（1）：4-14.

针对性与有效性的对策和建议。全面系统地对增强主流媒体"三力"进行研究，就显得十分紧迫和必要。

二 研究意义

（一）理论意义

本书在梳理"三力"研究系统的基础上，首次将作为主流媒体评价体系不同面向的"三力"放在一起整体研究。

第一，本书通过文献分析及数据调研认为，"传播力"是偏重于媒体的概念，指媒体对新闻事件进行建构和传播的能力；"公信力"是偏重于受众的概念，指媒体通过新闻产品的传播而获得公众认可的能力；"影响力"是偏重于效果的概念，指媒体报道在广度和深度上对公众言行造成影响的能力。第二，本书进一步对"三力"之间的关系进行剖析，指出传播力是产生影响力、获得公信力的基本因素；公信力是基于传播力、影响力形成的权威性资源；影响力是传播力在传播终端的体现，是公信力的表征。第三，本书将"三力"作为衡量媒体传播过程的综合指标，以建构基于传播的规模和质量相结合的主流媒体评价指标体系，使之具有可操作性：传播力＝用户接触频率×用户单次接触时长；公信力＝媒体在新闻/评论方面的真实客观程度和履行社会责任程度；影响力＝传播力×媒体内容重要性×媒体内容价值导向。

目前中国关于媒体传播力、公信力和影响力的研究还相对薄弱，既有理论资源及评价体系并不具有普遍价值。中国学界虽对主流媒体的"三力"问题进行了讨论，但大部分并未厘清"主流媒体""传播力""公信力""影响力"诸核心概念及其相互间的关系，导致研究边界不清，无法整体把握主流媒体的传播力、公信力和影响力，缺乏针对性和实践指导意义。

本书对"三力"概念及"三力"关系的研究，丰富了当前关于中国主流媒体"三力"的整体研究，为主流媒体"三力"研究开辟了新的理论视角。同时，建构主流媒体"三力"评价指标体系，不但可以进一步完善媒体评价系统，还丰富了中国特色社会主义新闻理论体系。

（二）现实意义

在当前传播技术和传播环境出现变革的时代背景下，主流媒体所面对的传播对象的价值观和身份角色都发生了翻天覆地的变化。中国主流媒体的"三力"现状如何，应当如何提高和改善主流媒体的"三力"，这都是新的媒介格局下研究者和实践者们不得不认真思考的问题。目前，在传播生态格局的结构性转变中，新媒体公信力和影响力上升明显，而中国主流媒体"三力"状况不容乐观，大部分传统主流媒体的传播力和影响力均呈现下滑态势，尤其体现在报纸和电视类主流媒体上。传统媒体公信力虽尚具优势但也在不断下降。

本书从传播理念、体制机制、方法路径等不同方面切入，关涉社会、政府、媒体、公众等不同群体，同时结合研究数据和结果，提出提升主流媒体"三力"的具体对策建议，对引导当前中国复杂的舆论环境具有重大的现实意义，同时也有助于主流媒体在新的媒体竞争格局中找回主导地位。

第二节　研究内容与框架

一　研究问题

由于中国关于主流媒体"三力"的研究并未达成共识，尤其缺乏对主流媒体"三力"评价指标体系的构建，具有针对性和可操作性的"三力"提升对策也十分有限，本书主要以马克思主义新闻观为指导、以科学发展观为基本理念、以习近平新时代中国特色社会主义思想为基本遵循，从中国主流媒体所处的实际情形出发，重点研究以下四个方面的问题。

第一，主流媒体"三力"的理论阐释。本书将基于已有文献资料及其他优秀研究成果，从理论角度对"主流媒体"的"传播力""公信力""影响力"分别进行概念梳理与关系阐释。

第二，主流媒体"三力"的现状分析。本书将结合学界与业界的调研访谈，构建一套科学合理的"三力"评价指标体系。这一评价指标体系的建构主要结合当前传播技术、媒介格局、舆论生态的深刻变化，通过对主流媒体从业者和管理者进行问卷调查和深度访谈而进行。最终分析当前主流媒体"三力"的基本状况，并考察受众对主流媒体"三力"认可或否定的理由和依据。

第三，主流媒体"三力"存在的问题。本书基于理论阐释及指标评价体系建构，对主流媒体"三力"的制约因素和存在问题进行深入分析，为提出合理有效的建议和措施奠定基础。

第四，主流媒体提升"三力"的对策建议。本书最终目的是对中国主流媒体"三力"提升提供借鉴意义。首先，在理念与思路层面，提出主流媒体在新的竞争格局和舆论环境下调整定位和经营管理理念的措施。其次，在内容和技术层面，研究主流媒体应如何合理有效利用技术，优化内容生产及呈现方式；如何立足基层，强化社会服务意识，转变报道方式，增强舆论引导能力，提升主流媒体"三力"。最后，在制度与政策层面，认为政府应转变职能，制定有利于提升主流媒体"三力"的政策，规范媒体经营管理行为。

二 研究对象

本书的主要研究对象是主流媒体。主流媒体，即以严肃新闻为主要报道内容，具有专业理念和文化自觉精神，着力弘扬主流价值观，在竞争区域处于重要地位并占较大广告市场份额，在社会发展中勇于担当社会责任的媒体。[1] 照此标准，课题组在中央级主流媒体中选择CCTV、《人民日报》和中央人民广播电台（CNR）共3家媒体来考察；[2] 在粤鄂贵三省，分别选择当地省级党委机关报、省级卫视、省级人民广播电台共9家媒体来考察。因此，本书问卷调查所关注的主流媒体包括中央级和省级两个层次，共12家（见表1-1）。

为了解当前媒体系统的整体情形，本问卷调查同时将有影响力的市场化报纸和网络媒体纳入考察范围。对于市场化报纸，在三省选择当地最具影响力的都市报进行考察；对于网络媒体，选择腾讯网、新浪网、凤凰网

---

[1] 强月新，陈星，张明新. 我国主流媒体的传播力现状考察——基于对广东、湖北、贵州三省民众的问卷调查[J]. 新闻记者，2016（5）：20.

[2] 需要说明的是，2018年3月，CCTV、中国国际电视台、中央人民广播电台、中国国际广播电台合并成中央广播电视总台。因本调查时间较早，沿用合并前原名。

及各省区域门户网站进行考察。① 因此，作为参照的媒体共有 9 家（见表 1-1）。需要指出的是，在本调查中，所有传统媒体（报纸、电视和广播）不仅包括其传统的传播介质形态，亦包括其所拥有的网络版、官方微博账号和微信公众号等各种渠道或平台。

表 1-1 本书问卷调查关注的 21 家媒体

媒体类型		媒体名称/类别	广东省	湖北省	贵州省
主流媒体	中央级媒体	CCTV	—	—	—
		人民日报	—	—	—
		中央人民广播电台	—	—	—
	省级媒体	省级党委机关报	南方日报	湖北日报	贵州日报
		省级卫视	广东卫视	湖北卫视	贵州卫视
		省级人民广播电台	广东人民广播电台	湖北人民广播电台	贵州人民广播电台
参照媒体	市场化报纸	省级都市报	南方都市报	楚天都市报	贵州都市报
	网络媒体	各省区域门户网站	大粤网	大楚网	大黔网
		腾讯网	—	—	—
		新浪网	—	—	—
		凤凰网	—	—	—

注：表中区域性媒体包括三省的省级党委机关报、省级卫视、省级人民广播电台、省级都市报、区域门户网站，共 15 家，被访者数量与相应省份的样本量一致；3 家中央级媒体和 3 家商业门户网站，即 CCTV、《人民日报》、中央人民广播电台、腾讯网、新浪网、凤凰网。

三 研究框架

本书共分九章。

第一章是引言，主要介绍本书的研究缘起和意义。重点梳理中国主流媒体"三力"问题提出的背景与逻辑，同时明确本书希望解决的四个重要问题，合理安排本书的结构框架和选择科学的研究方法。第二章至第三章是理论阐述部分。第二章主要梳理"主流媒体""传播力""公信力""影响力"的理论研究现状，并厘清概念本身及"三力"之间的关系。第三章

---

① 强月新，陈星，张明新. 我国主流媒体的传播力现状考察——基于对广东、湖北、贵州三省民众的问卷调查[J]. 新闻记者，2016（5）：20.

则主要围绕当前学界及业界已有的对媒体"三力"测评体系的实证研究进行分析评述,为后续第四章的实证研究设计奠定基础。

第四章至第六章重点分析中国主流媒体"三力"现状,剖析"三力"存在的问题。围绕获得的问卷数据,对被访者的媒介接触情况、媒体"三力"情况、影响媒体"三力"的因素进行数据分析,为后续章节的问题分析提供具有说服力的数据资料及具有针对性和可操作性的对策。

第七章主要基于第四章至第六章的数据结果,运用深入访谈法,结合主流媒体发展实践,提出主流媒体发展中存在的问题及困境,并从宏观环境、媒体自身及受众三个方面对主流媒体"三力"存在问题的原因进行分析。第八章基于前述,从转变理念、推进变革、倾斜重心、重视内容、以人为本、全面融合六个方面深入论述提升主流媒体"三力"的对策建议。第九章是案例研究。通过参与式观察、深度访谈的方式,重点选择中央级主流媒体人民日报社、省级主流媒体湖北广播电视台、网络媒体腾讯网为典型,对所选案例如何提升"三力"及面临的问题进行总结,以期对不同类型的主流媒体提供具有启发价值和可操作性的对策建议。

第三节　研究方法

前已述及,本书将重点分析四个方面的问题,即有关主流媒体"三力"的理论阐释、现状分析、存在的问题、对策建议。为回答这些问题,本书主要采用量化和质化相结合的方法,针对不同的研究问题采用相应的研究方法,来搜集研究所需的数据资料。

一　文献研究法

在"理论阐释"部分主要采用文献研究法。文献研究法是通过鉴别、搜集和整理现存研究成果,最终实现科学认识某一问题的重要研究方法。在进行问卷调查及深度访谈前,本书首先回顾梳理关于主流媒体、传播力、公信力、影响力的相关研究成果,通过相关学术专著、中外文期刊、网上公开资料等多种途径广泛搜集相关文献资料,然后进行归纳整理,提炼总结本书所需要的基础资料。

二　深度访谈法

在"现状分析"及"对策建议"部分主要运用深度访谈法。深度访谈法是质性研究的重要研究方法之一，是指一种无结构的、直接的、一对一的访问形式。其访问方式和过程对调查员的访谈技巧有很高的要求，是揭示被访者对某一问题的潜在动机、态度和情感的科学方法。深度访谈分为两个阶段。第一个阶段是与文献研究法配合的阶段，这一阶段主要选择学界专家教授及一些业界实践人才进行访谈，为研究思路的确定及问卷调查的设计采集有效的资料。第二个阶段则是在"对策建议"部分，重点访谈一些参与主流媒体"三力"建设的管理者及一线工作人员，为当前主流媒体提升"三力"遇到的问题及原因、总结对策等方面提供可靠的访谈资料。

深度访谈法研究的相关工作跨时较长，从2014年底立项至2019年中期。访谈工作的具体实施则集中在问卷收回及数据处理之后的成文过程，介于2016年初至2019年初。本次深度访谈主要采取半结构化的方式，针对主流媒体角色、"三力"现状、问题、影响因素等与被访者进行自由开放的深度交流，采集有价值的访谈资料。

三　问卷调查法

在"现状分析"部分，主要采用问卷调查法。课题组在湖北、广东、贵州三省展开线下问卷调查，为保证问卷数据质量，课题组成员分派不同调查组前往三省不同地市，采取入户面访的方式进行。在问卷题项定稿之前，课题组结合文献研究和深度访谈所获得的材料及试调查所获得的数据，对问卷题项不断调整，以保障问卷题项的科学性和可操作性。

四　参与式观察法

在本书的"案例分析"部分，主要采用参与式观察法。参与式观察法在人类学、民族志、民俗学、社会学以及农学、旅游学、宗教学的研究中较为普遍。在案例分析的过程中,分别有至少一位课题组成员前往每个案例单位,进行至少3个月的参与式观察,深入各个环节直接参与,多角度观察案例对象,同时收集第一手资料。

第二章　关于主流媒体"三力"的理论研究

依据当前学界已有的理论研究成果，本章立足于整体视野对"主流媒体""传播力""公信力""影响力"进行界定，同时厘清"三力"之间的关系，为进一步建构"三力"评价指标体系，探讨中国主流媒体"三力"现状、存在的问题，以及提供对策建议等方面奠定坚实的理论基础。

第一节　关于主流媒体的理论研究

主流媒体是本书的核心研究对象，打造拥有强大传播力、公信力和影响力的主流媒体，是本书的最终目的，更是当前传媒业界和学术界共同关注的重点。许多学者基于不同的研究视角对主流媒体进行了多样性研究，但在目前，学术界关于主流媒体的界定依然存在较大争论。争论的背后是媒介实践和社会治理的双重需求，以及如何突破主流媒体研究的困境，超越现有的窠臼，建构新的解释范式。

一　西方视域下主流媒体研究的历程

（一）缘起：19 世纪末对"大报"的期望

"主流媒体"（mainstream media）一词是由西方学术界传入中国的舶来品。19 世纪末，美国商业报纸中黄色新闻泛滥，党派报纸中政治偏见频繁出现，"主流媒体"这一概念便伴随"理想报纸"（the ideal newspaper）的讨论悄然诞生。

美国建国后，政党竞争成为政治生活的主旋律，政党报纸成为美国新闻业的核心。这种政党报纸重在政治宣传，实现政治功能，但其中一些政党报纸违背了新闻规律和新闻专业主义，变成政党斗争的工具。① 从18世纪到19世纪，持续近百年的政党报纸之争，成为美国新闻史上的"黑色时期"。② 直到19世纪60—90年代经济不断发展，美国社会的工业化、城市化进程持续加快，与之相对应的公司化、垄断化趋势也日趋明显，社会信息需求出现转变，以"政论"为主的政党报纸时代才结束。南北战争以后，商业报纸开始取代政党报纸，成为美国新闻事业的主体，但大量商业报纸以刊载犯罪、暴力、灾祸和反映人类黑暗面的内容来扩大发行量。③

自此，许多批评家开始思考"理想报纸"的问题。默里（W. H. H. Murray）、亚当（E. Adam）、罗斯（E. A. Ross）和霍尔特（H. Holt）等提出捐赠基金报纸，认为报纸本身应该排除政治因素和商业上的诱惑，真正成为理想型的报纸，即"有道德的、公正的、真实的、有权威的、负责的、高尚的、独立的报纸"，新闻专业主义理念也随之诞生。④

随着新闻专业主义理念的形成，媒体的划分也出现小报媒体（tabloid media）和大报媒体（broadsheet media）。小报版面通常比大报小一半，刊载的文章短、图片多，经常以挖掘名人隐私、名人佚事、黄色新闻为主要报道内容，这种报道手法通常被称为"小报新闻学"，也被称为"娱乐新闻学"。大报一般版面尺寸较大，其受众大多是受过良好教育的中产阶级。⑤ 大报所登载的多为严肃的政治、经济和外交等领域的新闻，更关注报道中的"问题"或实质性的后果。大报的这种操作理念逐渐被传媒业界广泛接受，成为业界报道的主流趋势，大报也成为"主流媒体"的雏形，代指那些能够广泛传播中产阶级感兴趣的严肃新闻报道的报纸媒体。

（二）发展：从议程设置理论研究深入

麦考姆斯（M. E. McCombs）和肖（D. L. Shaw）在对"美国总统选举

---

① 曹爱民. 中美资产阶级政党报纸之命运解析 [J]. 新闻爱好者, 2011 (4)：16-17.
② 张军芳. 报纸是"谁"：美国报纸社会史 [M]. 北京：中国传媒大学出版社, 2008.
③ 谢静. 20世纪初美国的媒介批评与新闻专业主义确立 [J]. 新闻与传播研究, 2004 (2)：73-78.
④ 迈克尔·埃默里, 埃德温·埃默里. 美国新闻史：大众传播媒介解释史 [M]. 展江, 殷文, 主译. 北京：新华出版社, 2001.
⑤ DeLorme D, Fedler F. Endowed newspapers: A solution to the industry's problems? [J]. Journal of humanities and social sciences, 2008 (1)：14.

期间新闻报道对选民所产生影响"的实证研究中发现，媒体对某些问题的报道量加大，或者强调报道某些问题，会影响到受众对这些问题重要性的认知，并据此提出"议程设置"理论。[①] 随后，除媒体设置什么议程外，有哪些媒体能够设置议程也成为"议程设置"研究的重心。德国学者诺尔-诺依曼（E. Noelle - Neumann）等在1987年正式提出"意见领袖媒体"（opinion leader media）概念，在其看来，"意见领袖媒体具有趋势设定的功能，可以为其他媒体提供参考来源，推动主流意识在社会中得到认可"，意见领袖媒体能够影响其他媒体和舆论议题的设置，最后产生共鸣效果。[②]

在20世纪六七十年代欧美频发的社会事件中，意见领袖媒体发挥了重要的作用。如《纽约时报》《泰晤士报》等具有较高名望的报纸在整个媒介系统中为报道社会事件设置一定框架，并在框架内进行议题设置，引领媒体在整体上态度一致。

在这一阶段，意见领袖媒体成为主流媒体的代表。如同在大众传播中存在的意见领袖一样，在传媒机构的生存空间中也存在处于引导者地位的媒体，负责传递主流的观点和议题。换句话说，在当时的媒介生态和舆论环境中，能够进行议程设置、引领社会发展的媒体就是主流媒体。

（三）勃兴：传播政治经济学视角下的祛魅

主流媒体在新闻专业主义和议程设置的理论视角下，往往呈现正面的形象，比如能够传递社会主流价值观的大报，以及能够设置社会议题的意见领袖媒体。但在传播政治经济学视域中，有学者对泛"主流媒体"提出不同的看法。传播政治经济学研究对主流媒体的讨论通常放置在政治权力背景下，具有一定的批判意味，彼时的主流媒体带有"偏见媒体"或是"失败媒体"的意味。而这一视角的代表人物正是被中国学者视为"主流媒体"概念创始人的乔姆斯基（A. N. Chomsky）。

其实，早在乔姆斯基正式提出"主流媒体"概念之前，席勒（H. Schiller）

---

① McCombs M E, Shaw D L. The agenda-setting function of mass media [J]. Public opinion quarterly, 1972 (2): 176 - 187.
② Noelle-Neumann E, Mathes R. The "event as event" and the "event as news": The significance of "consonance" for media effects research [J]. European journal of communication, 1987 (4): 391 - 414.

在《大众传播与美利坚帝国》专著中就指出，在权力体系中媒介可以通过信息控制、形象塑造与舆论构建去构建权力，并提出"文化帝国主义"概念。席勒认为《纽约时报》等主流大报在社会运行中发挥着重要作用，具有主流媒体地位，但《纽约时报》所宣扬的"客观性报道原则"实则是统治阶级的工具，在看似客观的新闻报道背后，隐藏着太多的意识形态与利益博弈。[①]

乔姆斯基等同样指出，"媒体在国家运作中的主要作用是控制国民的思想"。他们认为，美国媒体只有CNN、ABC以及几家大报才是具有影响力的媒体，然而这些媒体机构又长期被大财团垄断。因此，社会精英集团必须保证，在社会发展中能够听到每个民众的声音表达，且这些表达都是正确且符合社会运行轨迹的。而要实现这一目的，就必须有一个强大的、能够在最大范围内营造共识的新闻媒体存在。为此，美国政府和其政商集团精于通过操纵资讯、操纵媒体来制造共识。[②] 1997年，乔姆斯基撰写《主流媒体何以成为主流》一文，在文中他论述了主流媒体的特点，认为主流媒体就是精英媒体或者议程设置媒体。[③] 在他看来，主流媒体与美国主流社会中的寡头公司等具有类似的运作机制，都在努力地维护主流价值观。在乔姆斯基的论述中，他对主流媒体进行批判，认为主流媒体在实践中具有较强的局限性，而且呈现负面的形象。

长期以来，国内外在研究主流媒体时，通常将乔姆斯基作为"主流媒体"概念的提出者，《主流媒体何以成为主流》一文被引率极高。但是大多数学者并未深入思考乔姆斯基所提出的"主流媒体"概念及其内涵，更未从传播政治经济学视角进行分析和解读，最终未能真正把握他对"主流媒体"概念的批判性解读。

从人们最初对"大报"的普遍性期望，到议程设置理论的提出和"意见领袖媒体"的认同，再到乔姆斯基等人基于传播政治经济学视角对"主流媒体"概念的批判性解读，西方学术界从不同角度客观分析了"主流媒体"概念的两面性，呈现构建与批判并行的认知观念，但总体来看，西方

---

① 席勒. 大众传播与美利坚帝国 [M]. 刘晓红, 译. 上海: 上海译文出版社, 2006: 23.
② 赫尔曼, 乔姆斯基. 制造共识: 大众传媒的政治经济学 [M]. 邵红松, 译. 北京: 北京大学出版社, 2011: 144.
③ Chomsky A N. What makes mainstream media mainstream [J]. Z Magazine, 1997. https://chomsky.info/199710__/.

语境下的主流媒体研究大多还是从实践出发,侧重分析主流媒体的构建与界定标准。

二 中国语境中主流媒体研究的演变

中国学界关于主流媒体的研究与中国新闻事业的发展密不可分。从历史角度看,报纸媒体扮演了重要的角色,《申报》《大公报》等报纸媒体频繁发声,使民主、科学获得较高话语权。新中国成立后,党报、党刊凭借其政治权威性,承担起"政府喉舌"功能,成为具有较强公信力、影响力的主流媒体。改革开放之前,由于媒体发展环境相对单一,当时并无十分清晰的主流媒体和非主流媒体之分。

经知网检索发现,"主流媒体"这一概念是在1991年发表的论文《CNN背后有一位"恐怖的特德"》中首次被提及的,该文将《纽约时报》以及美国三大电视网——CBS、ABC和NBC称为主流媒体。[1] 但文中并未对"主流媒体"概念进行深入界定,彼时的"主流媒体"于中国学界而言,更像是西方国家所特有的一类媒介形式。随着中国新闻事业的发展,"主流媒体"逐渐成为中国学界业界的流行词,掀起媒体"主流化"的热潮。经过近20年的学术讨论,目前中国学术界对"主流媒体"概念的界定依然存在争论。

(一) 主流媒体研究的萌芽(1992—2000)

1992年,党的十四大明确提出"建立社会主义市场经济体制"的改革目标,媒体开始以市场主体身份参与市场竞争,一批市场化媒体如都市报、晚报等迅速成长,形成新的传媒竞争格局。1998年,华西都市报第一个提出"迈向主流大报"的口号,[2] 并积极付诸办报实践,希望提高内容品质,赢得更强的公信力、影响力,此后,有关主流媒体的提法与口号不断出现。[3] 中国学界也开始思考"主流媒体"在中国语境中的含义。1994年,中国接入互联网之后,有学者基于当时网络技术的发展,提出网络媒

---

[1] 佚名. CNN背后有一位"恐怖的特德"[J]. 国际新闻界, 1991 (3): 19-20.

[2] 贾茜. 《华西都市报》"迈向主流大报"的探索[J]. 青年记者, 2004 (4): 21-22.

[3] 齐爱军. 社会转型期中国主流媒体发展路径分析[M]. 济南: 山东人民出版社, 2013: 60-70.

体将成为未来主流媒体，大众媒体将成为非主流媒体。① 有学者认为主流媒体将不再限制在诸如广播、电视、报纸等形式，同时也包含一些对城市化进程有重大影响的新媒体，例如网络媒体。②

（二）主流媒体研究的成熟发展（2001—2013）

21世纪初，传媒业界的一些传统报纸开始使用"主流媒体"的身份捍卫话语权，《文汇报》最先刊出文章《主流媒体唱响网络主旋律》。③ 不久，《中华新闻报》《解放日报》《光明日报》也先后刊登关于如何创建主流媒体的文章。至此，"主流媒体"的构建成为新闻传播学科的热点问题。一方面，业界的传媒机构纷纷将构建主流媒体作为自身发展目标，甚至作为竞争标签；另一方面，学者就主流媒体的概念、特征与标准展开激烈讨论。2001年，周胜林提出"主流媒体是一个质的概念"，并列出成为"主流媒体"的客观条件。④ 2004年，新华社"舆论引导有效性和影响力研究"课题组发表文章提出评判标准，列出以党报为主的主流媒体名单。⑤ 喻国明则从"主流"出发，提出主流媒体是"关注社会发展的主流问题，成为社会主流人群所倚重的资讯来源和思想来源的高级媒体"。⑥ 玄洪友将主流媒体定义为具有一定规模、相当影响力，能够代表先进文化前进方向的媒体。⑦

（三）新型主流媒体的构建（2014年至今）

2014年，在中央全面深化改革领导小组第四次会议上，习近平总书记提出要"着力打造一批形态多样、手段先进、具有竞争力的新型主流媒体"⑧。通过融合的方式探索新型主流媒体成为各媒体机构努力的目标，同

---

① 卜卫.互联网络对大众传播的影响（上）[J].国际新闻界，1998（3）：5-11.
② 孟建.面向新世纪的我国城市电视发展战略——对主流媒体嬗变中城市电视发展问题的若干思考[J].中国广播电视学刊，1999（11）：33-37.
③ 齐爱军.社会转型期中国主流媒体发展路径分析[M].济南：山东人民出版社，2013：60-70.
④ 周胜林.论主流媒体[J].新闻界，2001（6）：11-12.
⑤ 新华社"舆论引导有效性和影响力研究"课题组.主流媒体如何增强舆论引导有效性和影响力之一：主流媒体判断标准和基本评价[J].中国记者，2004（1）：10-11.
⑥ 喻国明.一个主流媒体的范本——评《纽约时报100年》[J].财经界，2002（5）：104.
⑦ 玄洪友.为主流媒体正名[J].中国出版，2004（4）：34-36.
⑧ 习近平：推动传统媒体和新兴媒体融合发展[EB/OL].（2014-08-18）[2020-06-20].http://media.people.com.cn/n/2014/0818/c120837-25489622.html.

时也成为当前媒体融合背景下学界重点研究的内容。从目前有关新型主流媒体的研究成果看，大多数都从宏观学理性层面分析打造新型主流媒体的路径与困境，着重于探讨新型主流媒体的标准，而缺乏以"新型主流媒体"为直接研究对象的学术研究。李良荣等认为，新型主流媒体的评价标准是传播力、引导力、影响力和公信力。[①] 石长顺等则提出"新型主流媒体"就是在互联网思维指导下，以服务用户作为主体的价值取向、以开放平台为功能转型、以产品迭代为技术支撑的新型传媒主体。[②] 谭天等认为，新型主流媒体就是新型媒体的主流化或者主流媒体的新型化，即兼有传统媒体与新兴媒体的属性和功能的新的主流媒体。[③] 可见，当前对于新型主流媒体的概念界定同样存在官方和民间、计划和市场、体制内和体制外之间的分歧和差异。但总体来说，新型主流媒体是传统主流媒体与新兴媒体共同发展的产物，同时又不仅仅是传统媒体的新媒体化，更不单纯是新兴媒体的主流化，而是二者综合作用的结果。

立足中国语境可以发现，从最早期对主流媒体单一性视角的理解，到立足中国媒体发展实践开始日趋理性和成熟，再到"新型主流媒体"概念的提出，中国学界对主流媒体的解释范式发展过程，是一个与技术逻辑密切关联的过程。目前，关于主流媒体的讨论还是集中于定义，中国学界对主流媒体的研究在概念界定上仍然存在较大差异，本书将在梳理主流媒体相关文献的基础上提出一个较为科学的概念。

三 关于主流媒体的概念界定

在过去 20 余年的学术讨论中，中国对于"主流媒体"的认知和界定，还一直处于似是而非的模糊阶段。很多学者将"主流媒体"作为一个在中国语境下与政治权威性相关的概念，直接探讨主流媒体与舆论引导、新闻报道、构建社会主流价值观之间关系等相关问题，并未将研究重点集中在对主流媒体自身的探析上。

通过文献研究，课题组认为，"主流媒体"其实是一个具有动态特征

[①] 李良荣，袁鸣徽. 锻造中国新型主流媒体 [J]. 新闻大学，2018（5）：1-6.
[②] 石长顺，梁媛媛. 互联网思维下的新型主流媒体建构 [J]. 编辑之友，2015（1）：5-10.
[③] 谭天，林籽舟. 新型主流媒体的界定、构成与实现 [J]. 新闻爱好者，2015（7）：23-26.

的概念，随着时代的发展，其内涵、外延与形态往往有不同特点。一方面，主流媒体需要秉持新闻专业精神，这与中国媒体的政治属性密不可分。另一方面，主流媒体的核心应为"主流"，即坚持弘扬社会主流价值观，同时在竞争区域处于主流地位。这两方面存在你中有我我中有你的互动关系。因此，本书尝试从报道内容、呈现形式、功能价值、核心地位四个层面对主流媒体做出基本的概念厘清。课题组认为，主流媒体是以严肃新闻为重点报道内容，着力弘扬主流价值观的媒体，具有专业理念、专业操作方法和文化自觉精神，其呈现形式不应拘泥于传统形态，而要适应当前媒介技术发展，善用受众喜闻乐见的形式来呈现、传播信息。主流媒体应承担起较大的社会责任，牢牢掌握舆论场主动权和主导权，凝聚人民的理想信念、价值理念和道德观念，同时在其竞争区域处于主流地位并占据较大广告市场份额。

第二节　关于传播力的理论研究

"力"是物理学领域的常用术语，一旦放置在社会科学的研究视野中，就具有较强的针对性和导向性，内涵具备延展性。"传播力"作为当前传媒发展经常使用的术语，在西方语义与中国语境中有截然不同的解读。

一　传播力的西方探索

在西方传媒研究中，传播力并不是一个单一性的词语，而是泛指与传播相关的所有"力"。从英文词语表达的角度来看，传播力从语义呈现上就有传播能力（communicative competence/communication capacity）、传播权力（communication power）、传播效果（communication effect）等多种不同的解读，在不同英文表述的背后，其实是研究逻辑及思考立场的不同。

（一）传播能力（communicative competence/communication capacity）

communicative competence 与 communication capacity 在某些场域中存在类似性，也可以解读为传播能力，即针对信息的一种处理能力。自古希腊时代起，修辞学家就开始关注传播能够产生效果、具有力量的问题。亚里士多德（Aristotle）在《修辞艺术》中提出，一个优秀的讲演者要想与听众产生良好的沟通效果，其自身首先要具备理解力、判断力与技巧策略，只有这样才能够说服听众。[1]

随着科技发展，社会对信息的需求越来越大，媒体也需要表现出更大的"能力"。正如萨斯（C. P. Sass）所认为的"能力是人际传播的中心和重要部分"[2]，传播能力开始进入研究者的视野。特伦霍姆（S. Trenholm）等在专著《人际传播》中定义"传播能力"为以个人有效的、社会得体的方式进行传播的能力。[3] 拉森（Larsen）等人认为，传播能力是交际性地、适当地表现传播行为的知识的能力。[4] 威廉姆斯（G. Williamson）则认为，传播力是在传播者和受众间产生的一种能力，是他们对信息编码和解码的能力，为达到高效的传播，传播者必须具有相当的传播力使受众理解传播的信息。[5] 对于传播力而言，不仅要从传播主体层面提高传播能力，也要从受众层面看待传播行为产生怎样的传播效果，通过探讨传播的策略与技巧实现影响。

（二）传播权力（communication power）

在各种"力"的解读中，"权力"视角是不可忽视的一个层面。美国学者卡斯特（M. Castells）正是传播权力观点的代表人物。他认为随着传播技术的创新与进步，原有的政治经济博弈开始渗透大众传媒的场域，那些理解并能够控制传播的人往往会掌握权力。他从"权力"的视角出发理解"传播"，提出在网络社会中传播与权力存在"同构"关系。[6] 美国政治学者普拉诺（J. Prano）将权力界定为"根据需要影响他人的能力"[7]，拉斯韦尔（H. Lasswell）也提出："权力就是施加影响力的过程，

---

[1] Aristotle. The art of rhetoric [M]. New York: Putmans Press, 1926: 5.
[2] Sass C P. Interpretive approaches to interpersonal communication [M]. New York: State University of New York Press, 1994: 137.
[3] Trenholm S, Jenson A. Interpersonal communication [M]. New York: Wadsworth Publication Company, 1996: 11.
[4] Bostrom R N. Competence in communication: A multidisciplinary approach [M]. Thousand Oaks: Sage Publications Press, 1984: 19.
[5] 张春华，温卢. 重构关系：媒介融合背景下传播力提升的核心路径 [EB/OL]. (2018-09-25) [2021-11-26]. http://media.people.com.cn/n1/2018/0925/c421527-30312021.html.
[6] Castells M. Communication power [M]. Oxford: Oxford University Press, 2009: 37.
[7] 普拉诺，等. 政治学分析词典 [M]. 胡杰，译. 北京：中国社会科学出版社，1986：124.

是借助制裁（真正的或威胁性的）背离推行政策的行为来影响他人决策的过程。"[1] 从权力视角研究传播力，与福柯（M. Foucault）"话语即权力"的观点有较强的契合性，有权力的传播主体往往可以凭借更多的资源和更强的能力去诠释现象和个体，并赋予其意义。

（三）传播效果（communication effect）

从某种程度上说，传播力的本质就是有效果的传播，优质的、有吸引力的传播内容就能产生好的传播效果，传播力往往可通过传播效果来体现。有学者认为传播力就是传播效果，也就是在传播过程中媒体机构的传播行为会给受众带来影响和作用，并据此提出在现实中传播力能转为说服和影响的力量。传播效果也是考量和观察传播力的重要指标之一。

整体而言，西方视角中的传播力不仅仅是力量的代称，也是传播能力、传播权力作用的体现，还是传播效果的最终反映，西方学术语境下的传播力研究为理解中国话语中的媒体传播力提供了新的视角。

二 传播力的中国缘起

相较于影响力和公信力而言，"传播力"在中国学界出现较早，其研究路径在中国语境下具有较强的本土特色。

（一）改革开放前作为术语的"传播力"

早在20世纪20年代，"传播力"一词就出现在中国论文的标题中。1927年发表的《小说的传播力与宗教之关系》，提出小说的传播力"实足令人闻之惊骇"[2]。"传播力"在此文中仅作为分析文学体裁时的简单术语，且主要强调"小说的传播力"，作者并未在行文中花费篇幅去论证何为传播力，更未解释如何提升传播力。中华人民共和国成立前，学界对传播力的关注较少，有也多是与自然科学的相关知识联系，作为简单的科学术语而使用，比如1934年另一篇提到"传播力"的文章涉及越冬卵的寄生率与传播力。[3] 中华人

---

[1] Castells M. Communication power [M]. Oxford: Oxford University Press, 2009: 10.
[2] 陆博爱. 小说的传播力与宗教之关系 [J]. 真光, 1927 (26): 47-51.
[3] 佚名. 本局消息: 六、拱宸桥桑螟卵寄生蜂放饲区域越冬卵寄生率及传播力之考查 [J]. 昆虫与植病, 1933 (7-8): 190.

民共和国成立后，有关传播力的学术研究几乎处于停滞状态，偶尔涉及"传播力"的学术表述也都是与医学传染病等相关的专业用语，并没有涉及新闻传播学科方面的研究。

（二）改革开放后"传播力"概念开始拓展

改革开放以后，传播学被引入中国，有关传播力的表达也开始出现。黄俭在1983年的文章《王朝闻谈新闻与美学》中说："增强新闻的传播力和感染力，除客观条件外，还需要记者主观上的努力。"① 随着新闻传播学科尤其是传播学在中国迅猛发展，"传播力"概念开始普及并引起学界研究与业界探讨。王华良1990年首次定义"传播力"，他认为传播力首先在思想内容上能够对受众产生一定影响，其次在外观形式上具备一定的吸引力，最后在传播渠道中具备保持畅通的能力，这三点集中起来就是传播力，它决定传播效果的好坏。② 此后，"传播力"相关研究在新闻传播学的各个领域开始普及。喻国明重点研究了传播力的权力维度，认为传播力是影响社会的一种最为重要的软力量，能够影响人们的情感认同、身份认同、价值认同。③ 孟锦将媒介传播力运用到舆论战分析中，从范畴角度将传播力分为国内传播力与国际传播力，指媒介在国内和国际范围内进行信息交流和意见传递的能力与效力。④ 2006年《传媒》杂志推出"传播力专题探讨"，传播力被学者们认为是传播效果的重要指标，优秀的作品才会具备较高的传播力这一观点成为学界共识。姚林认为媒体传播力就是指一个媒体通过不同的传播介质，将各种传播方式整合，进而能够尽快地将信息扩散，产生良好的传播效果的能力。⑤ 朱春阳则立足于媒体社会功能视角，提出传媒实现社会价值共享的能力叫作传播力。⑥

（三）近年来传播力成为流行口号

从2010年开始，"传播力"在学术期刊中的提及率持续升高，逐渐成

---

① 黄俭. 王朝闻谈新闻与美学 [J]. 新闻记者, 1983 (3): 31-33.
② 王华良. 论编辑创造的特殊性 [J]. 编辑学刊, 1990 (2): 27-34.
③ 喻国明. 迎接传媒产业的"竞合时代"[J]. 传媒观察, 2002 (11): 6-8.
④ 孟锦. 舆论战与媒介传播力关系探微 [J]. 军事记者, 2004 (10): 31-32.
⑤ 姚林. 大众媒体传播力分析 [J]. 传媒, 2006 (9): 20-21.
⑥ 朱春阳. 传播力：传媒价值竞争回归的原点 [J]. 传媒, 2006 (8): 52.

为大众传播领域的流行词，被各领域学者运用于各种问题的分析和探讨中。传播力逐渐成为判断大众传媒能否发挥功能作用的重要标准，建构和提升传播力深嵌在传媒产业发展的历程之中，成为传媒竞争的重点。张春华在研究中将传播力归纳为"能力说""力量说""效果说""综合说"四类，其有关传播力概念的这四种研究范式成为目前学术界公认的几大研究路径。[①] 张春华指出，不同的研究者、使用者对传播力有不同的理解。对于大众传媒自身而言，传播力是媒体本身应该努力具备的一种能够到达受众、影响社会的传播能力；而对于一些社会组织而言，传播力更指向传播行为的效果。[②]

整体而言，尽管"传播力"一词在中国学界出现较早，但受学术发展和社会变革进程所限，直到 21 世纪，媒体传播力才真正成为人们关注的重点。目前，中国学者对"传播力"的运用十分普遍，但同时也存在将其与"影响力""传播效果"混用的情况。无论是传播力的"能力说""效果说""力量说"，都是对传播力概念的延伸，对于究竟何为传播力及其判断标准，目前中国学界还没有统一的论断。

三 关于传播力的概念界定

目前，"传播力"已经叫响整个传媒业界，并成为媒体机构争先呼吁提升的口号标签，在学术研究中，提升"传播力"也已成为研究对策的"万金油"。本书在研究中更倾向于将媒体传播力看作一种"能力"，即媒体传播力就是媒体采集、编码和传播新闻事件的能力。这一能力涉及传媒机构、信息内容和传播渠道，但在测量评价媒体传播力时，要从信息使用者即受众角度来考察。

因此，本书认为，媒体传播力从根本上看，是一种对媒体自身的综合素质和能力的认知，具体体现为媒体发现新闻事件、组织力量有效报道新闻事件的能力和水平，[③] 即对新闻事件进行建构和传播的能力。作为传播者的媒体机构及其从业者可以对信息进行编码，并以最佳方式，借助畅通

---

① 张春华. 传播力：一个概念的界定与解析 [J]. 求索, 2011 (11): 76-77.
② 张春华. 传播力：一个概念的界定与解析 [J]. 求索, 2011 (11): 76-77.
③ 强月新, 刘莲莲. 对主流媒体传播力公信力影响力关系的思考 [J]. 新闻战线, 2015 (5): 46-47.

渠道将编码后的信息传递给受众，以获得更好的传播效果。本书认为，媒体传播力主要与媒体机构效能、信息内容品质和传播渠道畅通度有关，[①]其直接表征便是传播效果的强弱。

第三节　关于公信力的理论研究

西方有关媒体公信力以及可信度的研究已有近百年历史，积累了丰富的成果，例如关于消息来源的可信度研究最早可以追溯到亚里士多德对信誉的探讨。普遍认同的广义上的媒体公信力研究，发轫于美国的媒介可信度研究。这类研究带有比较强的实用色彩，是伴随社会现实发展需求而产生的一种研究范式。在国内，公信力也一直都是各学科、各专业、各行业重点关注的对象，与之相关的研究同样十分丰富。

一　媒体公信力理论研究的西方溯源

文献研究表明，在西方语境中对媒体公信力的研究大多是在词义理解的基础上的深入探讨。这些研究的不同首先体现在对"公信力"词义的不同解读上。从整体的概念逻辑看，"公信力"概念的逻辑起点是"trust"（信任），进而衍生为"public trust"（公众信任），同时也被广泛表述为"credibility/believability"（可信度）。

（一）信任（trust）

在西方研究中，关于"信任"的表达最基础的词语是"trust"，对于大多数西方学者而言，对公信力的探讨都要先从"信任"的角度分析。早期对"信任"进行研究的是社会心理学家，美国心理学家多伊奇（M. Deutsch）通过对犯人进行囚徒困境实验研究人际信任。之后，霍夫兰（C. I. Hovland）等人对人际传播中的信息来源可信度进行研究，开创了从社会心理学角度研究"信任"的先河。邓恩（J. Donn）认为，信任是一种

[①]　强月新，刘莲莲. 对主流媒体传播力公信力影响力关系的思考［J］. 新闻战线，2015（5）：46-47.

人类情感，也是人类的一种行为方式。[①] 福山（F. Fukuyama）提出，信任是一种真实的、诚实的基于共享规范的期望。[②] 西方学者以信任为逻辑原点，将信任的外延逐渐扩展，不仅有个体层面的信任，也存在群体层面的信任，即对机构的信任。实际上，在信任的逻辑原点基础之上，受众或者公众对媒介的信任，既包括人际信任，也包括组织信任中的社会信任。这种对信任的多维度认知，使研究者们仅立足语义层就能对公信力进行基本探讨。

（二）公众信任（public trust）

"public trust"（公众信任）也是经常指代媒体公信力的词语之一，它从"trust"延伸而来，是从个体角度对组织机构公信力进行解读的另一种范式。就媒体公信力而言，其实质是从受众那里获得对媒体机构的信任。"trust"的内涵就包括对某个人或者某个事物真实性的信任，比如美国新闻编辑协会在《建立读者信任》中就使用"trust"一词作为对报纸信任的指称。[③] 由于媒体公信力的评价与受众的主观感知、个体因素密不可分，大众传媒获得公众信任时，也就拥有了公信力，显而易见，将"public trust"直译为"公众信任"的研究即大多从受众角度出发。美国阿拉巴马大学教授周树华同样认为公信力是受众层面产生的信任感觉，因此，他直接将"public trust"对应中文翻译为"公信力"，同时提出要区别"可信度"（credibility）与"公信力"（public trust），他认为媒体公信力是受众对某些媒体、信息来源以及内容的信任程度。[④]

（三）可信度（credibility/believability）

西方学术界关于媒体公信力的研究大多来自对媒介可信度的思考。美国研究者通常将"credibility"和"believability"这两个词语看作媒体公信力的代表，且二者都可以被翻译成同一个词，即"可信度"。有学者从可信度（credibility）的定义出发，认为可信度是媒体所具备的一种特质，是由媒体自身所决定的，即传播者自身的可信度。沃森（C. N. Wathen）和

[①] 邓恩. 信任与政治行为[M]//郑也夫. 信任：合作关系的建立与破坏. 杨玉明，皮子林，等，译. 北京：中国城市出版社，2003：89.
[②] 福山. 信任：社会美德与创造经济繁荣[M]. 彭志华，译. 海口：海南出版社，2001.
[③] ASNE. Newspaper credibility: Building reader trust[M]. Washington, DC: ASNE, 1985.
[④] 喻国明. 中国大众媒介的传播效果与公信力研究[M]. 北京：经济科学出版社，2009：15.

伯克尔（J. Burkell）就将"可信"的信息来源描述为"可信赖"和"具有专业性"，"可信"（credibility）的人和信息等同于"可以相信"（believability）的人和信息。2006年，陈若瑟（J. Chan）及潘忠党在对中国大陆新闻网站公信力进行考察时，同样也使用"可信度"（believability）指代媒体公信力。[①]

在二战这一特殊历史时期，西方传播学者对媒体公信力的研究大都带有强烈的实用主义色彩，大多聚焦于信息可信度的调查。20世纪50年代，心理学家霍夫兰等认为，所谓可信度主要指信息信源自身被受众认为值得信赖的程度。[②] 在这种理解范式下，从20世纪60年代起，研究者们开始对公信力的研究维度进行调整。通过比较研究，从相对公信力的角度对媒介可信度测量的准确性和精确性进行分析。阿贝尔（Abel）和沃斯（Voss）通过对地方报纸和电视新闻进行比较，分析受众对两种媒介真实性的评估。[③] 加兹艾诺（C. Gaziano）也把被访者对地方电视台和报纸对同一全国新闻和地方新闻的报道的评估进行比较，提出"认知参考点"会影响被访者对媒体公信力的评估。[④] 研究者不再将公信力视为传播媒介自身所具备的能力，而是将其放置于传播过程，通过受众的认知反馈来推进研究。

在西方研究语境中，虽然研究者们对媒体公信力概念的表述并不一致，但对媒体公信力的概念认知却存在共性。大多数研究者都认同媒体公信力具有复杂性和多维性，它并非一成不变的，且认为媒体公信力是一种基于受众感知的测评结果，主要表现为受众的主观判断和评价，这种评价过程具有动态性及情境性。

二　中国学者对媒体公信力的理论探讨

早在1982年，北京市新闻学会就在北京开展了首次大规模受众抽样调

[①] 刘学义. 比较视野下的中美媒介公信力研究［M］. 北京：中国传媒大学出版社，2014：80-90.

[②] Hovland C I, Janis I L, Kelley H H. Communication and persuasion: Psychological studies of opinion change [M]. New Haven: Yale University Press, 1953: 456-468.

[③] Hovland C I, Janis I L, Kelley H H. Communication and persuasion: Psychological studies of opinion change [M]. New Haven: Yale University Press, 1953.

[④] 喻国明，张洪忠，靳一. 媒介公信力：判断维度量表之研究——基于中国首次传媒公信力全国性调查的建模［J］. 新闻记者，2007（6）：12-15.

查，考察受众对新闻报道的信任度，分析产生不信任结果的原因。虽然在当时的受众抽样调查中，研究者并未直接提出公信力的概念，仅是借助调查分析解决当时中国媒体面临的信任问题，但这些前期调研结果无疑为后期媒体公信力的内涵探讨奠定了基础。

在早期对媒体公信力概念的理论研究中，中国研究者更倾向于从现实问题出发，基于规模性的受众调查结果，采用思辨式的研究方法，最终推进对媒体公信力的内涵探究。从总体来看，中国研究者对媒体公信力的探讨主要立足于媒体自身实力和受众评价效果两个层面。同时，伴随近年来比较严重的网络媒体失范现象，许多学者开始对网络媒体的公信力问题进行分析。

（一）媒体自身魅力说

中国学界公认的"公信力"这一概念最早出现在黄晓芳1999年发表的文章《公信力与媒介的权威性》中。黄晓芳认为，媒体公信力是一种社会权威性和信誉度，是媒介长期发展积累的自身魅力。[①] 这种"媒体自身魅力"的研究视角对媒体公信力的后期研究产生了深远影响，媒体公信力逐渐成为信誉的象征，成为自身魅力的代表。佘文斌同样将"公信力"定义为传媒自身最有价值的内在品质，[②] 江作苏、梁锋则提出媒体公信力是新闻媒体被社会公众所信任的内在力量，强调其是媒体机构自身在长期发展过程中日积月累形成的，也是衡量媒体权威性、信誉度和社会影响力的标尺。[③] 喻国明也认为，媒体公信力是指媒体自身所具有的，能够赢得公众信赖的职业品质与能力。[④] 媒体自身魅力说的观点普遍以媒体为主体，强调三个重点：其一，强调媒体公信力是媒体自身应有的特质；其二，强调公信力源自媒体的长期积累；其三，强调公信力是在社会和受众中的信誉、权威及影响。此类观点比较容易将公信力仅仅视为媒体题中应有之义，不利于研究者对媒体公信力展开深入而系统的探讨。

[①] 黄晓芳. 公信力与媒介的权威性 [J]. 电视研究, 1999 (11): 22 – 24.

[②] 佘文斌. 公信力——传媒竞争的重要砝码 [J]. 新闻战线, 2002 (5): 32 – 33.

[③] 江作苏, 梁锋. 网络论坛：媒介实现社会价值的有效平台 [J]. 当代传播, 2010 (6): 113 – 114.

[④] 喻国明. 大众媒介公信力理论初探——兼论我国大众媒介公信力的现状与问题（下）[J]. 新闻与写作, 2005 (2): 11 – 13.

(二) 受众层面的感知评价

有学者认为，媒体是否在一定程度上具有公信力，并不是由媒体自身决定的，而是来自受众的感知评价。例如，郑保卫认为，媒体公信力是新闻传媒以新闻报道为主体的信息产品被受众认可、信任乃至赞美程度的具体反映。[①] 受众在接触媒体的过程中，可以根据自身对信息产品的体验，最终形成对媒体信誉度和公信力的整体评判。[②] 李忠昌也认为，媒体公信力是媒体在受众心目中建立起来的诚实守信、公正、正派的信任度和影响力。[③] 靳一则从受众的媒介期待出发，认为公众对大众媒介的社会期待得到响应带来的公众心理感知和评价就是媒介公信力。[④] 闻学峰认为，不仅传媒的公信力是传媒在社会中的一种展现，同时传媒也是整个社会系统的子系统，其行为和表现也需要受众来评价，一家媒体的公信力需要获得公众认可，且由公众来评价。[⑤] 雷跃捷等则通过调查中国广播电视媒体公信力的受众认知，提出广播电视媒体的公信力情况既是公众眼中的媒体形象，也反映公众对媒体乃至政府的信任程度。[⑥]

此外，从受众感知评价公信力的角度，也有一些学者对媒体公信力较低的社会现象进行讨论。赵光怀对媒介环境、受众与媒体公信力下降三者之间的关系进行研究，认为媒体公信力的下降与媒体自身有密切联系，但传播的社会环境、受众等诸多外部因素也对公信力产生制约作用。中国媒体的公信力与政府公信力、媒体功能调适、文化多元化等社会环境因素都息息相关，同时还与诸多非媒体因素如受众的社会生活状态、意见领袖的作用、受众需求的多样化等相关。[⑦]

[①] 郑保卫. 强化传播力　彰显影响力　拓展创新力　提升竞争力——试论当前我国新闻传媒业发展之要略 [J]. 新闻与传播研究，2007 (2)：18-21.
[②] 郑保卫. 试论传媒公信力形成的要件及判断与评估的标准 [J]. 新闻界，2005 (6)：4-6.
[③] 李忠昌. 试论大众传媒的公信力 [J]. 西安建筑科技大学学报（社会科学版），2003 (1)：59-61.
[④] 靳一. 中国大众媒介公信力影响因素分析 [J]. 国际新闻界，2006 (9)：57-61.
[⑤] 闻学峰. 传媒公信力的概念及测量——兼论梅耶的传媒公信力测量体系 [J]. 浙江万里学院院报，2006 (6)：37-40.
[⑥] 雷跃捷，沈浩，薛宝琴. 我国广播电视媒体公信力的受众认知调查与研究 [J]. 现代传播（中国传媒大学学报），2012 (5)：20-25.
[⑦] 赵光怀. 媒介环境、受众与媒体公信力下降问题 [J]. 山东社会科学，2010 (12)：30-34.

（三）网络背景下的公信力理论新视角

2010年，以微博为代表的社交媒体开始进入中国传媒市场，传统媒体的公信力建设受发生巨变的媒体发展格局所影响，出现波动。新传播技术深刻改变了新闻传播的生态，从传播者角度来看，把关弱化、核实缺位、自我过滤的问题频频出现；从受众个体层面看，舆情乱象、负面情绪泛滥、群体极化、解释权让渡等问题也不断发生。[①] 这些问题的出现都会影响人们对媒体公信力的评价，尤其影响网络媒体的公信力建设。就网络媒体的公信力而言，韩振峰认为网络媒体的公信力是指网络媒体所具有的赢得公众信任的职业品质和能力，是受众对网络媒体的信赖程度。[②]

近年来，网络媒体作为一种新兴的舆论媒体，社会影响力已越来越大，以互联网为中心的新媒体格局已然形成。但与报纸、电视等传统媒体相比，网络媒体的公信力仍存在明显不足。在一些网络热点事件中，网络媒体中的舆论更倾向于个人情感和带有认知偏见，而忽略对客观事实的追溯。在网络不断发展的社会背景下，有学者从网络技术带来的冲击切入，分析这一时代背景下网络媒体公信力建设面临的问题。21世纪初，喻国明教授组织"大众媒介公信力调查"，调查结果显示网络媒体的公信力总体上还是弱于传统媒体，尤其是弱于电视类主流媒体。张洪忠等也基于全国十大城市网络、手机调查数据对媒介公信力进行了分析，作为新型传播方式的互联网和手机，尽管在传播市场已经普及，但从传播效果来看，居民对互联网和手机的绝对公信力打分均不太高，其总体公信力仍比较低。[③]

针对网络媒体公信力整体偏低的问题，施志君等认为网络传播的兴起影响了"把关人"理论，以网民等非专业人士为代表的网络把关人的出现冲击了网络媒体的公信力。[④] 袁丽媛则提出"后真相"语境加剧了网络媒体公信力的危机，"后真相"语境下，随着虚假新闻、网络谣言、"三俗"信息等的肆意传播，人们在纷繁复杂的网络空间对信息的认知和辨别力有

[①] 彭剑. 后真相时代的传媒公信力反思 [J]. 新闻战线, 2018 (23): 34-36.
[②] 韩振峰. 提高网络媒体公信力问题探析 [J]. 东南传播, 2008 (10): 41-42.
[③] 张洪忠, 季娇. 新媒介公信力考察——基于全国十大城市网络、手机调查数据的分析 [J]. 当代传播, 2010 (4): 76-77.
[④] 施志君, 乐娜. 论网络"把关人"对网络媒体公信力的影响 [J]. 湖北民族学院学报（哲学社会科学版）, 2007 (3): 112-115.

所下降。[1]

通过梳理中国学者对媒体公信力的研究，可以发现媒体公信力研究具有相对鲜明的时代特色。从20世纪80代开始的大规模受众调查，到21世纪真正提出媒体公信力概念，再到互联网时代对网络媒体公信力的深入探讨，整个过程都是随着媒体不断进化、媒体市场不断完善而逐渐发展的：从将媒体公信力视为媒体发展题中应有之义，逐步转向更加重视受众评价，从当前信任问题出发，寻找提升媒体公信力的科学对策。

三 关于公信力的概念界定

纵观国内外的公信力研究，与成熟于20世纪初的西方公信力研究相比，中国直到20世纪90年代以后，媒体公信力的问题才成为热点话题，西方媒体公信力的相关研究远成熟于中国。虽然中国媒体公信力研究没有西方研究历史久，但在中国语境下的深入探索也取得了长足进步。进入21世纪后，中国学者纷纷开始发力，从不同角度展开中国语境下的媒体公信力研究，但国内外研究者们对媒体公信力理解的分歧和研究的分野一直存在。

本书认为，公信力是媒体通过新闻产品的传播而获得公众认可的能力，是传者、渠道、信息和受众相互作用的产物，具体表现为媒体的公众形象和产品的公众认可度，是受众对媒体信任程度的一种认知。

第四节 关于影响力的理论研究

影响力也是国内外学界重点关注的研究对象，这一研究在不同的视域下具有不同的研究范式。例如，市场营销中的影响力研究开始于20世纪80年代，美国市场营销学者西奥迪尼（R. B. Cialdini）在专著《影响力》中对销售影响力的要素进行诠释。他提出"互惠""承诺和一致""社会认同""喜好""权威""稀缺"6个影响力原理，用大量案例证明影响力

---

[1] 袁丽媛. "后真相"语境下提升网络媒体公信力的必要性及路径探索[J]. 阴山学刊, 2019（2）：27-30.

的存在。① 1988年出版的《文化学词典》则从文化学角度将"学者影响力"界定为"文化活动者以一种自己所喜爱的方式左右他人行为的能力"。② 在新闻传播学领域，媒体影响力通常被认为是伴随传播过程产生的，是传播者在传播过程中对受众所产生的作用力，从本质上看，其实就是媒体传播信息的效果。

一　西方视域下的媒体影响力研究

西方关于影响力的研究源自社会心理学领域个体和群体在社会生活中相互作用和影响的现象。在较早出现的人际交往理论中，影响力通常被界定为"在同他人交往过程中，能够对他人心理和行为带来影响的能力"。帕特森（K. Patterson）等认为，人际的影响力主要由"个人动机""个人能力""社会动机""社会能力""组织动机""组织能力"等六个方面组成。其中，行为是影响力发挥作用的支柱。③ 随着影响力在人们日常交往中日益具有重要作用，新闻传播学者开始将其运用到大众传播活动中，研究媒体传播行为对社会整体或个体的影响，探究媒体影响力的建构与提升。目前，西方学界对媒体影响力的探讨主要集中在媒介形式的影响力、传播内容的影响力两个方面。

（一）媒介形式的影响力

对媒介形式影响力的考察和研究一般有两种方式，一种是基于经验的理论分析，另一种是基于实验的实证分析。有学者通过宏观考察传播历史，基于媒介发展经验，分析不同媒介形式对社会生活产生的影响。最经典的便是英尼斯（H. A. Innis）和麦克卢汉（M. McLuhan），他们认为，媒介和技术是历史变化的首要决定因素。英尼斯提出任何事件能够成为热点事件都是由占据优势地位的媒介倾向带来的，也就是媒介的传播形式会对内容的传播效果产生更大的影响。麦克卢汉则认为，媒介发布的信息在影响受众时，真正对人们产生影响的其实是媒介形式本身。在此研究路径

---

① 西奥迪尼. 影响力 [M]. 闾佳, 译. 沈阳: 万卷出版公司, 2010.
② 覃光广, 冯利, 陈朴. 文化学词典 [M]. 北京: 中央民族学院出版社, 1998: 725.
③ 帕特森, 等. 影响力2 [M]. 彭静, 译. 北京: 中国人民大学出版社, 2008.

下，广播、电视和互联网等各种新兴媒介形式往往都会比之前的传统媒介形式对社会产生更大的影响力。[①]

在20世纪30年代，佩恩基金研究对当时电影业在社会中产生的影响展开调查，发现电影能够改变青少年的态度，提供行为榜样，但也可能产生负面影响。[②] 纽尔顿（K. Newton）在研究媒体与政治动员的过程中，通过实验证明报纸这种媒介形式与政治动员常常有比较紧密的联系，而电视与其他媒介形式相比，与政治动员的联系并不是很强。[③] 然而，在纳泽（D. Naser）和麦克尤恩（W. McEwan）的受众实验中，研究结果显示在电视录像带、声音和纸质印刷品这三种媒介形式中，不同媒介形式对受众感知到的效果并没有明显差别。[④]

（二）传播内容的影响力

媒体影响力产生的前提是传播内容的存在。只有通过传播信息内容，媒体才有可能影响或改变信息接收者即受众和用户的态度和行为。英国传播学家麦奎尔（D. McQuail）在研究信息接收者态度改变的过程时，强调所传播信息内容的重要性。他提出要想使信息接收者态度改变，首先要有效传播具有说服性的消息，其次要被信息接收者注意、理解、接收，最后信息传播内容中的新立场才能得到维持。[⑤] 由拉塔内（B. Latane）发展起来的动态社会影响理论（Dynamic Social Impact Theory）是有关媒体影响力的重要研究理论。该理论认为，社会是由不同的传播子系统在彼此协调中组成的整体传播系统，其通过聚合各传播子系统成为一个可控制循环系统和传播行为的繁复构建来建立人们之间的共识与共性。[⑥] 在西方学术研究领域，传播内容的影响力形成要经过"接触—认知—说服—二次传播"四个环节，从而改变受众的态度与行为，并使其受到影响。

---

① 麦克卢汉. 理解媒介——论人的延伸 [M]. 何道宽，译. 北京：商务印书馆，2000.
② 洛厄里，德弗勒. 传播研究里程碑 [M]. 王嵩音，译. 台北：远流出版事业股份有限公司，1993：71.
③ Newton K. Mass media effects: Mobilization or media malaise? [J]. British journal of political science, 1999 (4): 577-599.
④ 德弗勒，丹尼斯. 大众传播通论 [M]. 颜建军，等，译. 北京：华夏出版社，1989：419.
⑤ 麦奎尔. 受众分析 [M]. 刘燕南，李颖，杨振荣，译. 中国人民大学出版社，2006：156.
⑥ Latane B. The psychology of social impact [J]. American psychologist, 1981 (4): 343-356.

二 中国语境中的影响力理论研究

随着中国大众传媒日益普及，受众对信息的需求不断增加，媒体传播行为对社会公众的影响力明显增强。中国关于媒体影响力的研究往往具有一定的政策指导性。2001年，秦刚较早阐述了媒体影响力，他认为媒体影响力是媒体对读者思想认知产生影响的过程。[①] 2003年，喻国明对传媒产业的影响力经济进行诠释，更是掀起了大众媒体影响力研究的热潮。

然而，目前中国学者对媒体影响力的认识、研究方法、评价标准等并没有一个明确、统一的思路，处于自定标准的散乱状态。总体来看，中国对媒体影响力内涵的研究存在三种视角，即侧重媒体的传播效果的"效果说"、侧重媒体如何产生影响的"方式说"、侧重传播效果和传播过程的"综合说"。

（一）效果说

媒体影响力在政治、经济和文化等方面对受众日常生活产生影响，是效果说关注的重要问题。秉持"效果说"的研究者大多从媒体传播效果来定义媒体的影响力，强调媒体的这种能力可以对受众的认知、态度、行为等方面产生影响。[②] 正如郑保卫等提出的，"党报的影响力，是指党报所具有的对群众思想及行动产生影响和引导作用的能力，通常体现在日常对民众思想、行动和生活的影响中"。[③] 丁柏铨也从这一角度出发，指出媒体影响力就是媒体对受众的影响力，就是媒体对受众所产生的传播效果。[④]

（二）方式说

提出"方式说"的学者更多强调的是媒体在传播过程中有能力运用各

[①] 秦刚. 传媒如何优化传播效果？——由地方媒体影响力越过"楚河汉界"说起 [J]. 新闻记者, 2001 (4): 16-17.

[②] 强月新, 夏忠敏. 当前我国主流媒体影响力的调研与分析 [J]. 新闻记者, 2016 (11): 35-43.

[③] 郑保卫, 李晓喻. 影响力 公信力 亲和力——新媒体环境下的党报应对之道 [J]. 新闻与写作, 2013 (2): 35-37.

[④] 丁柏铨. 论新闻舆论传播力、引导力、影响力、公信力 [J]. 新闻爱好者, 2018 (1): 4-8.

种方式来影响受众和改变受众。[①] 陆小华指出，媒体的舆论影响力，"是指通过信息选择、处理、提供及分析、判断、见识等手段……从而实现影响人们的认识与行为的能力"。[②] 华文也强调媒体影响力是借助某种传播手段向受众传递信息，从而对社会产生的一种作用力度。[③] 李德刚提出，传统的电视收视率是受众在被动收看过程中做出的被动性反应的结果，受众的主动性要求、真实满意程度以及电视媒体的真实影响力都无法得到有效测量，但是一旦电视节目通过网络的方式进行传播，受众能主动选择自己喜爱的电视节目，那些被受众主动选择的电视节目才是具有影响力的。由此，李德刚认为，对于电视节目而言，其网络影响力才是真正持久的社会影响力。[④] 近年来互联网对传播格局的重塑，使得媒体影响力的作用方式也更加多元和多样。可以看出，"方式说"这一视角下的媒体影响力研究一般带有较强的目的性，更关注传播过程中媒体用什么方式、借助什么样的传播渠道来影响受众。

（三）综合说

"综合说"则涵盖影响力关于传播效果与传播方式这两种研究视角。丁俊杰认为，媒体影响力是指大众传媒通过信息传播的方式影响社会大众观念和行为的作用力。[⑤] 喻国明指出，"传媒的影响力，就是传媒作为资讯传播渠道而对其受众的社会认知、社会判断、社会决策及相关的社会行为所打上的属于自己的那种'渠道烙印'"。[⑥] 喻国明从传播的物质技术属性即传播方式以及传媒的社会能动属性即传播效果两个层面对媒体的"渠道烙印"进行界定。在目前有关影响力的研究中，喻国明对传媒影响力的定义受到研究者们的普遍认可，成为众多学者研究的基础定义。多数学者在影响力研究中不仅会关注传播内容与受众态度、行为的关联性，还会全面概括媒体在传播过程中所产生的改变受众的能力。

[①] 强月新，夏忠敏. 当前我国主流媒体影响力的调研与分析［J］. 新闻记者，2016（11）：35-43.
[②] 陆小华. 传媒运作的核心问题［J］. 新闻记者，2005（1）：15-18.
[③] 华文. 媒介影响力经济探析［J］. 国际新闻界，2003（1）：78-83.
[④] 李德刚. 打造网络影响力："冷媒介"时代的电视节目生存策略［J］. 现代传播（中国传媒大学学报），2008（3）：130-132.
[⑤] 丁俊杰. 解剖"影响力营销"［J］. 广告人，2005（7）：82-83.
[⑥] 喻国明. 关于传媒影响力的诠释——对传媒产业本质的一种探讨［J］. 新闻战线，2003（6）：24-27.

此外，还有很多研究将媒体影响力与传媒经济挂钩，认为影响力越大的媒介，其经济实力和盈利水平往往也越高。华文提出媒体影响力的产生和发展是由媒体内在运行规律决定的，是媒体本质特性的外在表现，是新闻传播机构存在的价值和目的。在他看来，媒介经济的实质就是媒介影响力带来的经济效益。[①] 钟虎妹认为，影响力与影响力经济是新闻传媒的本质属性，新闻传播本身就是一种经济行为，媒介所具有的影响力使广告进行传媒"寻租"成为必然，它同媒介组织的公共服务性质一起，使出售影响力成为媒介经营的固有法则，"利益—控制"的二元格局正是影响力经济的本质体现。[②]

整体来说，媒体影响力研究的理论架构以及实证研究日益丰富、成熟。目前，中国关于媒体影响力的研究网络虽然还不十分清晰，大多数的研究还停留在西方语境下的本土化探索，但越来越多的研究者开始立足于中国语境，探讨大众传媒除宣传和引导舆论之外影响社会和受众的其他能力。

三 关于影响力的概念界定

从本质上来讲，影响力其实是一种控制力，是一种左右他人认知和行为的能力，一方面能够吸引、影响用户对媒体及其传播内容的注意和接触，另一方面能够引起受众在情感、行为、心理上的变化。

本书认为，影响力是媒体的新闻报道在广度和深度上对受众造成影响的能力，表现为主流媒体的受众规模、受众对报道内容的接受程度以及受众因受报道内容影响而产生的言、行方面的变化。[③] 面对媒体的影响力，受众的反应不可能完全一致，因此对于受众而言，媒体影响力具有两面性，有可能产生积极的正向影响，也可能产生消极的负面影响。[④]

---

① 华文. 媒介影响力经济探析 [J]. 国际新闻界，2003（1）：78-83.
② 钟虎妹. 从媒介机理来看新闻传媒影响力及影响力经济 [J]. 东北师大学报（哲学社会科学版），2008（2）：110-113.
③ 强月新，刘莲莲. 对主流媒体传播力公信力影响力关系的思考 [J]. 新闻战线，2015（5）：46-47.
④ 强月新，刘莲莲. 对主流媒体传播力公信力影响力关系的思考 [J]. 新闻战线，2015（5）：46-47.

第五节 "三力"关系的逻辑界定

媒体传播力、公信力与影响力之间存在何种关系，一直是学界和业界探讨的热点问题。界定传播力、公信力、影响力之间的关系，既保障每一种"力"的能量得以充分发挥，又使三种不同的"力"形成合力，共同发挥作用，是当前媒体打造和提高传播力、公信力和影响力的关键所在。

一 "三力"相关关系研究现状

自党的十八大以来，习近平总书记多次对主流媒体及其传播力、公信力和影响力展开论述（见表2-1）。这些论述表明，媒体所拥有的各种实力和能力关乎党和国家凝心聚力推进新闻舆论工作、意识形态工作的发展进程。

表2-1 习近平"三力"相关表述

时间	事件	主要内容
2013年8月19日	全国宣传思想工作会议上发表重要讲话	加快传统媒体和新兴媒体融合发展，充分运用新技术新应用创新媒体传播方式，占领信息传播制高点
2013年11月9日	十八届三中全会	整合新闻媒体资源，推动传统媒体和新兴媒体融合发展
2014年8月18日	在中央全面深化改革领导小组第四次会议上发表重要讲话	推动传统媒体和新兴媒体融合发展，要遵循新闻传播规律和新兴媒体发展规律。推动传统媒体和新兴媒体在内容、渠道、平台、经营、管理等方面的深度融合，着力打造一批形态多样、手段先进、具有竞争力的新型主流媒体，建成几家拥有强大实力和传播力、公信力、影响力的新型媒体集团
2015年12月25日	视察解放军报社	要研究把握现代新闻传播规律和新兴媒体发展规律，强化互联网思维和一体化发展理念，推动各种媒介资源、生产要素有效整合，推动信息内容、技术应用、平台终端、人才队伍共享融通
2016年2月19日	在党的新闻舆论工作座谈会上发表重要讲话	尽快从相"加"阶段迈向相"融"阶段，从"你是你、我是我"变成"你中有我、我中有你"，进而变成"你就是我，我就是你"，着力打造一批新型主流媒体

续表

时间	事件	主要内容
2018年9月26日	习近平致信祝贺中央电视台建台暨新中国电视事业诞生60周年	锐意改革创新，壮大主流舆论，努力打造具有强大引领力传播力影响力的国际一流新型主流媒体
2019年1月25日	中共中央政治局第十二次集体学习	要统筹处理好传统媒体和新兴媒体、中央媒体和地方媒体、主流媒体和商业平台、大众化媒体和专业性媒体的关系；要抓紧做好顶层设计，打造新型传播平台，建成新型主流媒体，扩大主流价值影响力版图

资料来源：习近平谈媒体融合发展：关键在融为一体、合而为一［EB/OL］．（2018－08－22）[2020－06－30]．http：//cpc.people.com.cn/n1/2018/0822/c164113－30242991.html；习近平致信祝贺中央电视台建台［EB/OL］．（2018－09－26）[2020－06－30]．https：//baijiahao.baidu.com/s？id＝1612647165361055296&wfr＝spider&for＝pc；习近平：推动媒体融合向纵深发展 巩固全党全国人民共同思想基础［EB/OL］．（2019－01－25）[2020－06－30]．http：//www.cac.gov.cn/2019－01/25/c_1124044176.htm？from＝message．

课题组通过梳理图2－1所列"三力"问题研究的知识图谱发现，在整个"三力"关系的共引网络中，以"三力"为主题的学术研究方向是比较宽泛的。具体而言，以新闻舆论为核心的共引和研究占据较大的比例。研究者大多将新闻舆论工作视为新闻媒体开展传播活动的核心任务，认为媒体需要提高自身传播力、公信力和影响力等能力来推进新闻舆论工作。自习近平总书记提出要"提高新闻舆论传播力、引导力、影响力、公信力"以来，"四力"与新闻舆论的关系成为学术研究的热点议题。本书虽不涉及对"引导力"的探讨，但在对"三力"的梳理过程中发现，"传播力、引导力、影响力、公信力"四者间的关系非常密切。

此外，在图2－1知识图谱的共引中也可以看出，对"三力"关系的学术探讨与当前媒体发展格局及环境密切相关。研究者们纷纷以"新媒体时代""媒介环境""媒体融合"等作为探讨传播力、公信力和影响力的大前提，从宏观层面探讨它们之间的整体关系。从宏观层面来说，大多数学者认同媒体"三力"是"一个彼此联系、互相关照的整体"这一观点。沈正赋指出，在新媒体时代，传统媒体的传播力、引导力、影响力、公信力构成新闻舆论的四大生产力要素。[①] 陈力丹也指出，新闻舆论的"四力"

---

① 沈正赋．新媒体时代新闻舆论传播力、引导力、影响力和公信力的重构［J］．现代传播（中国传媒大学学报），2016（5）：1－7．

虽然各有内涵，但是互为因果、相互依存。[①] 在第十四届"人民共和国党报论坛"上，胡正荣同样认为新闻舆论的传播力、引导力、影响力和公信力是一个一脉相承又与时俱进的表述，"四力"是一个相互作用、不可割裂的整体。[②] 具体到微观层面，大多数学者都认同传播力是其余各力产生效果的前提和基础。丁柏铨就提出，传播力是其他三种力的基础，引导力、影响力、公信力的形成和发生影响，都有赖于传播和传播力。[③]

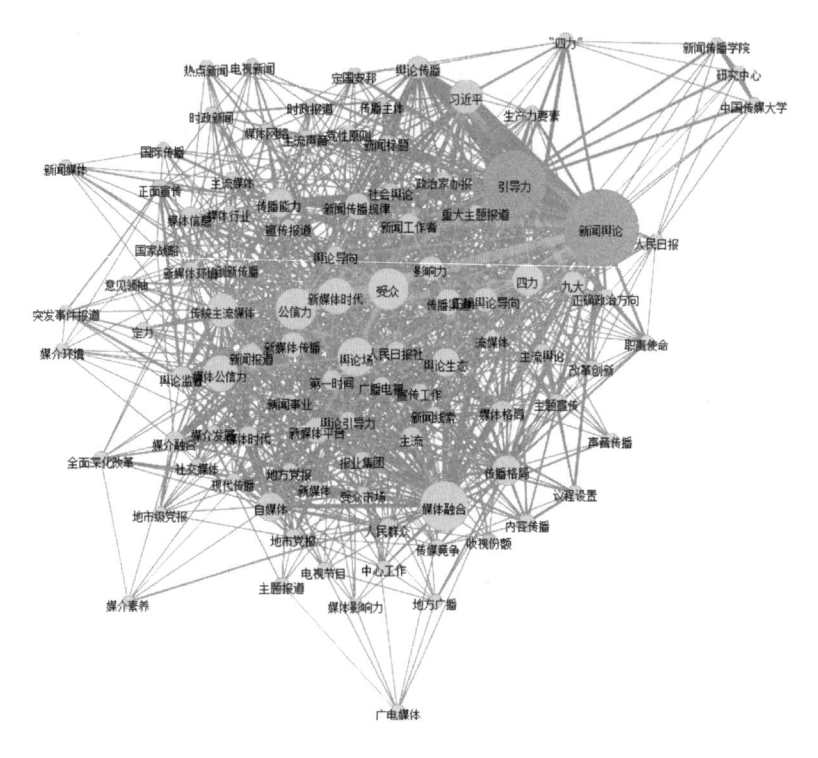

图 2-1　"三力"研究关键词共现

注：统计时间截至 2019 年 6 月。

整体上看，目前有关"三力"的研究，大多还是将传播力、公信力与影响力作为分散的个体进行单独分析，缺乏对"三力"的整体性观照。在

---

① 陈力丹. "提高新闻舆论传播力、引导力、影响力、公信力"——学习十九大报告关于新闻舆论工作的论述 [J]. 新闻爱好者，2018 (3)：10-12.
② 中国传媒大学党报党刊研究中心课题组. 提高新时代党报传播力、引导力、影响力、公信力——"人民共和国党报论坛"第十四届 (2017) 年会综述 [J]. 新闻与写作，2018 (1)：86-88.
③ 丁柏铨. 论新闻舆论传播力、引导力、影响力、公信力 [J]. 新闻爱好者，2018 (1)：4-8.

图2-1所示的共引网络中，除"引导力"和"新闻舆论"的共引球较大外，其余共引球都比较单薄，且相互之间缺乏直接的学术联系。这就会导致在媒体"三力"的研究过程中，概念间关系模糊，影响"三力"研究与社会实际相结合，最终阻碍主流媒体的转型发展。因此，要解决主流媒体"三力"的分散性问题，明确其传播力、公信力、影响力间的关系尤为重要。同时，学界也需要对"三力"或"四力"的关系达成两个方面的共识：一是媒体传播力、引导力、影响力、公信力相互作用，是一个不可割裂的整体；二是传播力是基础，更是获得引导力、影响力和公信力的重要前提。

二 关于"三力"关系的逻辑界定

本书在梳理"三力"具体内涵的基础上，将"三力"作为主流媒体评价体系的不同角度放在一起进行整体研究，以此探讨"三力"间的关系，把握中国主流媒体"三力"的基本情况，以期有针对性地提出主流媒体提升"三力"的改善措施。

如图2-2所示，课题组认为，传播力是主流媒体产生影响力和获得公信力的前提和基础；公信力是维持主流媒体传播力和影响力的保障；影响力是主流媒体提高传播力的终极诉求和获得公信力的直接表征。[1]

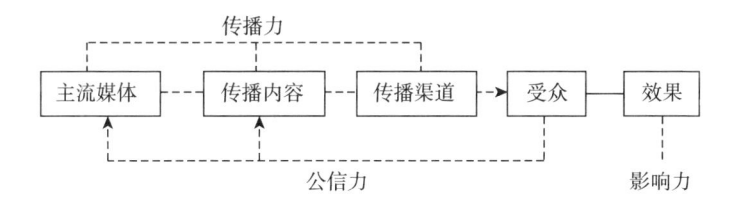

图2-2 传播力、公信力、影响力关系

（一）传播力是主流媒体产生影响力和获得公信力的前提和基础

传播力涉及媒体自身的综合素质和能力，是媒体对新闻事件进行建构和传播的能力，具体表现为媒体发现新闻事件、对新闻事件组织力量进行

---

[1] 强月新，刘莲莲. 对主流媒体传播力公信力影响力关系的思考［J］. 新闻战线，2015（5）：46-47.

有效报道以及报道的能力和水平。传播力主要与主流媒体的机构效能、内容品质和传播渠道畅通度有关，原因如下。

其一，主流媒体的机构效能（包括组织是否合理且有效率、从业人员的专业素质如何等）对主流媒体内容生产品质具有决定性影响。如主流媒体机构设置不合理，效率低下，可能导致信息生产环节增多，既增加成本，也不利于增强信息发布的时效性。

其二，主流媒体所传播的信息具有较高的品质，这是传播力的核心要件。当前，传统主流媒体实现了与新技术的融合，将内容发布扩展到新媒体平台。在此状况下，内容成为主流媒体竞争力的核心要素。高品质的内容对于提升主流媒体的传播力无疑具有决定性意义。

其三，高品质信息是否能传达给受众，也与传播渠道是否畅通有关，渠道畅通将有助于受众接收信息、接触媒体。

因此，本书认为传播力是主流媒体的传播行为对受众产生影响力从而获得公信力的前提和基础。其中，高品质的传播内容是主流媒体具有传播力的核心要件，其能使主流媒体获取受众的信任，进而赢得较高的公信力。[1]

（二）公信力是维持主流媒体传播力和影响力的保障

公信力是主流媒体获得受众信任的程度。因此，要使公众信赖主流媒体，主流媒体所传播的信息必须具有较高的品质和权威性，且这些信息能够对受众的认知和行为造成影响。对于公信力与传播力和影响力的关系，本书认为，公信力可为主流媒体传播力、影响力的提高提供保障。公信力越高，主流媒体的受众黏着度就越高。[2]

其一，较高的公信力能保证主流媒体在激烈的媒体竞争中保持相当规模的受众量，从而获得广告商的青睐，并进而为主流媒体提供充裕的运作资金。其二，公信力是主流媒体维持和扩大影响力的心理保障。一方面，公信力越高的主流媒体在受众选择具体的信息获取渠道过程中越可能处于优先地位，这种渠道的优先性可提升主流媒体的影响力；另一方面，受众

---

[1] 强月新，刘莲莲. 对主流媒体传播力公信力影响力关系的思考 [J]. 新闻战线，2015 (5)：46-47.

[2] 强月新，刘莲莲. 对主流媒体传播力公信力影响力关系的思考 [J]. 新闻战线，2015 (5)：46-47.

对传播内容的信赖也有利于提升主流媒体影响力。[1]

（三）影响力是主流媒体提高传播力的终极诉求和获得公信力的直接表征

影响力是对认知和行为的控制力。主流媒体通过信息传播会对受众的认知和行为产生不同的影响，能够将现实世界新近发生的变动告知受众，为受众建构一个有意义有价值的世界。影响力可视为主流媒体信息的传通。穆奇艾利认为，传通就是影响，其"旨在让人接受关于某些事情（观点、情境、现象……）的意义；不施加影响，传通就无法实现，影响与传通是共存的，二者是同一个行为"。[2]

关于影响力与传播力、公信力的关系表现，本书认为：其一，影响力是主流媒体传播力在传播终端的体现，也是主流媒体进行信息传播的基本诉求和终极目的，而受众规模大小通过影响广告投入对主流媒体的资本和资源产生影响，最终可能左右主流媒体的传播力；其二，影响力是主流媒体获得公信力的直接表征，没有影响力就意味着主流媒体信息传播的效果不佳，难以获得公信力。

总而言之，传播力是主流媒体获得影响力、赢得受众认可的基础。公信力是传播过程诸要素互动的结果，是增强媒体传播力、影响力的权威性资源，体现于媒体品牌的受众认可度。影响力是媒体传播行为的效果和根本目标，是媒体传播力在传播终端的最终体现，同时，也是作为媒体权威性资源的公信力发挥作用的结果。[3]

本章小结

本章主要梳理主流媒体以及传播力、公信力和影响力的理论研究现

---

[1] 强月新，刘莲莲. 对主流媒体传播力公信力影响力关系的思考［J］. 新闻战线，2015（5）：46-47.
[2] 穆奇艾利. 传通影响力——操控、说服机制研究［M］. 宋嘉宁，译. 北京：中国传媒大学出版社，2009：144.
[3] 强月新，刘莲莲. 对主流媒体传播力公信力影响力关系的思考［J］. 新闻战线，2015（5）：46-47.

状，对主流媒体、传播力、公信力、影响力的概念进行界定，并将"三力"视为一个整体，对主流媒体的传播力、公信力与影响力间的关系进行总结，为进一步提出"三力"的具体测评指标，探讨中国主流媒体"三力"现状、存在问题和改善措施等奠定基础。

关于主流媒体的概念，国内外一直都存在官方与民间的争论。本课题组认为，主流媒体是以严肃新闻为重点报道内容，着力弘扬主流价值观的媒体，具有专业理念、专业操作方法和文化自觉精神，其呈现形式不应拘泥于传统形态，而要适应当前媒介技术发展，善用受众喜闻乐见的形式来呈现、传播信息。主流媒体要承担起较大的社会责任，牢牢掌握舆论场主动权和主导权，凝聚人民的理想信念、价值理念和道德观念，同时要在其竞争区域处于主流地位并占据较大广告市场份额。主流媒体的概念总会随着时代发展、技术变迁具有动态多样的内涵和外延。目前，已有的主流媒体也不再局限于传统的报纸、电视、广播，网站、移动客户端等成为主流媒体的新呈现形式。在中国研究语境中，主流媒体基于目前媒介生态的变化，开始寻求内容、技术、形态等方面的"新型化"路径。

关于"三力"的概念和内涵，本书认为，传播力是一种对媒体自身综合素质和能力的认知，体现为媒体发现新闻事件、组织力量有效报道新闻事件的能力和水平。公信力是媒体通过新闻产品的传播而获得公众认可的能力，是传者、渠道、信息和受众相互作用的产物，具体表现为媒体的公众形象和产品的公众认可度。而影响力则是一种控制力，是一种左右他人认知和行为的能力，是媒体的新闻报道在广度和深度上对受众造成影响的能力。

此外，本章还对主流媒体的传播力、公信力与影响力之间的关系进行界定：传播力是主流媒体产生影响力和获得公信力的前提和基础；公信力是维持主流媒体传播力和影响力的保障；影响力是主流媒体提高传播力的终极诉求和获得公信力的直接表征。[①]

---

① 强月新，刘莲莲. 对主流媒体传播力公信力影响力关系的思考 [J]. 新闻战线，2015（5）：46－47.

第三章 关于主流媒体"三力"的实证研究现状

本章主要围绕"三力"测评的实证研究,梳理相关文献,分析研究现状,提炼研究成果、研究思路和研究方法,为后续建立新的测评方法并开展实证研究奠定基础。

第一节 传播力的测评指标研究现状

随着学术界对媒体传播力的关注度日益提升,学界建构的传播力测评指标越发丰富,在传媒业界各式各样的传播力排行榜也经常出现。但整体来看,目前暂未出现一个被各界人士都广泛接受且具有可操作性的传播力测评指标体系。

一 西方媒体传播力测评指标建构

西方学术界对于传播领域的"力"的研究并没有一个特定的划分,其测评指标所涵盖的范围也非常宽广,与传播相关的现象都有可能被纳入评估体系。如前所述,西方学者通常从传播力的"能力""权力""效果"等角度对传播力概念进行探讨。其中,学者们对"传播权力"的评价,多从辩证博弈的角度进行论述,鲜有实证研究;从"传播能力""传播效果"角度进行的传播力测评研究比较常见,且主要集中在对大众传媒传播力的测评上。

在以"communicative competence"与"communication capacity"为关键词在 SSCI 数据库中进行检索后,发现有近 6 万条相关的英文文献。其中,大多数关注的是社会关系中所体现的沟通效力情况。例如 Alan C. Mikkelson 等就对"雇主-员工"关系中的沟通能力进行分析,认为在公司等组织中，雇主的沟通能力对员工的工作会产生一定的影响。[1] 在大众传媒传播力实证研究方面，James Lull 分析家庭传播中的电视传播效力，提出在家庭范围内电视的传播力评估体系主要由家庭沟通模式、电视的社会用途和电视观看量三个部分构成。具体到操作指标，还是以收看电视的频率以及讨论电视内容的时长为主要的测评指标。[2] Michal Hamo 等人分析当代电视话语中的传播能力，对西方的热门政治节目《模拟面试》的传播力进行测评。在他们看来，受众在收看政治节目后，反应可分成"意识"与"无意识"、"合作"与"非合作"四个大类。在对受众进行调查后，该文认为传播能力由"意识"与"合作"这两个关键部分组成。[3]

从总体看，西方对传播力的测评大多是对各种传播现象中存在的传播效果与效力所进行的评估，直接对传播力本身的测评相对较少，这与西方学界对传播力的认知有密切关系。当然，不可否认的是，西方学界对媒体传播力的相关研究对产生于中国本土语境中的媒体传播力测评研究有非常重要的指引作用。

二 中国学界对传播力测评指标的研究

在中国关于媒体传播力的研究中，大部分学者基于对传播力概念的不同理解，建立起不同的测评指标体系。近年来，媒介生态不断变化，也有学者基于不同的传播范围和研究语境，开始关注如国际传播力、新媒体传播力的相关测评。

（一）基于不同概念内涵的传播力测评指标

1. 基于"能力说""力量说"的传播力测评指标

在"能力说"和"力量说"视域下的传播力研究中，研究者通常将大

---

[1] Mikkelson A C, York J A, Arritola J. Communication competence, leadership behaviors, and employee outcomes in supervisor-employee relationships [J]. Business and professional communication quarterly, 2015 (3): 336 – 354.

[2] Lull J. Family communication patterns and the social uses of television [J]. Communication research, 1980 (3): 319 – 333.

[3] Hamo M, Kampf Z, Shifman L. Surviving the "mock interview": Challenges to political communicative competence in contemporary televised discourse [J]. Media, culture & society, 2010 (2): 247 – 266.

众媒体视为"传播力"的主体，对传播力的测评指标建构也多从传播主体出发。这类传播力测评指标建构，主要从传播者视角出发，与媒体自身的实力密切相关，即媒体机构的基础设施、人力、财力的好坏与强弱，对能否实现强大的传播力都有影响，有学者认为资源实力较强的媒体，传播力就会较强。吴月红等人就以传播者能力为切入点，构建主流媒体传播力的评估模型，该模型从媒体内部的传播基础、传播能力，外部的传播生态、媒介技术等四个方面考察媒体传播能力，提出11个一级指标和28个二级指标（详见表3-1、图3-1）。张春华也指出，对于大众传媒来说，传播力的本质是一种能力，即到达受众、发挥媒体社会功能的能力，媒体传播力测评指标的构建，也要从传播目标和传播力影响因子入手，由此张春华构建的大众传媒传播力评估模型就包括传播目标、传播规模、传播流量、传播效果、传播媒介、传播生态等六个方面（见图3-2）。[①] 胡晓峰等认为传播力实质上就是对新闻事件有效报道与有效传播的能力，提出衡量媒体传播力的指标是"保障新闻资讯有效供给的内容品质"与"体现新闻信息传播载体高端的渠道"，以及"代表新闻机构与新闻人信息传播高效优质的机构效能"。[②]

表3-1 吴月红建构的主流媒体传播力评估指标体系

影响因素	一级指标	二级指标
传播基础	媒体产业实力	传媒总产值
		传媒经营收入
		传媒资金投入
		传媒在国内业界排名
	从业人员情况	人员数量
		人员学历
		人员职称
	传播资源占有	主流信源
		传播渠道
	内部机构设置	设置原则
		运行机制

---

① 张春华."传播力"评估模型的构建及其测算[J].新闻世界，2013（9）：211-213.
② 胡晓峰，易荣伟，张美华，等.传播力与公信力：新型主流媒体集团评价指标细化考量之探析[J].新闻知识，2018（6）：32-35.

续表

影响因素	一级指标	二级指标
传播能力	信息生产能力	信息传播总量
		信息播出时数
		信息播出渠道
	议程设置与框架能力	优先议题设置能力
		新闻框架
	信息传递能力	信息传递的速度
		信息的覆盖面
		信息传递的精度
		信息传递的强度
传播生态	政策法规	政策导向与扶持
		政府媒体规制
	行业环境	行业竞争
		相关行业发展
媒介技术	信息传播技术	相关技术发展
		技术支持
	新技术的应用能力	媒介吸收新技术能力
		媒介使用新技术能力

资料来源：吴月红，陈明珠．中国语境下主流媒体传播力评估模型及指标体系的构建［J］．安徽农业大学学报（社会科学版），2016（2）：130．

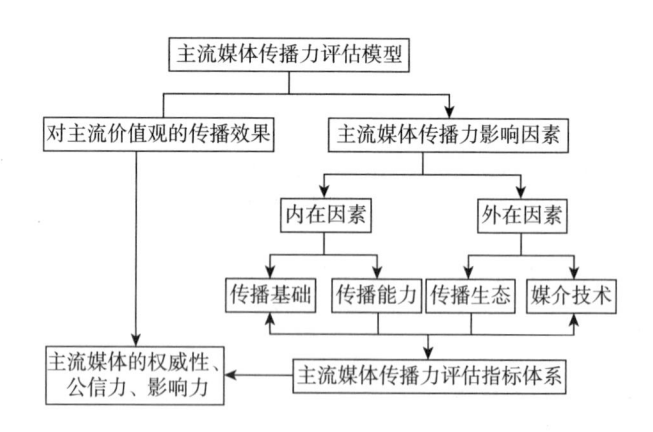

图 3-1 吴月红建构的主流媒体传播力评估模型

资料来源：吴月红，陈明珠．中国语境下主流媒体传播力评估模型及指标体系的构建［J］．安徽农业大学学报（社会科学版），2016（2）：129．

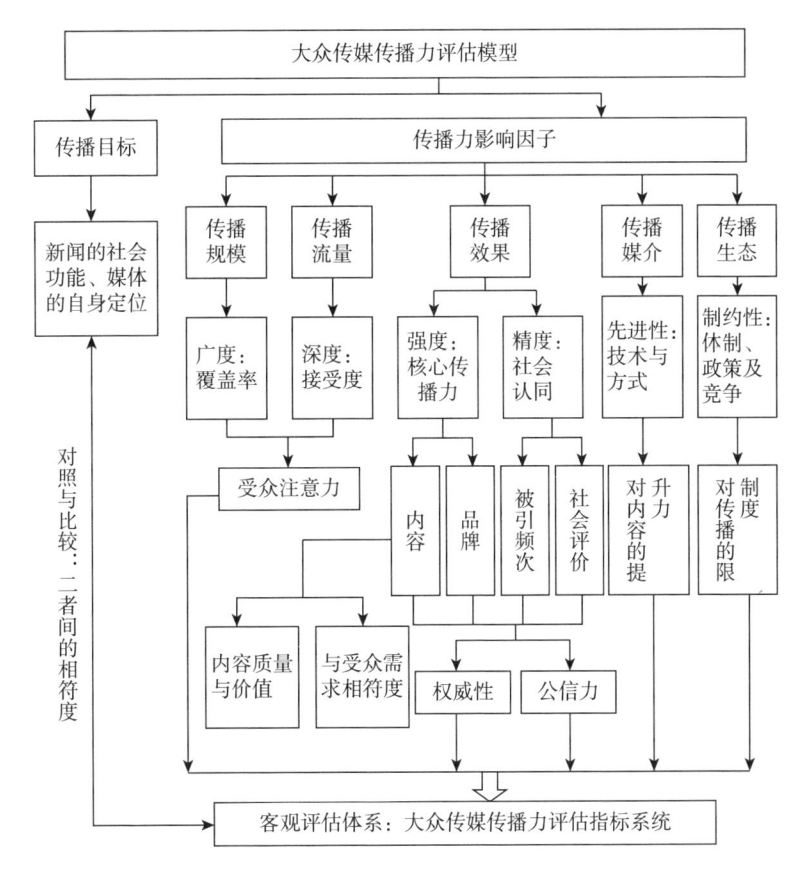

图 3-2　张春华建构的大众传媒传播力评估模型

资料来源：张春华. "传播力"评估模型的构建及其测算[J]. 新闻世界，2013（9）：212.

2. 基于"效果说"的传播力测评指标

基于传播效果视域对传播力的测评研究，大多从受众视角切入，即通过评价媒体的新闻传播过程对受众产生怎样的传播效果，来分析该媒体是否具有较好的传播力。如果一家媒体、一篇新闻报道无法在受众中产生良好的传播效果，那么其就不具有强大的传播力。刘成璐等人在分析媒体在科技传播方面的能力时，就提出科技传播能力体现为媒体有效传播科学技术知识、广泛扩散科学技术成果的实际效能。他们提出传播效果是影响传播力的重要指标，同时建构评价媒介科技传播能力的指标体系，具体指标包括管理机构对科学传播的重视和投入程度、科普信息的采集和制作、传播力度和方法,以及公众的基本素质等。[①] 同样持有传播力"效果观"的刘先根等人指出,媒体传播力的体现要从传播的信息量(强度),传播速度、深度、广度与精度,有效阅读率(目标受众率),有效覆盖率(有效发行)及影响效果等多项指标得出。[②]

3. 基于"综合说"的传播力测评指标

以"综合说"为理论依据构建的传播力评估体系涉及的指标更多也更全面,该类指标不再局限于媒体内容生产领域,而是与媒介生态、媒介经营管理有所重叠。卢国华尝试构建报纸科技传播能力指数,评估分析近年来中国报纸在科技传播方面的现实状况和未来趋势,并提出相应对策与建议。他构建了评价报纸科技传播力的三个一级指标:科技传播环境、科技传播资源和科技传播效果(见表3-2)。[③]

表3-2 中国报纸科技传播力指数之构建

单位:%

一级指标	权重	二级指标	权重	三级指标	权重
X_1. 科技传播环境	10	X_{11}. 政策支持	50	科普的经费投入	100
		X_{12}. 受众质量	50	受众的识字率	100
X_2. 科技传播资源	50	X_{21}. 传播资源总量	80	1. 报纸种类	30
				2. 报纸发行量	70
		X_{22}. 科技传播资源	20	1. 科技报纸种类	20
				2. 科技报纸发行量	60
				3. 科技报纸发行量与报纸发行量之比	20
X_3. 科技传播效果	40	X_{31}. 影响力	100	1. 渗透率	30
				2. 万人报纸拥有量	40
				3. 万人科技报纸拥有量	30

资料来源:卢国华. 中国报纸科技传播能力的评估与分析[J]. 现代传播(中国传媒大学学报),2015(7):47.

郭金明等人则从"两个层面""八个要素"来构建传播力实证模型,

[①] 刘成璐,尹章池. 大众传媒科技传播能力评价体系的构建[J]. 今传媒,2012(4):107-108.
[②] 刘先根,屈金轶. 论省会城市党报传播力的提升[J]. 新闻战线,2007(9):48-50.
[③] 卢国华. 中国报纸科技传播能力的评估与分析[J]. 现代传播(中国传媒大学学报),2015(7):46-51.

即"PRIME AIM"模型（见图3-3），也称为"5+3"模型。他们引入了竞争力理论中的五个能力和文化传播理论中的三个能力，并将它们细分为八个中观要素和指标，即主流产品传播力、领导品牌传播力、自主创新传播力、强势营销传播力、高效管理传播力、公认知识传播力、卓越文化传播力、广泛社会影响力。[1]

	Accepted Knowledge Communication 公认知识传播力	Intensive Culture Communication 卓越文化传播力	Massive Social Influence 广泛社会影响力	
Prominent Product Communication 主流产品传播力	Reliable Brand Communication 领导品牌传播力	Initial Innovation Communication 自主创新传播力	Mighty Marketing Communication 强势营销传播力	Efficient Management Communication 高效管理传播力

图3-3 "PRIME AIM"模型

资料来源：郭金明，高俊卫.大学出版社传播力研究及实证模型构建［J］.现代出版，2013（3）：18.

综合来看，大多研究者在构建媒体传播力测评指标时，往往习惯将抽象的学理概念转化为可观测操作的客观指标。但限于研究条件，多数学者只是通过理论分析搭建一个测评框架，很多测评指标并没有得到实践运用，建构的模型也并未经过实验验证，通过实践检验的更在少数，大部分传播力评估模型的适用性和可操作性还有待印证，传播力的测评体系建构还未真正成熟。

（二）传播力测评指标建构

关于传播力的测评研究，在不同范畴和语境中又扩展出不同的研究方向。例如，有学者对中国媒体在国际传播中的传播力进行测评，也有学者关注新媒体发展生态研究中新媒体传播力的测评指标与方式。

1. 国际传播语境中的传播力测评指标构建

近年来，随着中国媒体"走出去"步伐加快，媒体的国际传播力也成为学术研究中的热门话题。党的十九大报告提出："推进国际传播能力建

---

[1] 郭金明，高俊卫.大学出版社传播力研究及实证模型构建［J］.现代出版，2013（3）：18-21.

设,讲好中国故事,展现真实、立体、全面的中国。"[1] 国际传播力特指新闻媒体在国际范围内的传播能力,是国家软实力的重要构成部分,也是争夺国际话语权的核心力量。

国际传播力的评估指标体系构建,是一个复杂的过程,因为国际传播力建构不但与国际政治局势密切相关,而且在传播到达上,与国内传播的受众可以直接获取信息不同,海外受众大多通过"二次传播"来获取中国媒体的新闻。较早关注国际传播力的学者刘继南等,率先建构了一个由软、硬两类指标构成的国际传播力评价体系。其中,软性指标包括传播者素质、传播艺术、传播权威性等一系列难以简单量化的指标,硬性指标则包括国际传播机构数目、投入经费数额、从业人员数量、国际广播的播出语种数、受众数量等一系列量化指标。[2] 柯惠新等人则从受众反馈角度,将公众(受众)属性也纳入评估体系中,以便把握受众细分状况,策略性地评估传播效果,进而评估国际传播力,建构出"受众层次的效果评估指标体系"。该体系具体包括文本信息指标和受众反馈指标,其中文本信息指标主要包括信源和信息报道内容;受众反馈指标则包括意见领袖对各类信源以及报道内容的信任度还有普通外国公众对中国对外传播媒体的接触、信息内容的认知和评价、传播意愿等(见图3-4)。[3]

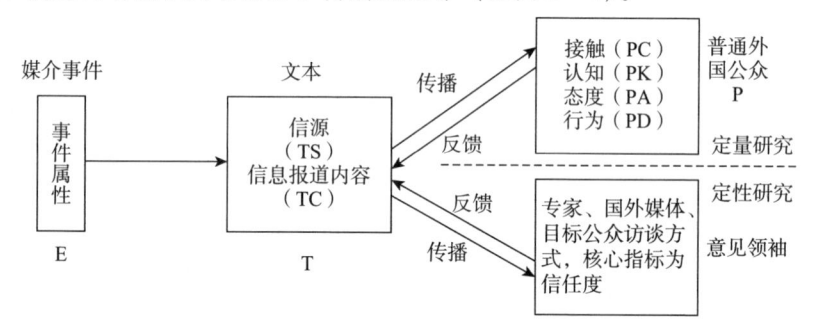

图3-4 受众层次的效果评估指标体系

资料来源:柯惠新,陈旭辉,李海春,等. 我国对外传播效果评估的指标体系及实施方法 [J]. 对外传播,2009(12):11.

---

[1] 习近平. 决胜全面建成小康社会 夺取新时代中国特色社会主义伟大胜利——在中国共产党第十九次全国代表大会上的报告 [M]. 北京:人民出版社,2017:44.
[2] 刘继南,周积华,段鹏,等. 国际传播与国家形象——国际关系的新视角 [M]. 北京:北京广播学院出版社,2002:92-94.
[3] 柯惠新,陈旭辉,李海春,等. 我国对外传播效果评估的指标体系及实施方法 [J]. 对外传播,2009(12):11-12.

赵飞飞在构建中国国际广播电台国际传播力模型时，同时选取受众侧传播效果的指标（受众反馈和互动量、用户量、内容阅听量等）以及媒体侧传播能力的指标（内容产品制作量、原创新闻报道量、技术需求转化率、经营额、成本收益等）。此外，其还引入战略学习维度指标（员工对战略方案参与程度、获奖培训创新指标等）。[①] 钟新等人认为评估媒体国际传播力的指标是订阅量、浏览量、粉丝数等，并根据这些数据（见表3-3），指出当前中国媒体与国际主流媒体相比存在"网络人气"悬殊、应用社交媒体的行动滞后等问题。[②] 刘燕南等人则尝试在前人研究基础上建构评估国际传播力的综合指标体系。该指标体系分为三级：一级指标有基础建设、内容产制、传播影响、市场经营等4个，其中，基础建设和内容产制大致属于传播能力范畴，传播影响属于传播效力（效果）范畴，市场经营介于两者之间，偏重传播效力（可视为间接效力）部分，是对投入产出的一种衡量；二级指标包括硬件设施、内容生产力等12个；三级指标有覆盖率（广播）、首发率、内容形态数量等，共52个（见表3-4）。[③]

在国际传播力测评的研究中，学者们主要关注数据层面的现象性问题，主要目标还是"走出去"，向世界介绍中国，提供中国本土视角，对"走进去"的方式并未讲清楚。

表3-3 主流媒体应用三大国际社交媒体的时间与人气状况

媒体名称	优兔（YouTube）			脸谱（Facebook）		推特（Twitter）	
	创建时间	订阅量（次）	浏览量（次）	创建时间	粉丝数（人）	推文数（条）	粉丝数（人）
BBC Worldwide	2007年2月8日	856938	856519180	2009年	7810478	178000	7270000
Al Jazeera English	2006年11月23日	608464	527473757	2006年11月15日	4464465	131000	2070000

---

① 赵飞飞. 国际传播力评估指标体系研究——以中国国际广播电台为例［J］. 国际传播，2017（2）：24-30.

② 钟新，陆佳怡，陈国韵. 主流媒体的国际传播能力建设——以中外主流媒体应用国际社交媒体的现状分析为例［J］. 新闻与写作，2014（11）：30-35.

③ 刘燕南，刘双. 国际传播效果评估指标体系建构：框架、方法与问题［J］. 现代传播（中国传媒大学学报），2018（8）：9-14.

续表

媒体名称	优兔(YouTube) 创建时间	订阅量（次）	浏览量（次）	脸谱(Facebook) 创建时间	粉丝数（人）	推特(Twitter) 推文数（条）	粉丝数（人）
Russia Today	2007年3月28日	1342199	1245456948	2012年8月30日	2010924	93000	739000
CCTV America	2012年6月21日	3766	1019045	2012年6月28日	129256	12100	13500
CCTV NEWS	2013年1月24日	6377	4370822	2013年5月2日	125969	8012	27500
China Daily	—	—	—	—	—	—	—
China Daily US	2009年9月21日	880	558392	2009年	794248	21900	280000

注：本课题组采集数据时间为2014年9月10日，其中推特账号没有显示具体创建时间。

资料来源：钟新，陆佳怡，陈国韵. 主流媒体的国际传播能力建设——以中外主流媒体应用国际社交媒体的现状分析为例[J]. 新闻与写作，2014（11）：31.

表3-4 刘燕南等建构的国际传播效果评估体系

一级指标	二级指标	三级指标	受众调查	视听测量	网络监测	其他方法
基础建设	硬件设施	海外站点数				√
		自建网站数			√	
		媒介类型数			√	
		覆盖国家和地区数量	√	√	√	√
		发行量（报纸）				√
		覆盖率（广播）	√	√		√
		入户率（电视）	√			
	从业人员	海外雇员数量				√
		国内派出人员数量				√
		工作人员平均学历				√
		国际传播平均工作年限				√

第三章 关于主流媒体"三力"的实证研究现状

续表

一级指标	二级指标	三级指标		受众调查	视听测量	网络监测	其他方法
内容产制	内容生产力		内容语种数量				√
		传播渠道	频道数	√			√
			频率数	√			√
			网站数量			√	√
			客户端数			√	√
			社交媒体数量			√	√
		内容产量	发稿量				√
			节目播出时长（广播电视）		√		√
			自建网站音视频播出时长			√	√
			官方账号推文数			√	√
			音视频发布总量			√	√
	内容品质力		专业性				√
			创新性				√
	内容竞争力		首发率			√	√
			原创率			√	√
			被转发（转引率）			√	√
			内容形态数量			√	√
传播影响	受众接触		社交媒体账户粉丝量			√	
		接触度	电视到达	√	√		
			广播到达	√	√		
			报纸到达	√			
			网站独立访客			√	
			社交媒体访客数			√	
			媒介平均接触时长（周）	√	√	√	
			媒介平均接触频次（周）	√	√	√	
	受众认知		提及知名度	√			
	受众态度		满意度	√			
			偏好度	√		√	
			推荐度	√			
	受众行为	参与度	来信				√
			来电				√
			转发			√	√
			评论			√	√
			点赞			√	√
	专家评价		引导力	√			√
			权威性	√			√

续表

一级指标	二级指标	三级指标	受众调查	视听测量	网络监测	其他方法
市场经营	经营规模	资产总量				√
		海外投入总额				√
		海外收入总额				√
	目标完成率	实际收入				√
		预期收入				√

资料来源：刘燕南，刘双．国际传播效果评估指标体系建构：框架、方法与问题［J］．现代传播（中国传媒大学学报），2018（8）：12．

2. 新媒体环境下的传播力测评指标构建

随着新媒体技术的发展，媒体传播力内涵发生了巨大的变化，新媒体传播力的评估模型逐渐多样化。从整体看，对新媒体传播力测评的研究虽然大多还是从传播主体和用户两个视角展开，但评价指标逐渐丰富全面，许多学者将粉丝量、点击率、评论量纳入评估传播力的指标体系中。

2008年，彭兰就提出要从三个方面评估网络新闻的传播力，即网民的新闻消费行为（点击量、网站访问浏览量、网民搜索）、网民的新闻生产行为（网民评论、网民转发、网民收藏、受众调查）、媒体的反应（媒体转发量、媒体跟进报道）。① 有学者从微信的传播特性出发，建立包含总阅读数（R）、平均阅读数（R/N）、总点赞数（Z）、发布文章数（N）、最大阅读数（Rmax）、最大点赞数（Zmax）、平均点赞数（Z/N）、点赞率（Z/R）在内的"微信传播指数（WCI）"指标体系。② 王秀丽等人认为测评媒体平台传播力，要从平台覆盖率、知名度、公信力、独特性、使用便利性、客户服务能力和目标转化能力等方面展开。③ 李明德等则对20个微信公众号的传播力进行分析，建构以平台设计、内容呈现、消息回复模式、推送服务、传播程度为主要维度的媒体微信公众号传播力评价指标体系（见图3-5），并借助层次分析法验证该模型。通过对比，他们发现传播

---

① 彭兰．网络新闻传播效果评估的作用及方法［J］．中国编辑，2008（6）：47-51．
② 清博指数：域名行业微信公众号影响力月榜单（2017年2月）［EB/OL］．（2017-03-21）［2020-06-21］．http://www.admin5.com/article/20170321/727994.shtml．
③ 王秀丽，赵雯雯，袁天添．社会化媒体效果测量与评估指标研究综述［J］．国际新闻界，2017（4）：6-24．

力的强弱与平台设计、内容呈现和传播程度有密切的关系（见表3-5）。[1]

表3-5 陕西媒体微信公众号传播力分布情况

方案	微信公众号	A_{1i}	A_{2i}	A_{3i}	A_{4i}	A_{5i}	M_i	综合排名
W_1	秦腔广播西安乱弹	1.02	4.05（3）	0.11	0.51	2.08	7.86	4
W_2	陕西都市快报	1.09	3.86	0.12	0.51	2.23	7.81	5
W_3	腾讯大秦网	1.15（3）	3.71	0.14（2）	0.49	2.46	7.94（3）	3
W_4	陕西交通广播	0.99	3.69	0.09	0.53（2）	3.88	9.32（2）	2
W_5	第一新闻	0.93	3.6	0.09	0.49	0.4	5.52	14
W_6	896汽车调频	1.03	3.41	0.09	0.51	0.95	6.28	9
W_7	陕西忒别忒	1.17（1）	3.74	0.12	0.49	0.5	6.02	11
W_8	大众医学教育	0.49	2.94	0.07	0.43	0.07	4	20
W_9	华商报	0.99	4.23（1）	0.37（1）	0.54（1）	3.23	9.36（1）	1
W_{10}	西安妈妈网	1.16（2）	3.81	0.13（3）	0.5	0.82	6.42	7
W_{11}	西安晚报	1.13	4.1（2）	0.11	0.5	0.98	6.83	6
W_{12}	弘秦泾阳	1.05	3.85	0.09	0.51	0.56	6.06	10
W_{13}	天天网事	0.52	3.62	0.09	0.47	0.11	4.8	18
W_{14}	陕西传媒网	1.11	3.14	0.09	0.47	0.09	4.9	17
W_{15}	三秦都市	0.98	3.66	0.12	0.45	0.19	5.41	15
W_{16}	华商网	1.12	3.91	0	0.51	0.42	5.96	13
W_{17}	渭南日报	0.58	3.89	0	0.36	0.3	5.13	16
W_{18}	都市午间版	0.75	3.14	0	0.36	0.04	4.29	19
W_{19}	荣耀渭南	0.98	3.83	0	0.52（3）	1.05	6.38	8
W_{20}	西安地铁新报	1.01	3.71	0.1	0.51	0.39	5.97	12

资料来源：李明德，高如.媒体微信公众号传播力评价研究——基于20个陕西媒体微信公众号的考察［J］.情报杂志，2015（7）：146.

---

[1] 李明德，高如.媒体微信公众号传播力评价研究——基于20个陕西媒体微信公众号的考察［J］.情报杂志，2015（7）：141-147.

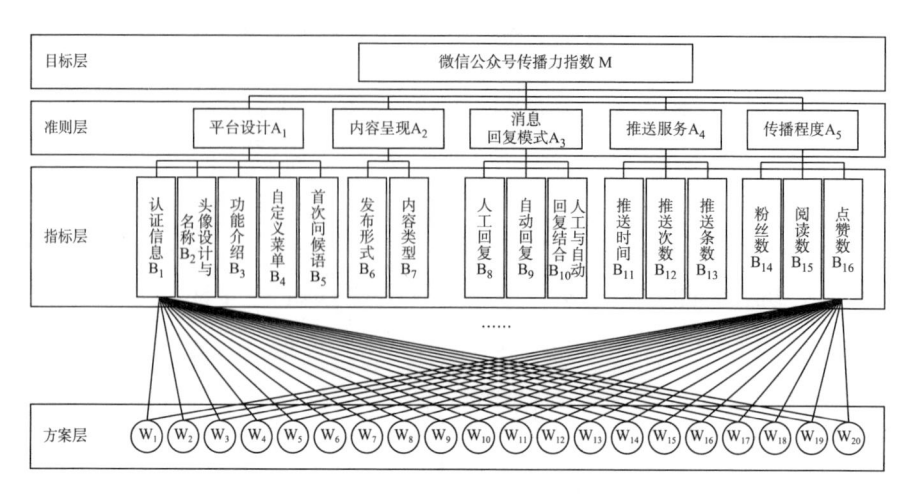

图 3-5　微信公众号传播力评价指标体系

资料来源：李明德，高如. 媒体微信公众号传播力评价研究——基于 20 个陕西媒体微信公众号的考察［J］. 情报杂志，2015（7）：144.

三　中国传媒业界对传播力评价体系的构建

在与传播力相关的各种传媒业榜单中，"中国新闻网站传播力榜"在业界具有较高的公信力和权威性。该榜单由中央网信办主管的《网络传播》杂志不定期推出，旨在对中央重点新闻网站、中央行业新闻网站以及地方省级和城市新闻网站的传播力进行评估。在"中国新闻网站传播力榜"中，其评估体系主要由三级指标共同构成：一级指标为 PC 端和移动端；二级指标为微博和微信；三级指标由月度 IP 量、月度 PV 量、访问者浏览页面数、微信阅读数、微信点赞数、微博转发数、微博评论数等 11 项组成。① 在 2018 年 9 月发布的"中国新闻网站传播力榜"中，人民网、新华网、央视网位列前三。

此外，一些研究机构也同业界合作，发布一系列有价值的传播力榜单。人民网研究院发布的《中国媒体融合传播指数报告》分析评价中国媒体的融合传播力，主要指标是年均发文量、官方微博的平均评论数和转发数、官方微信发文量和累计阅读量、官方微博粉丝量、累计订阅用户数

---

① 王勇. 我国新闻网站的发展现状与趋势——基于对"中国新闻网站传播力榜"的分析［J］. 新闻前哨，2016（10）：31-33.

等。《中国企业国际传播力（2018）》则直接以中国企业在英文媒体提及量为指标衡量企业的国际传播力，该报告显示，2018年华为、联想、腾讯名列企业国际传播力前三强。[①] 北师大智库发布团队针对海外传播力发布《中央媒体海外网络传播力报告（2016）》，通过挖掘24家中央级媒体在国际搜索网站和大型社交平台数据，设定出具体的维度和指标。[②]

央视市场研究股份有限公司（CTR）作为中国较大的媒介研究公司，已建成相对成熟的网络传播力评估体系。CTR网络传播力指标主要基于SMART原则测评受众端的传播效果，该指标体系有五个一级指标，与目前网络传播的五大渠道对应，分别是官微传播力、官方公众号传播力、自有App传播力、官网传播力和第三方平台传播力。一级指标下设关于媒体覆盖人群规模和实际触达人数两个层面的二级指标。以自有App为例，两个二级指标就是下载量和考评期间的月活跃用户数。[③]

通过对传播力评价体系的相关文献梳理，可以发现无论是学术界还是传媒业界都习惯于从研究目的出发，构建有利于自身研究的传播力评估体系，整体缺乏普适性和实操性。

第二节 公信力的测评指标研究现状

在中西方不同的研究语境中，媒体公信力呈现不同的内涵特征，由此，也有不同的测评方式及指标体系。

一 西方关于公信力测评体系的建构研究

西方关于公信力的研究，通常源于社会发展过程中的现实需求，在不同的社会历史进程中，对媒体公信力的内涵理解和评价体系都不相同。从

---

① "中国国际传播力（2018）"系列报告之一：中国企业国际传播力（2018）[EB/OL].（2019-01-29）[2020-06-20]. http://news.cssn.cn/zx/zx_gjzh/zhnew/201901/t20190129_4819277.shtml.
② 谭震. 北京师范大学发布《中央媒体海外网络传播力报告（2016）》[J]. 对外传播，2016（2）：29.
③ 姜涛，冯彦麟. 媒介传播力的评估方法与路径[J]. 新闻与写作，2018（11）：11-16.

公信力测评相关研究的历史进程来看,其测评维度不再局限于媒介主体本身,开始出现多种视角,具体可分为对信息来源以及对信息内容的可信度测评体系建构。

(一) 信息来源可信度的测评体系建构

信息来源是否可信,是媒体公信力测评研究中较早出现的一个评价因子。这种以信息生产者和传播者为研究对象的信息来源可信度调查,是媒体公信力研究的开端,也是学者们判断媒体可信度的逻辑起点。霍夫兰等人就将信息来源的可信度指标总结为"专业性""可信赖性""传播者对受众的目的",若信息来源的这三项指标评价都很高,那么其公信力必然也很高。[1] 1969年,莱默特(J. B. Lemert)等人又扩展了霍夫兰的评价维度,提出信息来源可信度的四个指标,即安全度、资质、感召力以及社交性。[2] 马克汉姆(D. Markham)针对电视主持人这类信息来源,提出其可信度的构成指标主要是"严谨"(reliable-logical)、"看头"(showmanship)、"可信度"(trustworthiness)。[3] 史密斯在考察受众对信息的感知时,虽然考察受众对各种信息要素的反应,但更多还是考察受众对信息来源的评价,提出诸如"自信""被动""不合作"等测评指标,他认为这些指标都更适于评价信息来源的可信度。[4]

威尔逊(Wilson)和谢雷尔(Sherrell)则通过梳理1950~1990年的114篇相关研究发现,信息来源的专业维度相较于其他维度更加客观,他们认为信息来源的专业性对劝服效果的影响超过其他信息来源特征。[5] 然而,瑞(Lui)和斯旦丁(Standing)拥有不同观点,他们认为具有更高可信赖性的信息来源比具有更高专业性的信息来源更能让人信任,可信

---

[1] Hovland C, Janis I, Kelley H. Communication and persuasion: Psychological studies of opinion change [M]. New Haven: Yale University Press, 1953.

[2] Berlo D K, Lemert J B, Mertz R J. Dimensions for evaluating the acceptability of message sources [J]. Public opinion quarterly, 1969 (4): 563 – 576.

[3] Markham D. The dimensions of source credibility of television newscasters [J]. Journal of communicationn, 1968 (18): 57 – 64.

[4] Berlo D K, Lemert J B, Mertz R J. Dimensions for evaluating the acceptability of message sources [J]. Public opinion quarterly, 1969 (4): 563 – 576.

[5] Slater M, Rouner D. How message evaluation and source attributes may influence credibility assessment and belief change [J]. Journalism and mass communication quarterly, 1996 (4): 974 – 991.

度更高。① 经过半个多世纪的发展，研究者们提出许多测评信息来源可信度的量表，其中比较有名的有麦克罗斯基（McCroskey）量表、博娄（Berlo）等量表、欧翰尼（Ohanian）量表以及里泽斯（Leathers）量表。

（二）信息内容可信度的测评体系建构

信息内容可信度也是评价媒体公信力非常重要的维度。在此维度下，对媒体公信力的探讨更侧重于解读媒介发布的信息内容，例如信息内容完整与否、信息是否准确、信息能否迅速地传递给受众等。相较于信息来源的可信度测评而言，针对信息内容的可信度研究还较少，且大多借鉴信息来源可信度的测评方法。罗森索（Rosenthal）认为，在对信息来源知之甚少的情况下，受众能够基于信息内容的专门性和可证实性这两个因素来判断信息的可信度。他认为可信度评价不仅与信息来源有关，更与信息特征有关。换句话说，模棱两可、含义不清的信息和难以证实的信息可信度评价较低。② 1984年，葛亚诺（Gaziano）和麦格拉思（McGrath）受美国报纸编辑协会的委托，进行一次全美范围内的媒介可信度调查，他们采用五级语义差别量表，建立16个题项的可信度量表，经主成分因子分析后，得出12个指标的"报道可信度"和4个指标的"社会关怀"，将它们认定为构成可信度的两个维度（见表3-6）。③ 随后，梅耶（P. Meyer）认为葛亚诺—麦格拉思量表的可信度量缺乏表面效度，同时"社会关怀"维度的指标也缺乏理论的支持。因此，他在对原始数据进行多次因子分析的基础上，改善了葛亚诺—麦格拉思量表的可信度量（见表3-6）。④ 纵观西方媒体公信力的学术研究进程，葛亚诺—麦格拉思量表以及梅耶改进后的量表为后续公信力测评研究提供了指导纲领，后续大多研究都将其作为设计可信度测评量表时的重要参考。

---

① 刘学义. 比较视野下的中美媒介公信力研究 [M]. 北京：中国传媒大学出版社，2014：80-90.
② Robison M J. Believability and press [J]. Public opinion quarterly, 1990 (52): 174-189.
③ Meyer P. Defining and measuring credibility of newspapers: Developing and index [J]. Journalism quarterly, 1988 (1): 567-574.
④ Meyer P. Defining and measuring credibility of newspapers: Developing and index [J]. Journalism quarterly, 1988 (1): 567-574.

表 3-6　葛亚诺—麦格拉思及梅耶的公信力测评量表

美国报纸编辑协会调查最初使用的项目		葛亚诺—麦格拉思"报道可信度"	梅耶：两维度	
			报道可信	社区关系
1	是否公正	√	√	
2	有无偏见	√	√	
3	报道是否完整	√	√	
4	是否准确	√	√	
5	侵犯还是尊重隐私	√		
6	是否关系读者兴趣	√		√
7	是否关系社区福利	√		√
8	事实与观点是否分开	√		
9	是否可信赖	√	√	
10	关注公共利益还是公司利益	√		
11	陈述事实还是宣扬观点	√		
12	记者是否经过良好训练	√		
13	是否关心受众所想			
14	是否煽情			
15	是否遵守道德			
16	是否爱国			

资料来源：Meyer P. Defining and measuring credibility of newspapers: Developing and index [J]. Journalism Quarterly, 1988（1）：570.

西方学界对媒体公信力的测评研究，对相对零散的单一测评不断进行优化修正，直到被学界普遍运用，这为后续全球媒体公信力的研究提供了重要参考，并奠定了基础。伴随社会发展和技术进步，西方学者也开始将媒体公信力的视野转向更广泛的议题，且更倾向于采用多角度测评法，通过剖析媒体公信力的各个维度，最终建构媒体公信力评价指标体系。[1]

二　中国关于公信力测评体系的建构研究

改革开放前，基于中国特殊的历史背景和媒介发展环境，在社会民众

---

[1] Wathen C N, Burkell J. Believe it or not: Factors influencing credibility on the web [J]. Journal of the American society for information science and technology, 2002（2）：2.

的认知中,媒体具有天然的公信力,且这种公信力由国家背书,不存在任何信任问题。因此,当时中国学术界关于媒体公信力的研究也几乎处于空白状态。改革开放后,传媒市场不断开放,加上中国媒体在"非典"等暴发时的表现,致使主流媒体公信力频受质疑,中国学者意识到媒体公信力的重要性,开始探索媒体公信力评价体系。整体而言,当前中国媒体公信力的测评指标大多涵盖"政治权威性""社会关怀""新闻专业精神"三个重要维度。

(一) 政治权威性

中国学者对媒体公信力的测量评价通常离不开对政治权威性的讨论。喻国明就提出,民众判断媒体公信力的首要因素是"政府权威性",其次才是"有用性"和"真实性体验"。[1] 张洪忠也认为民众判断媒体公信力的首要标准是"权威性",包含"政府的""官办的"含义。他指出在国内外研究中判断媒体公信力有两种取向,即"专业取向"和"权力取向"。[2] 这两种不同的判断取向,形成于差异化的政治体系。美国处于横向政治结构中,媒体与政府相互独立,人们对媒体公信力的评价以专业为取向。当媒体具有客观公正报道等专业表现时,人们更愿意信任媒体。中国则是纵向政治结构,媒体是党和政府的"喉舌",在某种程度上媒体也是政府职能部门的延伸。对民众而言,他们信任媒体,其实是一种对政府的信任,更是出于对媒体所拥有的政治身份的信任,在民众看来,媒体公信力是以政府信用为保障的。因此,中国民众评价媒体公信力大多以权力为取向。

(二) 社会关怀

在媒体发展中,社会关怀也逐渐成为评价媒体公信力的一个重要指标。在民众看来,只有那些把人民群众挂在心上,真实反映社会情况的媒体才是有公信力的媒体,才是值得信赖的媒体。中国研究者们在测评公信力时,也经常将"社会关怀"纳入公信力评价指标中。例如靳一在前人研

---

[1] 喻国明. 大众媒介公信力理论初探——兼论我国大众媒介公信力的现状与问题 (下) [J]. 新闻与写作, 2005 (2): 11-13.

[2] 张洪忠. 大众媒介公信力理论研究 [M]. 北京: 人民出版社, 2006: 65-70.

究成果基础上进行归纳和总结，结合深度访谈及多次小规模调查，最终确立评价媒体公信力的4个维度，共18个具体指标（见表3-7），其中就包括"社会关怀"。① 靳一指出，从量表的重要性指数来看，"社会关怀"是最重要的，这与西方媒体公信力研究以"专业主义"作为公信力最为重要的影响因素有较大不同。从"社会关怀"维度来构建公信力评价指标的还有陈力丹教授等，他们认为，媒体公信力的评判指标就包括"社会关怀四要素"：其一，要站在社会大众的立场上，关注最广大民众的利益；其二，要敢于针砭时弊，批评性新闻比例高、批评力度大；其三，要关心处于困境的弱势群体；其四，要以平等的姿态面对读者观众。②

表3-7 靳一设计的媒体公信力测评指标

测评维度	指标
新闻专业素质	（1）真实报道，新闻报道不含虚假、猜测和虚构的成分
	（2）新闻报道准确无误
	（3）对新闻事件完整报道，不回避新闻事件中的任何重要事实
	（4）对有争议的新闻事件，平衡报道争议各方的情况，不偏袒任何一方
	（5）客观呈现新闻事件原貌，不加入报道者的偏见
	（6）尽可能报道一切民众想知道的新闻事件
社会关怀	（7）站在社会大众的立场上，关注最广大民众的利益
	（8）关心处于困境的弱势群体，比如农民、下岗职工和残疾人等
	（9）敢于针砭时弊，批评性新闻比例高、批评力度大
	（10）媒体以平等的姿态面对读者观众，而不是高高在上、傲慢自大
	（11）新闻报道实实在在，不唱高调、不打官腔
媒介操守	（12）广告比例适当
	（13）不发布虚假广告
	（14）不刊播广告新闻、有偿新闻、软广告
	（15）新闻格调高尚，不随意炒作粗俗不雅的新闻
新闻技巧	（16）新闻报道迅速及时，有时效性
	（17）能够对复杂的新闻事件提供有深度的分析和解释
	（18）能够经常有独家新闻

资料来源：靳一.中国大众媒介公信力影响因素分析［J］.国际新闻界，2006（9）：58.

---

① 靳一.中国大众媒介公信力影响因素分析［J］.国际新闻界，2006（9）：57-61.
② 陈力丹，张勇锋.传媒公信力与公众信心凝聚［J］.人民论坛，2013（5）：13-15.

（三）新闻专业精神

新闻专业精神一直都是媒体机构赖以生存的基础。郑保卫认为，新闻媒体从业人员所具有的新闻专业精神是评价媒体公信力的重要标准，真实准确、客观公正等是判断媒体公信力要考虑的重要因素。[1]李晓静则借助问卷调查、焦点小组等方法，将中国媒体公信力评价指标分为媒介机构和新闻从业者的可信度指标，这些指标中就包括真实性、独立性、专业性和权威性。李晓静认为，媒体可信度与媒介机构和报道的专业性有非常直接的联系。[2]廖圣清等人则借鉴梅耶的主要指标，同时结合中国大众媒体的实际，构建出包括新闻专业精神要素在内的大众传媒公信力指标。[3]

当前，中国民众对媒体公信力的评价更多承载着对媒介政治身份信任度的诉求，不仅期盼主流媒体能严格秉持新闻专业精神的操守，也希望其能自觉履行舆论监督的职责。要想全面了解中国主流媒体公信力的评价现状，就必须立足于本土的社会现实和媒介环境，在特定的情境框架和既定的传播体系中对媒体公信力进行更深入的探讨。

三　中国已有的公信力测评研究成果

媒体公信力测评调查2000年左右在中国出现，早期测评研究对象多以报纸、广播、电视等传统媒体为主。2010年后，关于新媒体的公信力测评开始增多。此后，传统媒体时代与新媒体时代的媒体公信力测评出现理念和标准上的不同。

（一）传统媒体时代的媒体公信力测评

中国学界对公信力的测评研究大多以结合相对公信力和绝对公信力的评价方式进行。相对公信力是罗泊（Roper）机构在1959年开始采用的，通过比较不同媒体公信力的方法来进行调查。相对公信力通常会设

---

[1] 郑保卫.试论传媒公信力形成的要件及判断与评估的标准［J］.新闻界，2005（6）：4-6.
[2] 李晓静.中国大众媒介可信度指标研究［D］.上海：复旦大学，2005.
[3] 廖圣清，李晓静，张国良.中国大陆大众传媒公信力的实证研究［J］.新闻大学，2005（1）：19-27.

计如下问题:"如果你发现广播、电视、杂志、报纸对某一事件的报道不一致,你会相信哪一种?"绝对公信力是美国学者卡特与格林博格等在1965年提出来的,他们对被访者提出的问题是:"我们想知道你对(如电视、报纸等)新闻可信赖程度的意见。如果完全可信是100%,以你的看法,你会相信多少百分比的(电视、报纸等)新闻(相信程度从0%到100%)?"[1]

在中国评估媒体公信力的初期,媒体公信力测评基本都作为大规模民众调查中的子部分进行。柯惠新在2001年对北京居民展开两次包含媒体公信力问题的调查。他采用绝对公信力的测评方式测评媒体公信力,所设计的调查题目是"通常情况下,您对新闻媒介所报道内容的信任程度"。结果显示两次调查中"完全信任"和"基本信任"两项合计分别达到85.3%和91.2%,其中"完全信任"这一选项在两次调查中分别有21.3%和30.2%。[2] 2008年,张洪忠在重庆进行随机抽样调查,主要测量三种不同市场形态的报纸的传播力和公信力,即党报《重庆日报》、党报出资经营的报纸《重庆晨报》《重庆晚报》《重庆商报》,以及传媒业外资本出资经营的《重庆时报》。该项调查实施时,中国网络媒体刚刚兴起,报纸的主流媒体地位依旧稳固,党报在相对公信力上有一定优势。因此调查结果显示三种报纸虽然市场形态各不相同,但其间绝对公信力差距不大,并且市场化进程并没有降低报纸媒体的公信力。[3] 喻国明团队也同样运用相对公信力和绝对公信力两种方法来考察电视、报纸、广播、新闻类杂志以及网络新闻这五种媒介的公信力,采用10分制对这五种媒介的绝对公信力进行打分,结果显示电视媒介的绝对公信力最高,报纸次之,其余三类媒介的绝对公信力都处于及格水平(见表3-8)。[4]

---

[1] 喻国明,张洪忠. 教育部哲学社会科学重大攻关项目——"中国大众媒介的传播效果与公信力研究"报告 中国大众媒介公信力调查评测报告 [J]. 中国媒体发展研究报告,2007 (0):129-160.

[2] 喻国明. 大众媒介公信力理论初探(上)——兼论我国大众媒介公信力的现状与问题 [J]. 新闻与写作,2005 (1):11-13.

[3] 张洪忠. 重庆地区三种市场形态报纸的公信力比较 [J]. 国际新闻界,2009 (3):89-93.

[4] 喻国明,等. 中国大众媒介的传播效果与公信力研究 [M]. 北京:经济科学出版社,2009,330.

表3-8 城市和农村抽样地区大众媒介的绝对公信力

	城市		农村抽样地区	
	平均得分	标准差	平均得分	标准差
电视	7.98	1.49	7.82	1.56
报纸	7.31	1.56	7.22	1.65
广播	6.56	2.11	6.84	1.78
新闻类杂志	6.54	1.96	6.70	1.74
网络新闻	6.16	1.97	6.23	1.91

资料来源：喻国明，等．中国大众媒介的传播效果与公信力研究［M］．北京：经济科学出版社，2009：333．

（二）新媒体时代的公信力测评

在网络媒体发展成熟之前，民众对于传统媒体普遍信任，但随着网络新媒体的不断革新，人们对媒体公信力的评价变得更加复杂。较早的新媒体公信力测评是在2009年，由北京师范大学社会数据调查实验室主导。该调研当时在10个主要城市采用CATI（计算机辅助电话调查系统）的方式采集数据，设计新媒体公信力题项："如果100分是满分，60分及格，下面媒介渠道（网络、手机）新闻报道的可信程度您觉得分别可以打多少分？"[①] 最终结果显示，虽然网络新闻的绝对公信力得分高于手机新闻公信力，但其调研中所考察的城市网络新闻绝对公信力得分一般，游走在及格线上下。但2018年的"中国信用小康指数"调查结果显示，与网络新媒体平台相比，电视媒体依旧是公众心中最具公信力的媒体类型，其次才是报纸、杂志、微信、自媒体。[②]

詹骞等人基于质性研究，同时结合微信问卷调查和大规模网络在线调查，设计出社交媒体公信力测评量表（见表3-9），共有14个题项，包含"基于用户体验的社会影响力"与"管理良好"两大维度。詹骞等人在研究中发现，用户在评价社交媒体可信度时，不再单纯追求信息准确性，而是更加看重社交媒体平台的社会影响力和对网络空间进行的良好管理。[③]

---

① 张洪忠，季娇．新媒介公信力考察——基于全国十大城市网络、手机调查数据的分析［J］．当代传播，2010（4）：76-77．
② 尤蕾．媒体公信力调查：传统媒体突围信用榜单［J］．小康，2018（22）：72-74．
③ 詹骞，周莉，吴梦．我国社交媒体公信力测评量表设计研究［J］．当代传播，2018（6）：41-44．

也有学者从对网络信息的综合评价层面对公信力的评价指标进行构建。如南京大学黄奇和郭晓苗提出包括内容、设计、可用性和可获得性、安全、其他评价来源等5个方面的评价指标体系。[1]

表3-9 社交媒体公信力测评量表

维度	题项
基于用户体验的社会影响力	社交媒体运营时间长
	社交媒体品牌影响力大
	社交媒体上信息发布及时
	社交媒体关注社会的热点问题
	社交媒体在我所处的群体中广受认同
	社交媒体上信息丰富、全面
	社交媒体为用户提供了便捷充分的互动方式,发图文很方便
管理良好	社交媒体界面简洁清晰,视觉体验好
	社交媒体上很少发布虚假广告
	社交媒体能够保护用户的个人隐私
	社交媒体有社会责任感
	社交媒体上网民理性发言,不相互谩骂
	社交媒体能对错误信息及时更正
	社交媒体上少有病毒

资料来源：詹骞,周莉,吴梦.我国社交媒体公信力测评量表设计研究[J].当代传播,2018(6):43.

第三节 影响力的测评指标构建与现状

"影响力"历来是新闻传播领域研究中重点关注的话题。媒体影响力研究已有较完备的理论体系和实证成果,从早期的子弹理论,到有限效果模式、适度效果模式,再到20世纪末的强大效果模式,国内外研究者不断探索大众传播媒介对社会和受众产生了怎样的影响。国内外对于媒体影响力的测评也基于研究视角的不同呈现复杂多元的指标体系建构。

---

[1] 黄奇,郭晓苗.Internet上网站资源的评价[J].情报科学,2000(4):350-352,354.

一 西方关于影响力测评指标体系研究

随着传媒竞争的不断加剧,各大媒体都在思考一个严峻的问题,即如何考量媒体发展现状,衡量自身影响力。结合已有研究和媒介生态的不断变化,在西方研究视域中,研究者通常立足"媒体传播内容""社交媒体"两个维度,来判断媒体影响受众的规模、程度以及产生何种影响。此外,在梳理文献过程中发现西方学者对广告营销中品牌的传播效果,即品牌影响力也较为关注,在此也稍做梳理。

(一) 媒体传播内容的影响力测评

安德森等人主要探讨媒体传播内容中存在的暴力现象对受众可能产生的影响,他们从受众层面、媒体传播内容、社会环境角度建立相关测评体系。具体指标包括受众层面的"受众的个性、年纪和性别、激进程度、智力",媒体传播内容层面的"激进内容的特质""对于暴力的描述",以及社会环境角度的"文化的影响、社区的影响、同伴的影响"等指标。最终研究发现电视、电影、视频游戏和音乐等媒介形式中存在的暴力内容的确会增加青少年的攻击性和暴力行为的可能性。[1] 科恩等人则聚焦媒体在政治选举投票中所能够产生的影响力,利用三种数据收集方式进行研究,通过测评媒体传播内容,即新闻中提供的政治信息性质,以及对他人行为的影响来评估新闻媒体内容与选民战略投票倾向之间的关系。研究发现多数社会信息可通过大众媒体向选民传播,并影响他们的行为,新闻媒体传播的内容与选民的战略投票倾向密切相关。[2]

(二) 社交媒体的影响力测评

随着新媒体技术的不断升级,社交媒体的影响力已经远远超出人们预期,西方研究者也纷纷开展社交媒体的影响力研究,建构有关新媒体影响力的评价指标体系。在近几年的研究中,不少西方研究者开始借助计算机

---

[1] Anderson C A, Berkowitz L, Donnerstein E, et al. The influence of media violence on youth [J]. Psychological science in the public interest, 2010, 4 (3): 81 – 110.
[2] Cohen J, Tsfati Y. The influence of presumed media influence on strategic voting [J]. Communication research, 2009 (3): 359 – 378.

科学知识，利用Web数据挖掘中链接分析的方法，基于PageRank和HITS等经典算法，设计一些测评新媒体影响力的算法。新加坡埃森哲分析创新中心顾问Jianshu Weng基于PageRank设计了TwitterRank算法，旨在测量Twitter用户的影响力。[①] 在此基础上，马来西亚北方大学学者沙希赞·哈桑（Shahizan Hassan）从认知、活动生成和新颖性三个维度构建社交媒体影响力评价体系，其中下设点赞、粉丝、评论、公告、分享和链接等具体评价指标。[②] 随后，哈桑团队再次优化新的社交媒体评价模型，模型内包括认同、活动生成、公信力三个维度，下设点赞、粉丝、导入链、评论、公告、分享、呈现方式、事实错误、超链接引用等9个具体指标。[③] Withaar等人则从个体使用者角度出发，设计出一个社交媒体影响力评价矩阵，从社交媒体的用户贡献率和参与度两个维度来测评社交媒体影响力，在个人对网络的贡献和网络对个人行为的参与之间做出区分。其中贡献率部分就包括个人行为以及个人网络的所有数据，参与度则包括网络对个人行为的反应，例如互动、口碑等。[④]

（三）品牌营销中的影响力测评

西方关于媒体影响力测评的研究中，广告品牌传播效果的测评占比也相对较大。在广告传播活动中，传播就是营销，品牌的传播效果与其影响力息息相关。品牌在传播过程中达到的预期效果，正是品牌影响力的切实体现。世界上最大的专项市场研究集团——国际市场研究集团研发出"品牌资产引擎模型"（Brand Equity Engine，以下简称"BEE模型"）（见图3-6），该模型指出品牌资产的实现主要依靠消费者的购买行为，而消费者的购买行为最终是由品牌影响力所带来的品牌形象所决定的，也就是由"品牌亲和力"和"品牌功能利益"构成。[⑤] Giep Franzen针对

[①] Weng J, Lim E P. TwitterRank: Finding topic - sensitive influential twitterers [C]. Proceeding of the third ACM international conference on web search and data mining. ACM, 2010: 261 - 270.

[②] Hassan S. Identifying criteria for measuring influence of social media [J]. International journal of information technology & computer science, 2013 (3): 86 - 91.

[③] Hassan S, Hashim N L. Evaluating social media: Towards a practical model for measuring social media influence [J]. International journal of interactive communication systems and technologies, 2014 (2): 33 - 49.

[④] Withaar R J, Ribeiro G F. The social media indicator 2: Towards a software tool for measuring the influence of social media [C]. EGOV & ePart ongoing research, 2013: 200 - 207.

[⑤] Morgan R. A consumer-oriented framework of brand equity and loyalty [J]. International journal of market research, 2013 (1): 65 - 78.

品牌传播效果设计"效果群相互作用模型"（见图3-7），从用户对品牌传播的接触环节出发，强调"品牌行动与品牌经验""品牌评价与态度""品牌定位""品牌联想与信念""品牌认知""广告信息处理""注意"之间的多角关系，[①] 有助于深刻理解影响力的多维含义。

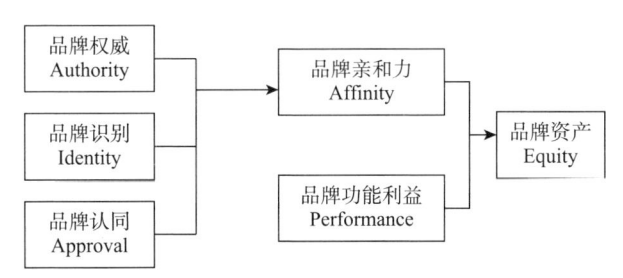

图3-6　BEE模型

资料来源：胡晓云，等. 品牌传播效果评估指标［M］. 北京：中国传媒大学出版社，2007：7.

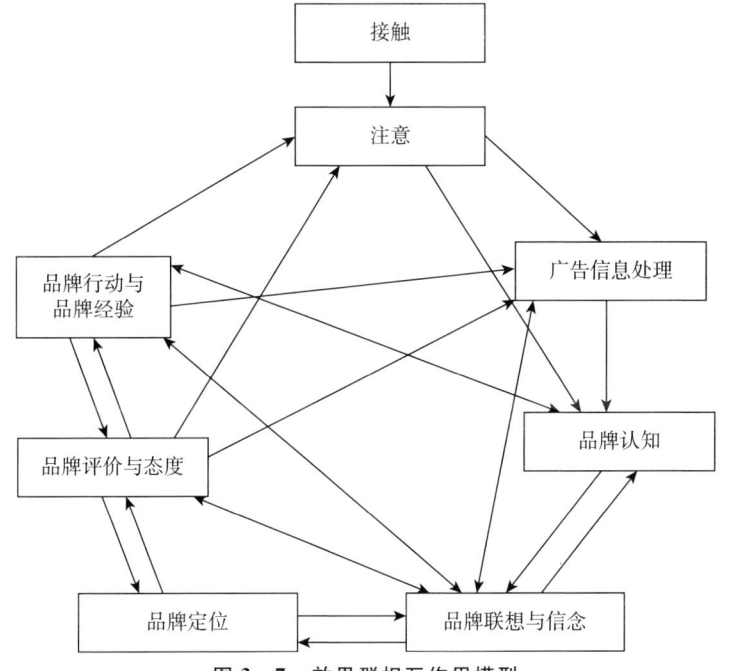

图3-7　效果群相互作用模型

资料来源：胡晓云，等. 品牌传播效果评估指标［M］. 北京：中国传媒大学出版社，2007：8.

[①] 胡晓云，等. 品牌传播效果评估指标［M］. 北京：中国传媒大学出版社，2007：7-8.

二 中国关于媒体影响力评价指标建构现状

"影响力"概念在引入中国初期,大多学者对影响力的认知还停留在媒体所产生的影响效果上,对"力"的指标测量相对较少,但随着研究的深入,中国学者对媒体影响力的评价指标建构开始萌芽并日益成熟。

(一) 早期媒体影响力测评指标的宏观建构

早期,中国学者对媒体影响力测评指标的建构大多从经验出发,相关指标设计及制定都相对宏观,且大多并未投入实践进行检验。2003年,赵彦华从中国报业市场评价指标这一层面评价媒介影响力,认为要对媒介市场的影响力进行控制,就需要找到一种市场影响力评价尺度,并据此提出7大类共28个指标(见表3-10)。[①] 朱雯则关注东方卫视在长三角地区的媒体市场影响力,建构电视媒体影响力的"五星模型"(见图3-8、图3-9),提出评估电视媒体影响力的因子是忠诚度、频道联想、满意度、知名度、认知度。[②]

表3-10 中国报业市场影响力评价指标

报纸产品消费量评价	读者消费忠诚度评价	报纸广告资源评价	报纸读者资源评价	从市场角度对报纸产品质量评价	报纸成本收益评价	报纸市场潜力评价
订阅发行量 零售发行量 赠阅发行量 平均月期发数 年度平均期发量	周平均阅读天数 日平均阅读时长 月平均阅读次数 读者实际接触频度	广告版面实际定价 广告版面的数量 广告经营额 广告到达率	读者人口覆盖率 读者传阅率 读者实际覆盖人数	报纸品牌知名度 读者的理解程度 读者对报纸的美誉度	单位产出成本 报社运行成本 报社总收入 成本利润率 读者的遗憾率	报纸的涵盖率 广告增长率 总收入增长率 总资产增长率

资料来源:赵彦华. 报纸市场评价指标体系 [N]. 中华新闻报,2004-03-15.

---

① 赵彦华. 报纸市场评价指标体系 [N]. 中华新闻报,2004-03-15.
② 朱雯. 东方卫视影响力评估研究 [D]. 南京:南京师范大学,2005.

忠诚度

频道联想　　　　　认知度

影响力

满意度　　知名度

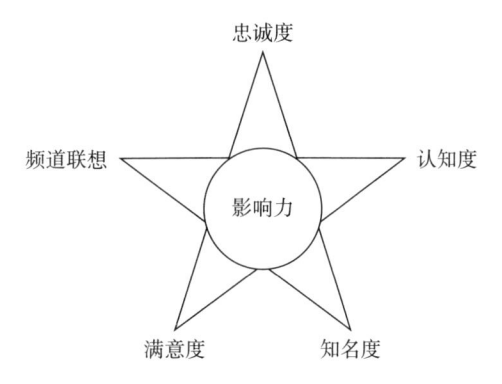

图3-8　电视媒体影响力的"五星模型"

资料来源：朱雯．东方卫视影响力评估研究［D］．南京：南京师范大学，2005：13．

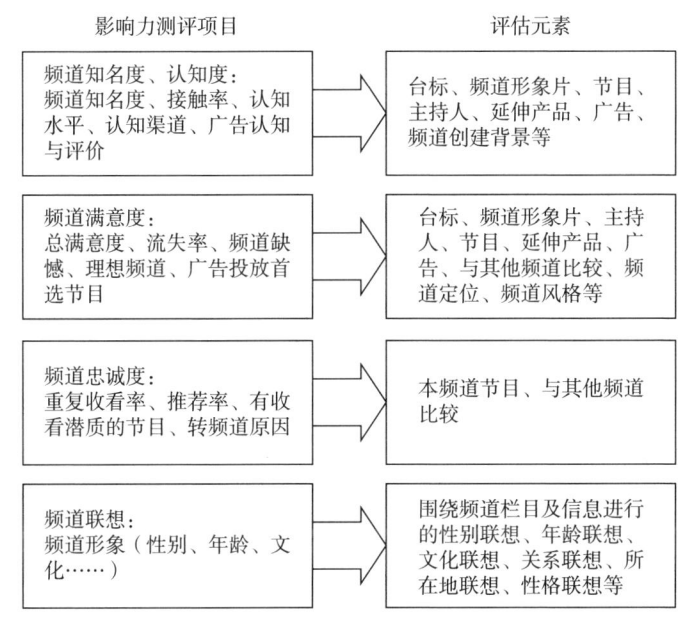

影响力测评项目	评估元素
频道知名度、认知度： 频道知名度、接触率、认知水平、认知渠道、广告认知与评价	台标、频道形象片、节目、主持人、延伸产品、广告、频道创建背景等
频道满意度： 总满意度、流失率、频道缺憾、理想频道、广告投放首选节目	台标、频道形象片、主持人、节目、延伸产品、广告、与其他频道比较、频道定位、频道风格等
频道忠诚度： 重复收看率、推荐率、有收看潜质的节目、转频道原因	本频道节目、与其他频道比较
频道联想： 频道形象（性别、年龄、文化……）	围绕频道栏目及信息进行的性别联想、年龄联想、文化联想、关系联想、所在地联想、性格联想等

图3-9　电视媒体影响力的"五星模型"测评指标体系

资料来源：朱雯．东方卫视影响力评估研究［D］．南京：南京师范大学，2005：17．

何春晖等把媒体影响力分解为四个层面：对内部公众（员工）的影响力、对外部受众的影响力、对广告主的影响力、对同行和学术界的影响力（见表3-11）。具体而言，对内部公众（员工）的影响力与通常所说的媒体影响力不同，主要是指组织内部管理的影响力；对外部受众的影响力可量化为媒体的受众注意力，媒体名称、口号、形象标识的利用频率，以及受众对媒体策划、举行的公关活动的参与程度等；对广告主的影响力可通过发行量或收视率、媒体的目标受众构成、广告收入、广告价格、广告供求比例等5项二级指标进行测评；对同行和学术界的影响力可以通过转载率、被其他媒体报道的次数、篇幅或时数，创新频率，业界参观、考察、学习的人次，相关研讨会、论著、论文的数量等5项指标进行测评。[①] 华文等人认为媒介影响力包括媒介的社会影响力和市场影响力，并提出评价媒介市场影响力的6项标准，即受众规模、质量、传播效果、媒介经济实力、科技实力、可持续发展（见表3-12）。[②] 这些对媒体影响力量化指标的建构，看似比较全面，但这种"大而全"的建构方式对最核心的受众影响力关注过少，大多研究还仅仅停留于建构层面，且诸类研究并未真正落地实施，没有实现实际测评，该类指标的科学性与严谨性并没有得到印证。

表3-11 媒体影响力的量化指标

媒体影响力构成	具体量化指标
对内部公众（员工）的影响力	员工的流动频率；媒体内部的信息畅通程度；员工对工资报酬满意度；员工对媒体内部文化（企业文化）的接受度
对外部受众的影响力	媒体的受众注意力；媒体的名称、口号、形象标识的利用频率；媒体在网民心目中的关注度；受众对媒体策划、举行的公关活动的参与程度
对广告主的影响力	发行量或收视率；媒体的目标受众构成；广告收入；广告价格；广告供求比例
对同行和学术界的影响力	转载率；被其他媒体报道的次数、篇幅或时数；创新频率；业界参观、考察、学习的人次；相关研讨会、论著、论文的数量

资料来源：何春晖，毛佳瑜. 媒体影响力的量化指标［J］. 新闻实践，2006（10）：15-17.

表3-12 媒介市场影响力指标

媒介市场影响力构成	具体指标
受众规模	数量性、总体性、社会性
质量	传播内容的质量、媒介所倚重的人群的质量
传播效果	带有说服动机的传播行为在受传者身上引起的心理、态度和行为的变化；传播活动，尤其是报刊、广播、电视等大众传播媒介的活动对受传者和社会所产生的一切影响和结果的总和
媒介经济实力	媒介经营资本状况，媒介对竞争资源占有比例
科技实力	媒介技术设备状况、媒介技术服务的品质、媒介技术创新和新技术应用的能力
可持续发展	是否具有发展的潜力

资料来源：华文. 媒介影响力经济探析［J］. 国际新闻界，2003（1）：80-83.

---

① 何春晖，毛佳瑜. 媒体影响力的量化指标［J］. 新闻实践，2006（10）：15-17.
② 华文. 媒介影响力经济探析［J］. 国际新闻界，2003（1）：78-83.

此外，早期也有一些对媒体影响力的观察与测评是基于中国社会语境下媒体与政治权威性的关系进行的。不少学者认为媒体的政治级别越高，其影响力就越大。例如，田萌等就提出媒体影响力由权威性、公信力、在受众心目中的分量构成（见表3-13）。其中，权威性指标除包含受众量、传阅率、报纸历史、受众决策力度外，还包括媒体所属主管和主办单位的权威性。[1] 这种影响力评估体系在中国社会语境下具有一定适用性，但若过度强调媒体政治级别所带来的专业威望和影响，就很容易忽视媒体产品质量等因素对媒体影响力的作用。因为某些媒体的主管单位虽然级别比较高，但由于其内容产品质量不高，不具吸引力，其传播力、影响力远不如一些都市报媒体。

表3-13 媒体影响力构成指标

媒体影响力构成	具体测量指标
权威性	受众量、传阅率、报纸历史、媒体所属主管和主办单位的权威性、受众决策力度
公信力	真实性、公正性、中立性、受众忠诚度
在受众心目中的分量	主动阅读率、信息广度、内容的贴近性、报纸的质量

资料来源：田萌，蒋乐进. 都市类报纸的区域影响力研究——以杭州《都市快报》与《钱江晚报》为案例［J］. 新闻知识，2006（1）：66.

（二）日益成熟的媒体影响力实证研究

2010年，郑丽勇等发表两篇重要论文《媒介影响力评价指标体系研究》《媒介影响力乘法指数及其效度分析》，就媒介影响力评价指标体系研究进行综述，同时自己设计出一套相对科学的媒介影响力评价体系，深刻影响了后续媒体影响力研究的测评范式。郑丽勇等将媒介影响力的形成过程解构成接触、接受、保持和提升四个环节，并在此基础上提出评价媒介影响力的四个因子：广度、深度、强度和效度（见表3-14）。[2] 在此基础上，郑丽勇进一步优化测量媒体影响力的乘法模型，提出媒介影响力＝受众规模（万人）×平

---

[1] 田萌，蒋乐进. 都市类报纸的区域影响力研究——以杭州《都市快报》与《钱江晚报》为案例［J］. 新闻知识，2006（1）：66-69，7.
[2] 郑丽勇，郑丹妮，赵纯. 媒介影响力评价指标体系研究［J］. 新闻大学，2010（1）：121-126.

均接触时间（小时/人）×可信度（%）×[1+主流人群比率（%）]。①

表 3-14 媒介影响力评价指标体系

环节	接触	接受	保持	提升
因子	广度	深度	强度	效度
指标	发行量、阅读率、转阅率、收视率、收听率、点击率	平均阅读时间、平均收视时间、平均上网时间、平均收听时间	需求满足水平：满意度 内容质量感知：真实性、完整性、全面性、客观性、准确性、平衡性 媒介品牌形象：行政级别；独立性、公正性、社会责任感、平等、批判精神和人文关怀 媒介品牌体验：及时、深度、独家、生动、格调； 品牌忠诚度：美誉度、忠诚度	决策力、消费力、二次传播力

资料来源：郑丽勇，郑丹妮，赵纯. 媒介影响力评价指标体系研究 [J]. 新闻大学，2010（1）：125.

郑丽勇所建构的媒介影响力指标体系无疑是媒介影响力研究进程中设计相对清晰、可行的一次有益尝试，但也引起了广泛讨论。有学者认为郑丽勇对媒介影响力的因子划分受制于单向传播思维模式，导致媒介影响力测评失真，提出应该加入互动性因素。② 王斌认为郑丽勇指标体系的深度和强度界限模糊，例如被界定为深度因子指标的"平均收视时间"与作为强度因子指标的"忠诚度""美誉度"之间界限不清，存在重叠。在王斌看来，受众看某个频道时间越长，就说明对其忠诚度越高，因此"平均收视时间"本身就可以看作"忠诚度"的一个重要指标。随后，王斌建构了适用于融媒体时代的电视媒体影响力评价模型——WSRVC 模型，将电视媒体影响力测评指标优化为"广度（Width）+强度（Strength）+信度（Reliability）+效度（Validity）+融度（Convergence）"的 WSRVC 分析模式。③

（三）重视受众反馈的媒体影响力测评指标

当前，在新媒体的传播过程中，受众的角色地位及反馈速率都在不断提升，越来越多的学者开始重视受众反馈中体现的媒体影响力，将传播主体与受众之间的互动程度视为测评媒体影响力的重要指标。例如，马晓娟

---

① 郑丽勇. 媒介影响力乘法指数及其效度分析 [J]. 当代传播，2010（6）：20-23.
② 蒋侑成. 理性互动：媒介影响力的助推器——兼对郑丽勇教授媒介影响力指标体系质疑 [J]. 新闻记者，2012（7）：65-68.
③ 王斌. 媒体融合语境下电视媒体影响力评价新论——兼对"郑丽勇指标体系"的补充与发展 [J]. 中国广播电视学刊，2016（4）：73-75.

等人通过分析微博中的消息传播和用户个体行为，基于粉丝数、关注数、微博被转发数、发布微博数构建微博用户影响力评估体系。[①] 冯锐、李闻从覆盖度、交互度、认知度、满意度、忠诚度五个方面构建评价社交媒体影响力的指标体系（见表3-15）。其中，覆盖度是指媒体信息所能到达的地域范围和用户数量；交互度则主要代表社交媒体内用户之间互动的情况，具体可表现为评论数、转发数、点赞数；认知度代表用户对媒体的整体认知印象，其中包括认知渠道、品质认知、功能认知；满意度是指用户需求得到满足的程度，比如对技术满意，抑或对内容满意，还可以是对服务满意；忠诚度是用户使用社交媒体时，对某种社交媒体的使用意向及推荐比率之类。[②] 当然，如何实现在更大规模的数据集上评估微博影响力仍是该类研究未来重点的探索方向。

表3-15 社交媒体影响力评价指标

一级指标	二级指标
覆盖度	用户数量
覆盖度	信息数量
覆盖度	影响范围
交互度	评论数
交互度	转发数
交互度	点赞数
认知度	认知渠道
认知度	品质认知
认知度	功能认知
满意度	技术满意
满意度	内容满意
满意度	服务满意
忠诚度	用户黏度
忠诚度	推荐比率
忠诚度	使用意向

资料来源：冯锐，李闻. 社交媒体影响力评价指标体系的构建［J］. 现代传播（中国传媒大学学报），2017（3）：67

---

① 马晓娟，李玉贞，胡勇. 微博用户影响力的评估［J］. 信息安全与通信保密，2013（6）：53-55.
② 冯锐，李闻. 社交媒体影响力评价指标体系的构建［J］. 现代传播（中国传媒大学学报），2017（3）：63-69.

杨悦等人则以30家省级卫视媒体的官方微博作为研究对象，运用因子分析，提取出代表粉丝行为的"粉丝效应"主成分以及反映官微传播行为的"官微自效应"主成分。"粉丝效应"主成分主要反映的就是受众反馈，体现为每条平均点赞数、每条平均评论数、每条平均转发数和粉丝数。研究发现湖南卫视和浙江卫视的官方微博影响力居前两名，远高于平均水平。官方微博影响力排名靠后但微博活跃度较高的媒体官微，普遍呈现微博平台利用方式单一、内容同质化、原创内容少、粉丝关系单一、卫视频道与官微运营理念脱节等问题。[①]

（四）传媒业界对媒体影响力的实践调研

目前，媒体影响力已成为评价主流媒体的重要标准，传媒业界也围绕媒体影响力进行了大量实践调研。由中国信息协会电子政务专业委员会与国家信息中心网络政府研究中心联合发布的《中国政府网站互联网影响力评估报告》在中国具有一定权威性。在2013年的报告中，构建了中国政府网站的互联网影响力评估指标体系，选择全国556家政府网站作为评估对象，提出将政府网站互联网影响力进行水平阶段划分。该评估模型从网站信息"传播渠道覆盖度"和"传播过程通畅度"两个角度，对各网站的搜索引擎影响力、社会化媒体影响力、重要网络媒体影响力、移动终端用户群体影响力、少数民族及国际用户群体影响力五个方面进行考核，共包含5个一级指标11个二级指标（见表3-16）。报告结果显示，在71家中央部门政府网站中，网站互联网影响力综合排名靠前的部门依次是外交部、商务部、财政部、工业和信息化部、农业部。[②] 此外，中视金桥媒介研究中心提出的影响力计算公式也一度在传媒业界得到认可，具体公式为：媒体影响力＝媒体影响受众的能力＋受众影响社会的能力。在该公式中，从媒体影响受众和受众影响社会这两个层面对媒体影响社会的能力指标进行评分。[③]

可以看出，业界对媒体影响力是非常关注的，其相关研究也已初具规

[①] 杨悦，艾新新. 省级卫视官方微博影响力评估及提升路径［J］. 现代传播（中国传媒大学学报），2018（5）：127-130.

[②] 《中国政府网站互联网影响力评估报告（2013）》评估工作组. 中国政府网站互联网影响力评估报告2013［J］. 电子政务，2013（11）：2-21.

[③] 中视金桥媒介研究中心. 如何评估电视媒体影响力［J］. 市场观察，2017（12）：96-98.

模，但研究质量整体上还比较低，对影响力的评价还停留于数量的呈现层面，对理论的运用和建构相对偏少。总体来看，测评媒体影响力的研究正从经验思辨走向科学实证，无论是学界还是业界都在努力建构科学的评价指标体系。

表3-16 政府网站互联网影响力评估指标体系及考核要点

一级指标	二级指标	考核要点
搜索引擎影响力（25%）	搜索引擎加权平均收录情况	网站被主流搜索引擎收录页面数，总体反映网站信息在搜索引擎上的可见性水平
	搜索引擎收录数增长情况	近半年中网站被搜索引擎收录页面数的增长情况，综合反映近期网站增长内容的搜索引擎可见性水平，该指标的优劣取决于网站内容增长速度、网站的搜索引擎可见性表现水平和搜索引擎算法调整优化三方面因素
	政府网站名称品牌词影响力	网民搜索网站核心品牌词时，网站信息出现在搜索结果首页的比例，反映网站名称的品牌影响力
社会化媒体影响力（25%）	网站社交媒体功能开通情况	网站是否开通诸如RSS订阅、分享到微博等技术功能，反映网站的社会化媒体技术使用度
	网站内容微博转载情况	网站信息被主要微博转载的情况，反映网站信息在微博用户群体中的影响力
	网站内容百科类网站转载情况	网站信息被主要百科类网站用户转载并提供链接的次数，反映网站信息在百科类用户群体中的影响力
重要网络媒体影响力（15%）	重要导航网站收录情况	分析网站被常见导航类网站收录的情况
	政府网站页面被链接次数	分析网站信息被互联网其他网站链接的比例，反映网站在互联网网站中的总体影响力
移动终端用户群体影响力（15%）	移动终端兼容性	网站页面在常见移动终端上显示时的技术兼容性
	移动WAP门户应用开通情况	分析网站是否开通WAP门户功能
少数民族及国际用户群体影响力（10%）	多语言版本网站开通情况	分析网站是否开通有多种语言版本，包括汉字繁体版、少数民族语言版本等

说明：11个二级指标权重加总为90分，最终结果折合为满分值进行排名。

资料来源：《中国政府网站互联网影响力评估报告（2013）》评估工作组.中国政府网站互联网影响力评估报告2013［J］.电子政务，2013（11）：4.

三 影响力测评指标研究的学科交叉与方法创新

随着媒体融合进程的深入，各学科不断交叉开展媒体影响力研究，影响力的测评方法不再仅仅局限在新闻传播领域，还出现大量基于交叉学科研究范式的影响力研究。一些具有工科学术背景的研究者开始尝试用计量学、数学建模等工具对媒体影响力进行分析。在这些研究中，媒体影响力不再是传播学科中的模糊定义，而是活跃可追踪的数据。

（一）借助 h 指数、g 指数的媒体影响力评估

近年来，有学者将文献计量学、图书情报学与新闻传播学交叉，将计量学中的 h 指数、g 指数运用至媒体影响力评估中。

h 指数最早由 J. E. Hirsch 提出，其将数量因素（论文数）与质量因素（被引频次）相结合，用来评价科学家的学术成就，h 指数越高，学术成就越高。具体而言，如果一位科学家的 h 指数为 h，就意味着在他的 N 篇论文中有 h 篇论文，其中每一篇论文的被引次数都大于等于 h，而其他（N-h）篇论文中每一篇的被引次数都小于 h。[1] 也就是说，只有在论文数量足够多，且其中多数论文具有高被引频次时，才能获得较高的 h 指数。周志峰等人便借助 h 指数算法分析微博数据，以中国"211 工程"大学图书馆微博为研究对象，测评社会化网络中信息传播的影响力，建构微博影响力指标。该指标体系包括绝对数据，即粉丝数量、发表博文数、博文被转发或评论总数，以及相对数据即篇均被转发或评论数。该研究发现开设时间长、博文数量多、粉丝多的微博，被转发数、评论数也会相应较高。[2] g 指数则是 Egghe 在 2006 年提出的，是将论文按被引次数高低排序，并且计算排序序号的平方，将被引次数逐次累加，当序号平方等于累计被引次数时，该序号就被定义为 g 指数。王林等人对 h 指数、g 指数、p 指数在微博影响力评价中的合理性进行验证分析，认为这三种指数都可以较为客观地

---

[1] Hirsch J E. An index to quantify an individual's scientific research output [J]. Proceedings of the national academy of sciences of the United States of America, 2005 (46): 16569-16572.

[2] 周志峰，韩静娴. h 指数应用于微博影响力分析的探索——以我国"211 工程"大学图书馆微博为例 [J]. 情报杂志，2013 (4): 63-67.

评价微博影响力。①

（二）运用链接分析的微博影响力评价研究

链接分析是目前微博影响力研究的重要方法，学界通常利用链接关系来分析微博的用户影响力，这种方法大多基于用户间的交互关系，通过改进 PageRank 算法来进行影响力的评估。PageRank 由 Google 创始人拉里·佩奇和谢尔盖·布林提出，其基本逻辑是利用网页的超链接结构来确定网页的重要性，若网页 A 的一个链接指向 B，就认为 A 投网页 B 一票，PageRank 排名系统会根据网页 B 收到的投票数量来评估该网页的重要性。在微博影响力研究中，PageRank 方法通常是从用户的粉丝数量及质量来衡量该微博的影响力，李军等就基于 PageRank 的评价方法，制定出针对中国微博影响力评价的模型 WURank——Weibo User Rank。② 黄贤英等综合考虑用户自身属性，从用户活跃度、认证信息及博文质量出发，结合不同好友质量，改进 PageRank 算法，利用用户博文传播率来挖掘用户潜在影响力，重新构建出一个微博用户影响力评估算法。③ 该类研究方法可以更加准确、客观地反映微博用户的实际影响力，为社交网络中的意见领袖挖掘、信息传播和舆论引导等研究提供参考。

第四节　主流媒体"三力"影响因素的相关研究

究竟是哪些因素影响着"三力"发展，这是本书探讨媒体"三力"必须要回答的问题。本书认为，影响媒体"三力"的因素是复杂且多样的，信息来源、信息内容特征、受众变量、媒介系统都是影响媒体"三力"的重要因素。

---

① 王林，潘陈益，朱文静.基于 h 指数、g 指数和 p 指数的微博影响力评价对比研究［J］.现代情报，2018（6）：11 - 18，61.
② 李军，陈震，黄霁崴.微博影响力评价研究［J］.信息网络安全，2012（3）：10 - 13，27.
③ 黄贤英，杨林枫，刘小洋.分级意见领袖下的微博信息传播与数学建模［J］.计算机科学，2018（11）：261 - 266.

一 信息来源与"三力"

当受众接收媒体信息时，一个可信可靠的信息来源与信息传播者会提升媒体自身公信力，为传播力和影响力提供权威性资源。以归因理论为代表的可信度假说认为，受众对信息的接受结果与对信息来源和传播者可信度的认知息息相关，信息来源的可信度对媒体公信力的影响非常大。

在早期的传播效果调查中，霍夫兰发现具有高可信度的信息来源对受众态度的改变作用更大，更具有劝服性。按照喻国明等的说法，"对于媒介公信力判断维度的最早研究，是在上世纪五十年代初以消息来源为研究对象来进行的"，具有专业知识和可靠性是公信力两个最主要的维度。[1] 根据伊格利（A. H. Eagly）等人的研究，受众收到一则信息，会寻找能帮助推断影响传播者立场的深层原因的线索，例如传播者特征。[2] 当受众分析传播者特征时，他们通常会分析传播者是否存在知识偏向或者报道偏向。

即使在新媒体时代，信源也十分重要。当接收到的消息是来自政府官方微博或者公众号时，人们会对信息保持较高的信任度，而当这个消息是来自自媒体或者某个不知名的微博时，人们则会下意识地将其视为"小道消息"。同样的新闻内容，通过不同的传播渠道来传播，受众的认知会产生差异。就像霍夫兰、詹尼斯和凯莱等人的研究认为，一个被认为意在劝服的传播者，不太可能被受众所信任，而一个不被信赖的传播者，他所传播的信息更不太可能被接受。[3]

同样，研究结果表明，具有强大说服力支撑的信源往往更容易传播，也更容易对受众产生影响。当然，信息来源的形象、声誉、身份头衔等其他评价因素，同样会影响受众对传播力、公信力和影响力的认知。例如，20世纪40年代的社会心理学研究发现，外观设计有吸引力的信息来源更

---

[1] 喻国明, 等. 中国大众媒介的传播效果与公信力研究 [M]. 北京：经济科学出版社，2009：170 – 175.

[2] Eagly A H, Chaiken S, Wood W. An attribution analysis of persuasion [M] //Harvey J H, Ickes W J, Kidd R F. New direction in attribution research: Vol. 3. Hillsdale, NJ: Lawrence Erlbaum, 1981: 37 – 62.

[3] Hovland C I, Janis I L, Kelley H H. Communication and persuasion: Psychological studies of opinion change [M]. New Haven: Yale University Press, 1953.

容易被相信，也更容易对受众产生影响。受众在评价网站的传播力、公信力和影响力时，这一规律也同样适用，一些外观设计精美、用户体验良好的网站在受众心中更具传播力和影响力。

二 信息内容特征与"三力"

媒体"三力"的高低与信息内容有十分重要的关系，对受众而言，获得有价值的信息是受众参与传播活动的首要目的。因此，信息质量、表达方式、内容类型等都会对媒体"三力"产生影响。

奥斯汀（E. W. Austin）等人认为，受众通常会根据信息内容而不是信息来源对可信度做出判断，"新闻故事明显的真实性"往往更重要。[①] 斯莱特（M. Slater）等人也指出，受众在面对新的信息，尤其是对信息来源一无所知时，主要通过信息质量来判断是否接受信息，以及判断这个信息是否值得信任。同时，他们通过实验研究发现，信息质量对受众进行信源专业性水平判断以及观念改变有直接影响。[②] 一篇充满语法和文字错误的新闻报道，往往很难被人认为是可信的，更难以对受众产生影响，甚至还会引起受众的反感。此外，新闻报道的同质化也会损害媒体"三力"。克鲁斯（Cruise）把这一现象讥讽为"组装新闻学"。在很多政治报道中，由于遵循同样的专业标准和媒体文化，不同媒体间的报道差异日渐缩小，呈现的报道面貌千篇一律。这样的新闻尽管数量可观，但影响力极低，受众的接受程度也不高，这必然会影响媒体传播力、公信力和影响力。[③]

同时，信息表达方式和采访手段也会对媒体"三力"产生重要影响。斯拉特等人指出，信息的展示（表达）方式，如写作、制作或者组织水平等，会影响受众对信息的接受方式。[④] 比如，受众时常被充满感情的故事

[①] Austin E W, Dong Q. Source vs. content effects on judgments of news believability [J]. Journalism quarterly, 1994 (71): 973 – 983.

[②] Slater M, Rouner D. How message evaluation and source attributes may influence credibility assessment and belief change [J]. Journalism and mass communication quarterly, 1996 (4): 974 – 991.

[③] Ladd J C C. Attitudes toward the news media and political competition in America [D]. Princeton: Princeton University, 2006.

[④] Slater M, Rouner D. How message evaluation and source attributes may influence credibility assessment and belief change [J]. Journalism and mass communication quarterly, 1996 (4): 974 – 991.

所打动，对于他们而言，这类新闻就是有公信力、影响力的好新闻，此类新闻也往往可以获得有效的传播，从而使媒体产生传播力和影响力。这也就在一定程度上解释了为何中国都市报曾经在短时间内迅速崛起。就采访手段而言，正如丹尼尔（Daniel）的研究所言，受众对新闻报道中所采用的技术手段比较敏感。[①] 当媒体采用一些具有争议的调查技术，例如隐藏照相机、匿名信息来源、付费采访等时，其公信力会下降。

当然，不同受众对信息内容特征评判的标准并不一致，在一些受众眼中，可能可读性强、有新奇感的社会新闻是好新闻；而在另外一些受众眼中，有深度、有思想的新闻更具吸引力。一些受众认为真正有传播力和影响力的媒体，还是那些报道能推动国家社会进步新闻的媒体。那些报道带有煽情性和浓重意识形态的新闻的媒体，往往在"一面提示"的作用下夹杂极其主观的信息，这类报道反而降低了信息的客观度和可信度。

三 受众变量与"三力"

媒体最重要的任务便是对信息进行编码并传递给受众，最终取得特定的传播效果。媒体"三力"评价不仅是媒体自我评估的结果，更是受众从接受角度赋予媒体的一种较为客观的评价，受众变量、使用行为等都会影响受众对媒体"三力"的评价。整体来看，受众自身所具有的不同特征与评价媒体"三力"的关系非常密切，目前各类研究都表明受众变量会影响受众对媒体"三力"的评估。受众是媒体接触的个体集合，受众个体在地域分布上十分广泛，并且存于不同类别和群体当中，数量众多且差异巨大，这些特征都会影响受众对媒体的评价和认知。在目前媒体"三力"评价指标构建过程中，大多测量都要对被访者的基本情况进行调查，并依据其变量特征对被访者进行分类。

在最基础的人口统计学特征变量方面，性别、年龄、种族、受教育程度、收入等人口统计学特征变量，是探讨媒体公信力影响因素时最常用的受众变量。例如，有美国学者研究发现男性更相信报纸，而女性更相信电视。[②]

---

① 刘学义. 比较视野下的中美媒介公信力研究 [M]. 北京：中国传媒大学出版社，2014：80 - 90.

② 喻国明，等. 中国大众媒介的传播效果与公信力研究 [M]. 北京：经济科学出版社，2009：74 - 76.

而中国台湾学者罗文辉等研究发现男性比较相信电视选举新闻，并认为男性对电视选举新闻的依赖程度较高。① 还有学者通过对新加坡的研究，提出就报道的内容公信力而言，中青年人（30—49岁）对执政党和政府的报道是否公正和客观的评价最低，年轻人（18—29岁）评价稍微高一些，评价最高的是50岁及以上的人。② 马尔德（R. A. Mulder）的研究发现，受教育程度高的人认为电视新闻比较可信，受教育程度低的人较相信报纸，更容易接受报纸所进行的新闻报道。③ 新加坡学者郝晓鸣发现，收入越高，对有关执政党和政府方面的新闻报道的公平性和客观性越持怀疑态度，在月收入5000新元或更高的家庭中，接近一半认为这方面的新闻是不公平、不客观的。④

此外，受众的媒介使用行为也经常被当作研究媒体"三力"影响因素的主要指标。学者们大多认为媒介使用与媒体公信力成正比，例如，罗文辉等人提出报纸使用是预测报纸公信力的显著变量，电视新闻使用则是预测电视新闻公信力的显著变量。在新媒体环境下，受众的媒介使用行为同样对媒体的传播力、公信力和影响力产生巨大影响，媒介的选择偏好会直接影响受众在选择某种媒介时的媒介依赖。比如一个依赖于报纸获得信息的老年人与一个依赖于互联网获取资讯的年轻人对不同媒介信息的接受程度和评价是不同的。⑤

四 媒介系统与"三力"

从信源到受众，无疑都会对媒体"三力"产生影响。但真正从媒体传播力、公信力与影响力的主体看，媒介系统无疑是其中最核心的主体。正

---

① 罗文辉，陈世敏. 新闻媒介可信度之研究［Z］."行政院国科会"专题研究计划成果报告，1993.

② Hao X. The press and public trust: The case of Singapore［J］. Asian journal of communication, 1996 (1): 111 - 123.

③ Mulder R A. Log-linear analysis of media credibility［J］. Journalism&mass communication quarterly, 1981 (58): 635 - 638.

④ Hao X. The press and public trust: The case of Singapore［J］. Asian journal of communication, 1996 (1): 111 - 123.

⑤ 罗文辉，林文琪，牛隆光，等. 媒介依赖与媒介使用对选举新闻可信度的影响：五种媒介的比较［J］. 新闻学研究，2003 (74): 19 - 44.

如学者在对媒体"三力"进行实证测评时，往往第一步就是要对媒介进行分类：究竟是测评报纸、广播还是电视？究竟是测评新媒体还是传统媒体？不同的媒介，其"三力"也大有不同。当然也有研究将所有媒介放置于一个评价体系，从而对比不同媒体"三力"的大小。在很多媒介公信力的研究中，可以发现电视和一些电视栏目往往是传播力、公信力和影响力相对较高的媒介。直观生动的电视影像，容易使受众形成眼见为实的印象，而报纸、杂志受众却只能通过阅读文字来接收信息。

从媒介组织的机构方面看，作为整个媒介系统中的核心与决定性部分，媒介组织机构在运作过程中，其经营理念及运作机制都会对"三力"产生巨大的影响。例如，对于媒体而言，能否做到新闻采编与广告盈利间的平衡，就是考验媒介组织是否能够保持媒体公信力的重要维度。在传媒业实践中，"新闻寻租""新闻敲诈"的事件屡见不鲜，这种媒介组织利用新闻报道的权力谋取私利的行为会对媒介的公信力造成致命性的打击。如"21世纪报事件"等，媒体只讲经济利益，而置报道内容的真实性与客观性于不顾的行为，最终会使长期积累的媒体公信力一夜崩塌，传播力和影响力更将无从谈起。

本章小结

本章主要研究内容是按照构建指标体系—指标测评现状—现状的影响因素的逻辑，逐步对媒体传播力、公信力和影响力的实证研究现状进行梳理和分析。研究认为，目前中国还没有一个能够被大家广泛接受并落地实践、具有普适性的"三力"测评指标体系。总体来看，国内外测评媒体"三力"的方式十分庞杂，学术界从不同研究视角出发，分别构建不同的"三力"测评指标，传媒业界各类排行榜也参差不齐，加上互联网时代的影响，对新媒体"三力"的测评更是千差万别。在已有的指标体系中，大部分研究还都仅仅停留在理论构建层面，暂未落地于实践进行测评检验。基于"三力"指标构建和测评现状，本章还对媒体"三力"进行深层次的解读，从信息来源、信息内容特征、受众变量和媒介系统等视角分别进行"三力"影响因素的观照。

第四章　被访者媒介及媒体接触情况考察

媒介技术的发展促使媒介生态、传媒市场、受众习惯都发生了巨大变化，报纸、电视等传统媒体的受众流失加剧，新媒体的覆盖面和到达率却不断上升。基于此，课题组对中国东、中、西部三个有代表性的省份（广东、湖北和贵州）民众进行大规模的问卷调查，以期准确研判和把握传统媒体尤其是主流媒体"三力"的现实状况，了解存在的具体问题和可能根源，为后续对策研究提供经验基础。[①] 第四章至第六章便是围绕课题组调查获得的问卷数据，对被访者的媒介接触情况，主流媒体及参照媒体的"三力"现实情况、影响因素进行数据分析。

由于新媒体依托网络技术不断抢占有限的受众资源，强势改变受众获取新闻的方式和渠道，受众曾经"早晨听广播、白天读报纸、晚上看电视"的媒介使用习惯早已被网络技术解构，对传统媒体的时段式接触转向全媒体平台的全天候选择。因此，本章对实证研究设计及被访者的媒介接触情况进行阐述。

第一节　问卷设计及样本构成

一　问卷设计

2015 年，课题组成员赴广东、湖北、贵州三省展开问卷调查。问卷主要围绕"中国主流媒体传播力公信力影响力"进行题项设计，以期构建出

[①] 强月新，陈星，张明新. 我国主流媒体的传播力现状考察——基于对广东、湖北、贵州三省民众的问卷调查 [J]. 新闻记者，2016（5）：16–26.

主流媒体的评价体系，反映中国主流媒体的"三力"现状，考察受众对主流媒体"三力"认可或否定的理由和依据，研究主流媒体"三力"提升中的问题，并分析问题，进而提出具有针对性和可操作性的政策与建议。

本调查主要通过发放问卷的方式收集数据，题项设计是调查问卷的关键。在设计题项时，课题组成员在对前人研究成果进行归纳和总结的基础上，还对新闻传播领域专家学者以及传媒行业的业界精英进行访谈，主要以面谈、电话、即时通信工具（微信、QQ）和邮箱的形式进行，访谈内容围绕专家对媒体传播力、公信力、影响力的看法展开，将访谈收集的材料和信息作为问卷设计的参考资料。

在问卷设计定稿之前，问卷调查员对问卷题项进行预调查。预调查期间，调查员通过观察被访者填写问卷时的状态、被访者提出的问题，以及在事后的沟通中主动收集记录问卷中发生歧义的问题，修正问卷题项。通过预调查不断修正与课题组不断讨论优化，最终确定问卷设计。问卷定稿主要分为两部分，即人口统计学基本信息与"三力"相关指标，共计18个大题项，[①] 每个题项下面又有分属的子题项，有关量表构建的问卷设计题目将在后文实证分析中陆续呈现。

二 样本构成

基于中国媒体发展整体情况的现实考量，综合考虑地理方位、经济文化发展情况、人口规模以及人们媒介素养的程度，本调查最终选择在广东、湖北、贵州进行问卷调查。在地理位置上，三省分别位于中国东、中、西部；在经济发展水平上，2013年粤鄂贵三省地区生产总值分别为6.23万亿元、2.47万亿元、0.8万亿元，居全国第1位、第9位和第26位，能代表中国经济社会发展的第一、第二和第三方阵；在人口规模上，据2010年第六次全国人口普查结果，三省人口分别为10430万人、5724万人、3475万人，亦能代表中国人口密度不同的地区。[②] 因此，选择粤、

[①] 本调查的调研范围为湖北、广东、贵州三省，根据各地媒体情况的不同，最终问卷呈现为三套，但问题设置均为统一设计，具体区别在于除中央级媒体、参照媒体之外的各地区域性媒体的不同。

[②] 强月新，陈星，张明新. 我国主流媒体的传播力现状考察——基于对广东、湖北、贵州三省民众的问卷调查 [J]. 新闻记者，2016（5）：16-26.

鄂、贵三省进行调查，能从各方面表征全国各地的总体面貌。[1]

本调查自 2015 年 1 月开始，至 2015 年 4 月结束，在每个省份发放 450 份问卷，共计 1350 份；最终回收 1183 份问卷，其中有效问卷为 1159 份（广东省 $N = 393$，湖北省 $N = 392$，贵州省 $N = 374$），有效问卷占比 85.9%。鉴于全国性普查数据获得耗时较长，而课题组人力、物力有限，课题组选择配额抽样。[2] 具体方法为，通过定向委托和招募，在三地分别确定并培训 15—20 名来自各行业的调查员，要求其按照本调查的规定实施调查。配额方案规定如下：在性别方面的配额为 1∶1；按被访者的户口所在地，规定广东省城乡比例为 7∶3，湖北省 1∶1，贵州省 3∶7。[3] 所有调查员在满足配额方案的原则下，就近接触潜在被访者，当场完成访问并回收问卷，每位调查员平均完成 20—30 份问卷。[4] 从收回问卷的人口统计学数据可见，本次调查抽样结果相对比较理想，能在一定程度上代表当前中国广泛的社会群体和媒体受众。此外，本次调查经信度和效度检验，α 值为 0.72，具有较高一致性，KMO 值为 0.79，Bartlett 球形检验在 0.001 水平上显著，具有较好的构建效度。

在样本总体中，男女被访者分别占比 46.7%、50.6%（其余 2.8% 未知）（见表 4-1）。

表 4-1 有效样本性别总体情况

单位：人，%

	性别	人数	占比
有效	女	586	50.6
	男	541	46.7
	合计	1127	97.2
缺失	系统	32	2.8
合计		1159	100.0

---

[1] 强月新，陈星，张明新. 我国主流媒体的传播力现状考察——基于对广东、湖北、贵州三省民众的问卷调查［J］. 新闻记者，2016（5）：16-26.
[2] 强月新，陈星，张明新. 我国主流媒体的传播力现状考察——基于对广东、湖北、贵州三省民众的问卷调查［J］. 新闻记者，2016（5）：16-26.
[3] 根据第六次全国人口普查结果，广东省男女比例为 52.1∶47.9，湖北省为 51.4∶48.6，贵州省为 51.7∶48.3；广东省城乡居民比例为 66.2∶33.8，湖北省为 51.8∶48.2，贵州省为 33.8∶66.2.
[4] 强月新，陈星，张明新. 我国主流媒体的传播力现状考察——基于对广东、湖北、贵州三省民众的问卷调查［J］. 新闻记者，2016（5）：16-26.

在年龄上，18—25岁者占38.1%，26—35岁者占15.6%，36—45岁者占25.4%，46岁及以上者占19.0%（其余1.9%未知）（见表4-2）。①

表4-2 有效样本年龄总体情况

单位：人，%

	年龄	人数	百分比
有效	18—25岁	442	38.1
	26—35岁	181	15.6
	36—45岁	294	25.4
	46岁及以上	220	19.0
	合计	1137	98.1
缺失	系统	22	1.9
合计		1159	100.0

在受教育程度层面，初中及以下、中专/高中/技校、大专/大学肄业/本科学生、本科毕业及以上这四个受教育程度的被访者占比分别为20.7%、14.8%、36.6%、25.7%（其余2.2%未知）（见表4-3）。②

表4-3 有效样本受教育程度总体情况

单位：人，%

	受教育程度	人数	百分比
有效	初中及以下	240	20.7
	中专/高中/技校	171	14.8
	大专/大学肄业/本科学生	424	36.6
	本科毕业及以上	298	25.7
	合计	1133	97.8
缺失	系统	26	2.2
合计		1159	100.0

在家庭收入层面，被访者月收入处于1000元及以下、1001—3000元、3001—5000元、5001—8000元、8001—10000元、10001—15000元、15001—

---

① 强月新，陈星，张明新．我国主流媒体的传播力现状考察——基于对广东、湖北、贵州三省民众的问卷调查[J]．新闻记者，2016（5）：16-26．
② 强月新，陈星，张明新．我国主流媒体的传播力现状考察——基于对广东、湖北、贵州三省民众的问卷调查[J]．新闻记者，2016（5）：16-26．

20000元、20000元以上的比例依次是7.2%、22.0%、24.6%、19.8%、9.2%、6.6%、4.1%、2.1%（其余4.3%未知）。①但为分析便利，下文中将被访者的家庭月收入分为五个类别：最低层、中低层、中层、中高层和最高层。在广东和湖北两省，家庭月收入在3000元及以下者被视为最低层，月收入在3001—5000元为中低层，5001—8000元为中层，8001—15000元为中高层，15000元以上为最高层；在贵州省，家庭月收入1000元及以下者为最低层、1001—3000元为中低层，3001—5000元为中层，5001—8000元为中高层，8000元以上者为最高层。经二次编码后，在样本总体中，按照家庭月收入，17.7%的被访者处于最低层，28.8%为中低层，23.2%为中层，12.8%为中高层，13.2%为最高层（其余4.3%未知）（见表4-4）。

表4-4 有效样本家庭收入总体情况

单位：人，%

	家庭月收入水平	人数	百分比
有效	最低层	205	17.7
	中低层	334	28.8
	中层	269	23.2
	中高层	148	12.8
	最高层	153	13.2
	合计	1109	95.7
缺失	系统	50	4.3
合计		1159	100.0

第二节 被访者媒介接触的整体情况

为考察总体样本对不同类型媒介的接触使用情况，课题组在问卷中设置题项Q1："平均来看，您每天看电视、看报纸、听广播和上网的时间有多少分钟？"这里需要说明的是，本题项中"看电视""看报纸""听广播"均指向传统形式，不包括网络端和移动端，"上网"包括用手机上网。选项

---

① 强月新，陈星，张明新. 我国主流媒体的传播力现状考察——基于对广东、湖北、贵州三省民众的问卷调查[J]. 新闻记者，2016（5）：16-26.

中提供"从来不看/听/上""1—10分钟""11—20分钟""21—40分钟""41—60分钟""61—120分钟""120分钟以上"等7个时长层级。

为方便描述统计，编码员将这7个时长层级分别编码，最后分为四个等级，即"从来不看/听/上"的非观众/读者/听众/网民、"1—20分钟"的轻度观众/读者/听众/网民、"21—60分钟"的中度观众/读者/听众/网民，以及"60分钟以上"的忠实观众/读者/听众/网民。

由图4-1可以看出，在本次调查范围内，报纸和广播两类媒介的受众接触程度较低，两者的非受众与轻度受众比例合计已超过80%。在传统媒介中，只有电视媒介具有相对较高的受众接触度，中度和忠实观众的合计比例达58.9%，但还是远低于网络媒介的79.8%。这与当前学界对媒介接触的主流研究相一致，即报纸和广播这两种传统媒介逐渐淡出人们媒介使用的范畴，网络媒介俨然成为人们获取信息时媒介接触的第一选择。

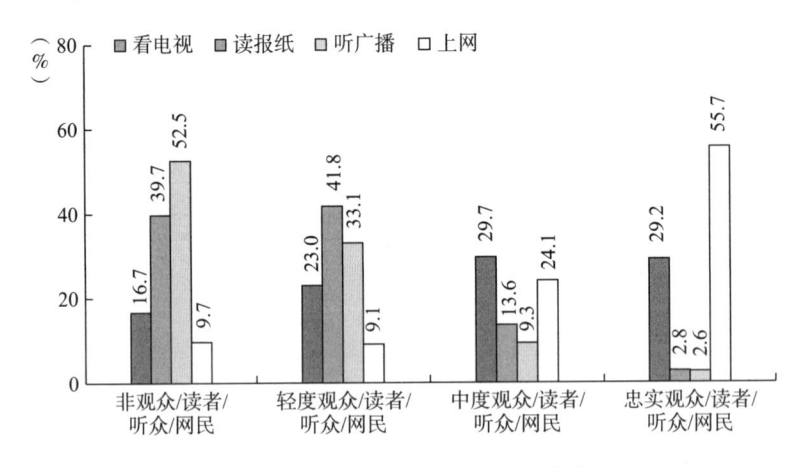

媒介类型	非观众/读者/听众/网民	轻度观众/读者/听众/网民	中度观众/读者/听众/网民	忠实观众/读者/听众/网民
看电视	16.7	23.0	29.7	29.2
读报纸	39.7	41.8	13.6	2.8
听广播	52.5	33.1	9.3	2.6
上网	9.7	9.1	24.1	55.7

图4-1 有效样本接触各类媒介总体情况

据数据统计，被访者"上网"这一媒介接触缺失值为1.4%，被访者"听广播"的媒介接触缺失值为2.5%，被访者"读报纸"的媒介接触缺失值为2.1%，被访者"看电视"的媒介接触缺失值为1.4%。

本调查在广东、湖北、贵州三省收集了大量数据。基于此，课题组对不同省份被访者的媒介接触情况进行交叉表分析，以考察不同地区受众的媒介接触情况。本次分析中去除缺失值，最终进入交叉表分析的有效样本比例均在97%以上。

由表4-5至表4-8可以看出，在受众对电视、报纸、广播这些传统媒介的接触上，广东省被访者中非受众占比最大。相较之下，贵州省这三类传统媒介接触的被访者中忠实受众占比最大,均在43%以上,贵州省的被访者对传统媒介的接触程度相对较高。在表4-8中,各省被访者的网络媒介接触却出现不同结果。在非网民统计中,贵州省被访者占据一半以上的比例,达56.3%,而在忠实网民中贵州省被访者占比三省最低,且广东、湖北两省中度网民和忠实网民占比均高于贵州省。这种情况的出现可能与各省的媒介发展水平、经济发展水平息息相关,位于西部地区的贵州省,媒介发展水平及经济发展水平都不如广东省和湖北省,客观环境影响着该地受众的媒介接触习惯。

表4-5 电视接触情况

单位:%

		省份			总计
		广东	湖北	贵州	
看电视时长	非观众	40.7	37.1	22.2	100
	轻度观众	33.1	42.1	24.8	100
	中度观众	31.7	35.8	32.6	100
	忠实观众	32.5	23.7	43.8	100

注:$N=1142$

表4-6 报纸接触情况

单位:%

		省份			总计
		广东	湖北	贵州	
读报纸时长	非读者	41.7	25.2	33.0	100
	轻度读者	27.8	43.3	28.9	100
	中度读者	31.6	31.0	37.3	100
	忠实读者	21.2	30.3	48.5	100

注:$N=1136$

表4-7 广播接触情况

单位:%

		省份			总计
		广东	湖北	贵州	
听广播时长	非听众	39.6	29.9	30.5	100
	轻度听众	28.9	38.8	32.3	100
	中度听众	23.1	39.8	37.0	100
	忠实听众	26.7	30.0	43.3	100

注:$N=1131$

表4-8 网络接触情况

单位:%

		省份			总计
		广东	湖北	贵州	
上网时长	非网民	32.1	11.6	56.3	100
	轻度网民	25.5	41.5	33.0	100
	中度网民	38.7	32.6	28.7	100
	忠实网民	33.5	37.4	29.1	100

注:$N=1142$

第三节 不同媒介的受众结构特征

在本调查中,被访者具有不同的人口统计学特征,如性别、年龄、受教育程度、家庭收入等因素。这将有助于考察不同程度的媒介接触受众具有什么样的人口构成特点，进而绘制各媒介的用户画像。

一 电视观众的结构特征

通过表4-9至表4-12可以看出，在本次调查样本中，接触电视较为频繁的观众呈现年龄偏高、受教育程度相对较低、家庭收入较低的特征。

具体而言，在电视观众中，不论何种媒介接触程度，男女观众之间的差异都不显著（$p>0.1$）。就年龄而言，在非观众和轻度观众中，年龄越小所占的比例越高，18—25岁的年轻人占比分别为67.9%和45.2%，而忠实观众当中有34.2%的观众年龄在46岁及以上。受教育程度较高的大专及以上学历的受众在非电视观众中占据87.5%。从家庭月收入水平来看，电视观众主要集中在中低层及以下收入水平，在忠实观众中，家庭收入在中低层及以下水平的受众占比高达55.9%。

表4-9 电视观众的性别结构

单位:%

		性别		总计
		女	男	
看电视时长	非观众	57.7	42.3	100
	轻度观众	52.1	47.9	100
	中度观众	51.6	48.4	100
	忠实观众	48.5	51.5	100
	总计	51.8	48.2	100

注：$N=1111$

表4-10 电视观众的年龄结构

单位:%

		年龄				总计
		18—25岁	26—35岁	36—45岁	46岁及以上	
看电视时长	非观众	67.9	14.2	13.2	4.7	100
	轻度观众	45.2	22.4	20.9	11.4	100
	中度观众	30.8	18.3	32.0	18.9	100
	忠实观众	24.8	9.7	31.2	34.2	100

续表

	年龄				总计
	18—25岁	26—35岁	36—45岁	46岁及以上	
总计	38.7	16.1	26.0	19.3	100

注：$N=1121$

表4-11 电视观众的受教育程度结构

单位:%

		受教育程度				总计
		初中及以下	中专/高中/技校	大专/大学肄业/本科学生	本科毕业及以上	
看电视时长	非观众	5.2	7.3	54.2	33.3	100
	轻度观众	10.1	10.5	42.6	36.8	100
	中度观众	23.2	16.7	33.9	26.2	100
	忠实观众	37.3	21.8	26.7	14.2	100
总计		21.2	15.1	37.3	26.3	100

注：$N=1116$

表4-12 电视观众的家庭月收入水平结构

单位:%

		家庭月收入					总计
		最低层	中低层	中层	中高层	最高层	
看电视时长	非观众	18.4	19.5	27.6	22.7	11.9	100
	轻度观众	16.1	27.5	27.1	20.4	9.0	100
	中度观众	18.1	32.6	21.1	20.8	7.4	100
	忠实观众	19.6	36.3	23.9	14.9	5.3	100
总计		18.1	30.3	24.4	19.3	7.9	100

注：$N=1093$

二 报纸读者的结构特征

2009年，喻国明课题组在进行中国大众媒介公信力研究时，曾对当时受众媒介接触情况做过调查。该调查发现报纸媒介在城市的接触规模达79.02%，若将一周内接触媒介6—7天的受众定义为稳定受众，则当时报纸媒介的稳定受众达47.18%，甚至高于网络媒介35.16%的稳定受众，且报纸读者呈现学历高、职业威望高等特征。[①]

2015年，在本次调查中，报纸读者呈现截然相反的特征。从表4–13至表4–16可以看出，在本来就为数不多的报纸忠实读者中，男性读者、36岁及以上读者占据大多数。尤其需要说明的是，在报纸忠实读者中，从受教育程度层面看，初中及以下的读者占比反而最高；就家庭收入水平而言，中低层及以下收入水平的读者是报纸主要的忠实读者。但值得指出的是，年轻人和大专及以上受教育水平的读者并未完全放弃接触报纸，在轻度读者和中度读者中占据较大比重。

表4–13 报纸读者的性别结构

单位：%

读报纸时长		性别		总计
		女	男	
读报纸时长	非读者	57.8	42.2	100
	轻度读者	49.7	50.3	100
	中度读者	46.1	53.9	100
	忠实读者	30.0	70.0	100
总计		51.9	48.1	100

注：$N=1105$

表4–14 报纸读者的年龄结构

单位：%

读报纸时长		年龄				总计
		18—25岁	26—35岁	36—45岁	46岁及以上	
读报纸时长	非读者	46.8	15.1	21.1	17.1	100
	轻度读者	36.3	17.6	29.1	17.0	100
	中度读者	28.2	14.7	26.3	30.8	100
	忠实读者	16.1	12.9	38.7	32.3	100
总计		38.8	16.1	25.7	19.4	100

注：$N=1105$

---

① 喻国明，等. 中国大众媒介的传播效果与公信力研究［M］. 北京：经济科学出版社，2009：310.

表 4-15 报纸读者的受教育程度结构

单位:%

		受教育程度				总计
		初中及以下	中专/高中/技校	大专/大学肄业/本科学生	本科毕业及以上	
读报纸时长	非读者	25.4	11.8	40.5	22.3	100
	轻度读者	16.5	16.1	37.2	30.2	100
	中度读者	20.0	21.9	29.7	28.4	100
	忠实读者	36.4	15.2	27.3	21.2	100
总计		21.2	15.1	37.2	26.5	100

注:$N=1110$

表 4-16 报纸读者的家庭月收入水平结构

单位:%

		家庭月收入					总计
		最低层	中低层	中层	中高层	最高层	
读报纸时长	非读者	21.1	28.2	24.1	17.5	9.1	100
	轻度读者	17.1	29.8	25.5	21.6	6.0	100
	中度读者	12.8	36.9	22.1	19.5	8.7	100
	忠实读者	25.0	34.4	18.7	12.5	9.4	100
总计		18.4	30.2	24.3	19.4	7.7	100

注:$N=1088$

三 广播听众的结构特征

据前文可知,本调查中传统广播媒介的非听众比例高达52.5%,传统收听广播的收音机渠道逐渐被移动端所代替。传统广播媒介的听众特征与传统报纸读者的特征十分相似,广播听众年龄较大,受教育程度也多为中专及以下学历,且家庭月收入水平相对较低。同样,在轻度听众以及中度听众中,依旧能看到大专及以上学历的听众占有一定比例,且在轻度听众中,18—25岁年轻人占比达38.6%(见表4-17至表4-20)。

《2017~2018年中国传媒产业发展报告》显示,近年来,得益于移动互联网的发展以及"知识付费"的浪潮,移动网络电台(音频类App)、音频聚合平台等移动端产品通过优化内容、重塑"产销关系"得以迅速发

95

展,广播的商业模式也进一步完善,促成2017年中国广播产业广告收入持续增长。但本题项的媒介接触情况调查仅考察传统媒介的传统渠道,已然将网络、移动端排除在外,因此,本题项在一定程度上呈现了传统广播渠道日渐式微、传统广播缺乏主流听众的现状。

表 4-17 广播听众的性别结构

单位:%

		性别		总计
		女	男	
听广播时长	非听众	55.3	44.7	100
	轻度听众	47.6	52.4	100
	中度听众	51.0	49.0	100
	忠实听众	55.6	44.4	100
总计		52.3	47.7	100

注:$N=1100$

表 4-18 广播听众的年龄结构

单位:%

		年龄				总计
		18—25岁	26—35岁	36—45岁	46岁及以上	
听广播时长	非听众	41.1	16.4	23.0	19.5	100
	轻度听众	38.6	16.4	26.2	18.8	100
	中度听众	30.5	13.3	35.2	21.0	100
	忠实听众	28.6	14.3	42.9	14.3	100
总计		38.9	16.0	25.8	19.3	100

注:$N=1110$

表 4-19 广播听众的受教育程度结构

单位:%

		受教育程度				总计
		初中及以下	中专/高中/技校	大专/大学肄业/本科学生	本科毕业及以上	
听广播时长	非听众	22.5	14.3	37.2	26.0	100
	轻度听众	17.7	13.7	40.2	28.4	100

续表

		受教育程度				总计
		初中及以下	中专/高中/技校	大专/大学肄业/本科学生	本科毕业及以上	
听广播时长	中度听众	22.6	23.6	31.1	22.6	100
	忠实听众	33.3	20.0	26.7	20.0	100
总计		21.2	15.1	37.4	26.3	100

注：$N=1105$

表 4-20 广播听众的家庭月收入水平结构

单位：%

		家庭月收入					总计
		最低层	中低层	中层	中高层	最高层	
听广播时长	非听众	17.4	28.0	26.2	20.5	7.9	100
	轻度听众	19.5	34.0	21.1	17.3	8.2	100
	中度听众	17.3	35.6	23.1	18.3	5.8	100
	忠实听众	32.1	21.4	28.6	10.7	7.1	100
总计		18.5	30.6	24.2	18.9	7.8	100

注：$N=1082$

四 网络受众的结构特征

网络受众的人口构成特征与以上传统媒介迥然不同（见表 4-21 至表 4-24）。第一，网民需要具备一定的网络素养，这是人们接入互联网并使用网络的门槛，而在非网民中，缺乏网络素养的 46 岁及以上人群占近六成，初中及以下受教育程度人群占八成以上，中低层及以下家庭收入水平人群占七成以上。第二，在上网时长中度以上的网民中，年轻化、学历高成为其显著的画像特征。总之，网络媒介的受众特征整体呈现年轻化、受教育程度高的态势，与当前网络媒介的用户画像基本一致。

表 4-21 网络受众的性别结构

单位:%

		性别		总计
		女	男	
上网时长	非网民	42.7	57.3	100
	轻度网民	41.4	58.6	100
	中度网民	49.1	50.9	100
	重度网民	56.9	43.1	100
总计		52.2	47.8	100

注：$N=1111$

表 4-22 网络受众的年龄结构

单位:%

		年龄				总计
		18—25岁	26—35岁	36—45岁	46岁及以上	
上网时长	非网民	5.5	2.7	32.7	59.1	100
	轻度网民	16.2	13.3	45.7	24.8	100
	中度网民	30.7	16.4	30.3	22.6	100
	重度网民	52.2	18.4	19.6	9.8	100
总计		39.0	15.9	26.0	19.2	100

注：$N=1121$

表 4-23 网络受众的受教育程度结构

单位:%

		受教育程度				总计
		初中及以下	中专/高中/技校	大专/大学肄业/本科学生	本科毕业及以上	
上网时长	非网民	81.3	11.2	6.5	0.9	100
	轻度网民	32.7	27.7	20.8	18.8	100
	中度网民	20.1	17.1	34.2	28.6	100
	重度网民	9.5	13.0	46.3	31.1	100
总计		21.1	15.1	37.3	26.5	100

注：$N=1116$

表 4-24 网络受众的家庭月收入水平结构

单位:%

		家庭月收入					总计
		最低层	中低层	中层	中高层	最高层	
上网时长	非网民	27.9	43.2	14.4	9.9	4.5	100
	轻度网民	27.7	37.6	17.8	15.8	1.0	100
	中度网民	17.2	27.2	25.7	20.5	9.3	100
	重度网民	15.5	27.9	26.8	20.9	9.0	100
总计		18.3	30.2	24.4	19.2	7.9	100

注：$N=1093$

第四节 被访者的媒体接触情况及评价

本次调查为充分了解被访者平时对媒体的接触情况及评价，在问卷中补充设计了5个开放题项。同时，为考察被访者平日频繁接触的媒体情况，设计题项 Q4："我们想知道您平时阅读、收看或收听新闻最多的报纸/电视/广播（包括其网络版），或为了获取新闻而上的时间最长的网站。请您列举1—3个，并请指出您的使用情况。"为考察被访者对媒体的评价，设置题项 Q9："请您根据以下四项标准（a，b，c，d），分别列举1—3家媒体（包括电视、报纸、杂志、广播、新闻网站），比如在标准'a. 新闻和评论最真实客观的媒体'下，列举1—3家媒体；在标准'b. 最有社会责任感的媒体'下，再列举1—3家；依次类推。"其中，标准 a 为"新闻和评论最真实客观的媒体"，标准 b 为"最有社会责任感的媒体"，标准 c 为"内容方面最积极正面的媒体"，标准 d 为"内容方面最消极负面的媒体"。

由于开放题项并无固定选项，被访者在答题时不受约束，所填内容涉及媒体名称、网站名称、产品名称、频道名称甚至节目名称等，比较杂乱。因此，课题组召集9名具有新闻传播专业知识且对媒体比较了解的编码员，通过集中编码培训，设计编码本，对该开放题项进行独立二次编码。为保证编码本科学合理，在正式编码之前，随机抽取5%的样本进行预编码，并进行信度检验，最终得到 α 值在 0.9 以上，编码员间信度较高。通过二次编码整理，将开放题项中的文字转化为可分析的数字，在 Q4

和 Q9 的答案中共涉及 168 种媒体。[1]

一 被访者的其他媒体接触情况

本调查通过对广东、湖北、贵州三省 Q4 题项的总体数据进行清理,最终获得有效数据 2530 个。[2] 经频率分析后,在不考虑三省地区差异的情况下,被访者接触最频繁的是腾讯产品,占比为 20.3%;其次是 CCTV,占比 17.3%;再次是新浪产品,占比为 13%:三者占据总数据的 50.6%。

被访者的媒体接触在不同省份也呈现不同的态势。在广东省,从单个媒体来看,除腾讯产品(21%)和 CCTV(15.8%)占比较高之外,当地被访者频繁接触的媒体还有广东卫视,占比为 14%。广东省地方媒体是当地被访者获取新闻的重要渠道,占比为 26.8%[3]。值得注意的是,广东省东部沿海地区经济全球化程度较高且毗邻港澳,当地被访者也时常接触港澳媒体等境外媒体,港澳媒体等境外媒体占比为 3.8%。在湖北省内,腾讯产品(20.2%)、新浪产品(17.1%)、CCTV(14.8%)和凤凰网(8.1%)被当地被访者频繁接触,其次是《楚天都市报》(5.5%)。同样,数据显示湖北省地方媒体也是当地被访者经常接触的媒体,占比为 16.9%[4]。在贵州省,数据显示当地被访者接触最频繁的媒体是电视媒体。CCTV 以 22.8% 的绝对优势入选贵州被访者获取新闻信息的常用媒体,其次是腾讯产品(19.6%),紧跟其后的便是贵州卫视,占比为 13%。此外,贵州被访者表示还频繁接触诸如湖南卫视(2.8%)、浙江卫视(1.1%)等除贵州卫视之外的省级卫视,占比为 5%[5]。

整体来看,腾讯产品和 CCTV 是被访者频繁接触的媒体,这与腾讯丰富多元全方位覆盖的产品生态,以及 CCTV 的高覆盖率和强影响力有极大的关系。对于地方被访者而言,贴近生活的地方性媒体依旧是当地居民的

---

[1] 为方便统计,结合题项答案实际情况,课题组在编码中将答案中涉及的栏目名称、典型频道、产品名称归为其所属媒体或相关公司之中,其余不明确的均作为无效数据清理掉。例:CCTV-2、CCTV-3 均编码为 CCTV,微信、腾讯网、QQ 等腾讯旗下产品均编码为腾讯产品。
[2] 总样本个案 $N=1159$,Q4 下设 3 个空档可填,即 Q4 题项的总数据量为 3477(1159×3)个。
[3] 此比例数据包含广东卫视的比例。
[4] 此比例数据包含《楚天都市报》的比例。
[5] 此比例数据包含湖南卫视、浙江卫视等的比例,不包含贵州卫视。

重要选择。这与地方性媒体自身的区位优势有关,在明确自身定位,立足本土,扎根本地,做好本地化服务的基础上,地方性媒体的传播力、公信力和影响力也会进一步得到提升。

二 "新闻和评论最真实客观的媒体"评价

在 Q9a 题项中,被访者评价了"新闻和评论最真实客观的媒体"。经过数据清理,最终获得有效数据 1942 个[①]。其中 CCTV 占比为 32.5%,被访者认为新闻和评论最真实客观的媒体第一名是 CCTV,第二名是凤凰网(12.4%),第三名是《人民日报》(8.4%)。三者占总数据的 53.3%。可以看出,在该题项中,被访者对以 CCTV 为代表的中央级主流媒体在新闻和评论真实客观性方面的表现评价较高。

同样的结论也体现在本次调查的各省份单独数据中。以 CCTV 为代表的中央级主流媒体在三省中均被评价为新闻和评论最真实客观的媒体第一名。在广东省,被访者对当地的主流媒体的新闻和评论真实客观性评价也相对较高,占比为 28.3%,其中对广东卫视新闻和评论真实客观性评价较高的比例(13%)仅次于 CCTV(18.1%)和凤凰网(14%)。湖北和贵州两省情况大同小异。就湖北省被访者而言,对新闻和评论真实客观性评价较高的是 CCTV(30.3%)、凤凰网(12.1%)、《人民日报》(8.8%);但在贵州省,被访者认为《人民日报》新闻和评论最真实客观的比例(11%)高于凤凰网(10.6%)。

整体来看,传统主流媒体的真实客观性评价在被访者中依旧占有优势地位。这与传统主流媒体长期坚持新闻专业精神,在新闻生产、发布中对内容产品的严格把关密切相关,这些都是被访者对其新闻和评论真实客观性有较高评价的基础。传统主流媒体必须继续坚守新闻专业精神,保证内容产品优质真实。

三 "最有社会责任感的媒体"评价

经整理,在测评"最有社会责任感的媒体"的 Q9b 题项数据中,最终

[①] 总样本个案 $N=1159$,Q9a 下设 3 个空档可填,即 Q9a 题项的总数据量为 3477(1159×3)个。下同。

获得1731个有效数据。CCTV以绝对优势占据首位，占比为35.5%。《人民日报》（10.9%）紧随其后，第三位是凤凰网（8.3%）。主流媒体在社会责任感的评价上，再次超越腾讯产品、新浪产品等网络媒体产品。

CCTV社会责任感较高的结论，同样体现在所调查的广东、湖北和贵州各省单独数据中。广东被访者对广东卫视具有的社会责任感评价也相对较高（10.4%），在广东省内位居第二，其次是《人民日报》（10%）。湖北省被访者对《人民日报》的社会责任感评价较高（9.6%），在湖北省仅次于CCTV（31.6%），第三是《南方周末》（7.7%）。《南方周末》虽然是广东省南方报业传媒集团主办的周报媒体，但其面向全国发行是一个重要因素。这一报刊之所以能够在广东以外的湖北地区收获较高评价，与其"反映社会，服务改革，贴近生活，激浊扬清"的办报宗旨有紧密关系。在贵州省，被访者对CCTV、《人民日报》以及凤凰网的社会责任感评价依旧很高，受众评价CCTV是最有社会责任感媒体的比例达41.7%，《人民日报》占比为13.8%，两者合计占比为55.5%；凤凰网占比为7.5%，贵州卫视占比为6%，分别位居第三和第四。

在纷繁复杂的网络信息时代，媒体的社会责任十分重要。在2016年党的新闻舆论工作座谈会上，习近平总书记也强调，"新闻舆论工作掌握着传播资源，牢记和履行社会责任有着特殊意义"[1]，要求新闻媒体牢记社会责任。由本题项数据可以看出，被访者对主流媒体的社会责任的评价较高，对网络媒体的社会责任的评价则相对较低。

四 "内容方面最积极正面的媒体"评价

在测评"内容方面最积极正面的媒体"的Q9c题项中，最终获得有效数据1559个。经分析，被访者认为CCTV、《人民日报》和凤凰网是内容方面最积极正面的媒体，三者占比分别为43%、16.5%和4.2%。

在所调查的三个省份中，被访者评价"内容方面最积极正面的媒体"情况基本一致，前两名依旧是CCTV和《人民日报》，第三名均为当地主流媒体。在广东省，广东卫视依旧是地方性主流媒体中内容方面最积极正

---

[1] 习近平：党的新闻舆论工作必须挺起精神脊梁［EB/OL］.（2018-12-04）［2021-06-24］. http://cpc.people.com.cn/xuexi/n1/2018/1204/c385474-30440485.html.

面的媒体，占3.1%。受众对广东省地方性主流媒体内容方面积极正面的评价远高于腾讯产品、新浪产品等网络媒体产品。《湖北日报》成为湖北省被访者评价内容方面最积极正面的媒体时提到最多的媒体。贵州卫视是贵州省被访者评价内容方面最积极正面的媒体时提到最多的媒体。腾讯产品、新浪产品等网络媒体产品的内容方面最积极正面评价在三省范围内均较低。

传递正能量，正向引导舆论发展，鼓励受众理性参与讨论，促进民众形成正确的价值取向一直都是媒体机构的重要职责，更是塑造风朗气清网络空间的重要举措。当前，主流媒体在这方面始终坚持利用内容优势，创作优质新闻产品，并通过科学设置公共议题，积极进行舆论引导，获得社会认同。这是其能获得被访者群体内容方面最积极正面评价的重要因素。

五 "内容方面最消极负面的媒体"评价

Q9d题项收集了被访者认为"内容方面最消极负面的媒体"的情况，有效数据为999个。数据分析显示，腾讯产品和新浪产品位于前两名，占比分别为23.5%与17.3%，凤凰网位居第三，有5.6%的被访者认为凤凰网内容方面最消极负面。

在不同省份，被访者在评价"内容方面最消极负面的媒体"时，列举最多的依旧是腾讯产品和新浪产品。与整体情况类似，贵州省被访者列举凤凰网内容方面最消极负面的比例仅次于腾讯产品和新浪产品。在广东、湖北两地，被访者列举内容方面最消极负面的媒体占比在第三位的均为当地区域门户网站，即本调查的对象媒体——大粤网（11%）和大楚网（11.4%）。大粤网和大楚网是腾讯公司与当地主流媒体合作创办的地方综合门户网站，是当地人获得当地新闻资讯和生活信息的聚合型网络平台。不论是整体数据还是分省数据，被访者评价"内容方面最消极负面的媒体"时，通常提到的都是网络媒体。

随着网络技术的发展，信息传播方式日益高效多样，网络媒体和各种社交媒体等传播渠道的普及，使信息内容发布的门槛大大降低，更加大了网络治理管控的难度。网络媒体对把关机制的忽视、对流量的过度追逐，以及国家相关法律法规的缺失，都是导致网络空间的内容质量参差不齐、出现消极负面的有害信息的重要因素。

本章小结

第一，本章对本次调查问卷的设计思路及样本构成进行简单阐述，从收回问卷的人口统计学数据可见，本次调查抽样结果比较理想，可以在一定程度上代表当前中国广泛的社会群体和媒体受众。第二，本章对调查中被访者的媒介接触情况、不同媒介的受众结构特征、被访者的媒体接触情况进行概述。其中，包括问卷设计中的可选择题项以及开放题项的阐述。问卷数据统计结果显示，传统媒介渠道日渐式微，被访者在获取信息进行媒介接触时，较少选择报纸和广播，网络已然成为被访者的第一选择。此外，开放题项的统计结果显示，被访者接触最频繁的是腾讯产品，其次是CCTV，再次是新浪产品，被访者选择这三类媒体产品的比例为50.6%。当然，对于各地被访者而言，贴近生活的地方性媒体依旧是当地居民的重要选择。

第五章 主流媒体"三力"的现状考察

本章重点结合对学界和业界的调研访谈,针对当前传播技术、媒介格局的深刻变化,构建科学合理的"三力"评价体系,用题项指代的方式在问卷调查中进行呈现,设计公式模型对中国主流媒体传播力、公信力、影响力的基本现状进行统计考察。

第一节 主流媒体传播力现状考察

在媒体转型发展过程中,传播力始终处于核心位置。媒体传播力是一种涉及媒体自身的综合素质和能力,体现为媒体自身发现新闻事件并对新闻事件组织力量进行有效报道的能力和水平。媒体这种对新闻事件进行建构和传播的能力,主要与其机构效能、内容品质和渠道畅通度有关,其直接表征是传播效果的强弱,并构成公信力和影响力的基础。[1]

一 问卷中对传播力题项的设计

媒体传播力通常被视为信息生产和扩散的能力。但学界对媒体传播力构成指标和测评方式的研究,还未达成共识。经过深入论证,本书提出对媒体传播力的测评可以从受众/用户角度进行观察,其逻辑在于:如果一家媒体的传播力很强,受众应当乐于接触和使用,那么,对媒体传播力的考察便可以从受众对媒体的接触程度出发,进行数值

---

[1] 强月新,刘莲莲. 对主流媒体传播力公信力影响力关系的思考[J]. 新闻战线,2015(5),46-47.

化处理。① 在概念上，传播力被定义为媒体在扩散（不是生产）信息，特别是新闻和舆论信息方面所具有的一种客观能力，表现为其信息传播，或者说受众接受的广度和深度。体现在操作层面，接受的广度，即接触频率的高低；接受的深度，即单次接触时间的多寡。② 将受众接触媒体的频率和单次接触时长相乘，就能得到该媒体针对特定受众个体的传播力数值，数值越大，则该媒体针对特定受众个体的传播力越强，反之越弱；将接受调查的所有被访者个体层面的传播力数值取算数平均值，则得到该媒体的总平均传播力值。③

在测评方式上，本次调查在问卷中向被访者提出如下两个问题：① "下面列举了许多媒体，包括报纸、电视、广播和网站，当您平时需要获取新闻时，您会看这些报纸或电视、收听这些广播，或上这些网站吗？" 该题答案的选择项包括7个："从不看/听/上""1个月1次或更少""2—3周1次""约1周1次""1周2—3次""1周4—5次""每天约1次或多次"，分别被赋值0—6。② "还是上述各种媒体，上次您通过它们收看、阅读或收听新闻时，大概用了多长时间？" 其选择项包括5个时长层级："从不看/听/上""5分钟及以下""6—10分钟""11—20分钟""20分钟以上"，分别被赋值0—4。经检验，计算媒体传播力的题项信度α值为0.88，内部一致性较高，将这两个题目的答案相乘可知，在本调查中，传播力的最小值为0，最大值为24。④ 本调查所考察媒体的传播力平均值为5.07（平均值的95%置信区间上限为5.28，下限为4.87，标准误为0.1）。

假如被访者甲针对调查中关注的某家媒体，在第一和第二个问题上的选项分别是"1个月1次或更少"和"6—10分钟"，分别对应数字1和2，可知该媒体在个体甲处的传播力值为2；作为比较，如被访者乙的选项分别是"每天约1次或多次""11—20分钟"（对应6、3），则该媒体在个体

---

① 强月新，陈星，张明新. 我国主流媒体的传播力现状考察——基于对广东、湖北、贵州三省民众的问卷调查［J］. 新闻记者，2016（5）：16-26.
② 强月新，陈星，张明新. 我国主流媒体的传播力现状考察——基于对广东、湖北、贵州三省民众的问卷调查［J］. 新闻记者，2016（5）：16-26.
③ 强月新，陈星，张明新. 我国主流媒体的传播力现状考察——基于对广东、湖北、贵州三省民众的问卷调查［J］. 新闻记者，2016（5）：16-26.
④ 强月新，陈星，张明新. 我国主流媒体的传播力现状考察——基于对广东、湖北、贵州三省民众的问卷调查［J］. 新闻记者，2016（5）：16-26.

乙处的传播力值为 18。[1]

二 被考察媒体的媒介使用情况

本调查将媒体传播力转化为被访者接触媒体的频率和单次接触时长的乘积。先看被访者对各媒体的接触频率，如表 5-1 所示，在被考察的 12 家主流媒体中，被访者对其中 4 家的接触频率不容乐观。[2] 至少有一半被访者表示从不看/听中央人民广播电台（CNR）、《湖北日报》、广东人民广播电台、湖北人民广播电台。另外，以较高频率接触各主流媒体的被访者比例并不高，仅有 3 家主流媒体有 20% 以上的被访者表示接触频率达到 1 周 4 次或更多。[3]

表 5-1 被访者对各媒体的接触频率

单位:%

	从不看/听/上	1月1—3次	1周1—3次	1周4次或更多
CCTV	11.4	29.8	24.0	34.8
人民日报	46.0	34.9	12.5	6.6
CNR	54.5	27.0	12.3	6.2
南方日报	47.8	29.7	16.1	6.5
湖北日报	53.2	31.6	9.7	5.6
贵州日报	39.1	36.4	17.3	7.4
广东卫视	27.4	32.1	19.4	21.2
湖北卫视	36.4	40.6	17.4	5.5
贵州卫视	16.6	36.3	22.5	24.6
广东人民广播电台	65.4	19.8	9.2	5.5
湖北人民广播电台	54.8	26.0	11.7	7.5
贵州人民广播电台	46.2	28.3	15.8	9.6
南方都市报	49.7	30.0	15.4	5.0
楚天都市报	33.6	35.2	18.9	12.3

---

[1] 强月新，陈星，张明新. 我国主流媒体的传播力现状考察——基于对广东、湖北、贵州三省民众的问卷调查 [J]. 新闻记者，2016（5）：16-26.
[2] 强月新，陈星，张明新. 我国主流媒体的传播力现状考察——基于对广东、湖北、贵州三省民众的问卷调查 [J]. 新闻记者，2016（5）：16-26.
[3] 强月新，陈星，张明新. 我国主流媒体的传播力现状考察——基于对广东、湖北、贵州三省民众的问卷调查 [J]. 新闻记者，2016（5）：16-26.

续表

	从不看/听/上	1月1—3次	1周1—3次	1周4次或更多
贵州都市报	40.9	34.5	17.6	7.0
大粤网	59.1	18.8	12.5	9.6
大楚网	34.3	24.4	21.0	20.2
大黔网	60.8	21.1	12.0	6.2
腾讯网	17.8	16.8	21.6	43.7
新浪网	24.6	20.8	24.2	30.2
凤凰网	35.8	26.5	17.2	20.5

注：本表为更直观地体现被访者对各媒体的接触频率，统计时将测量媒体接触频率的题项答案二次编码为四个层级，即"从不看/听/上""1月1—3次""1周1—3次""1周4次或更多"，此次编码不参与媒体传播力计算。

被考察的三家都市报情形也不容乐观。几乎一半的被访者表示从不看《南方都市报》，超过四成受访者表示从不看《贵州都市报》，33.6%的受访者从不看《楚天都市报》。另外，高频（1周4次或更多）接触这三家报纸的被访者比例，除《楚天都市报》达到12.3%，其余两报仅为5%—7%。而三家知名门户网站情形完全不同。从不上腾讯网和新浪网的被访者占比分别为17.8%、24.6%，远低于绝大多数主流媒体；从不上凤凰网的被访者占比为35.8%。[1] 同时，至少有20%的被访者表示，浏览这三家网站的频率达到1周4次或更多，更有超四成被访者表示上腾讯网达到此频率。对于另外三家区域门户网站，在各频率范围内，分别有59.1%、60.8%的被访者表示从不上大粤网及大黔网，但有两成被访者表示访问大楚网的频率达到1周4次或更多。[2]

再看被访者对各媒体的单次接触时长。表5-2显示，在12家主流媒体和3家都市报中，不考虑接触频率的情况下，只有CCTV、广东卫视、贵州卫视这3家媒体有20%以上的被访者表示每次接触的时间超过20分钟；仍是这3家媒体，30%以上的被访者表示每次接触时间超过10分钟。[3] 至于

---

[1] 强月新，陈星，张明新. 我国主流媒体的传播力现状考察——基于对广东、湖北、贵州三省民众的问卷调查[J]. 新闻记者，2016（5）：16-26.
[2] 强月新，陈星，张明新. 我国主流媒体的传播力现状考察——基于对广东、湖北、贵州三省民众的问卷调查[J]. 新闻记者，2016（5）：16-26.
[3] 强月新，陈星，张明新. 我国主流媒体的传播力现状考察——基于对广东、湖北、贵州三省民众的问卷调查[J]. 新闻记者，2016（5）：16-26.

门户网站,被访者接触的时间明显较长。接近一半的被访者表示每次登录腾讯网的时间都超过 10 分钟,每次登录腾讯网超过 20 分钟的被访者则接近三成。被访者对新浪网的单次接触时长超过 20 分钟的比例稍低于腾讯网;至于凤凰网和大楚网,单次接触时长超过 20 分钟的比例相对较低,但却高于多数主流媒体。①

表 5-2 被访者对各媒体的单次接触时长

单位:%

	从不听/看/上	5 分钟及以下	6—10 分钟	11—20 分钟	20 分钟以上	后两项合计
CCTV	12.5	18.5	21.1	15.9	32.0	47.9
人民日报	46.0	25.7	13.6	8.8	5.9	14.7
CNR	56.5	18.3	12.8	6.6	5.8	12.4
南方日报	47.8	22.1	14.4	10.8	4.9	15.7
湖北日报	53.5	22.7	10.3	8.2	5.3	13.5
贵州日报	40.3	24.0	16.2	13.1	6.4	19.5
广东卫视	28.3	18.0	15.4	13.4	24.9	38.3
湖北卫视	34.7	31.1	15.4	8.9	9.9	18.8
贵州卫视	15.5	20.8	22.4	17.5	23.8	41.3
广东人民广播电台	66.5	11.8	10.3	5.7	5.7	11.4
湖北人民广播电台	53.9	22.7	11.3	7.1	5.0	12.1
贵州人民广播电台	49.5	19.8	14.2	9.8	6.7	16.5
南方都市报	53.6	19.1	12.6	8.5	6.2	14.7
楚天都市报	35.5	21.1	20.5	14.5	8.4	22.9
贵州都市报	42.1	23.2	16.0	12.3	6.4	18.7
大粤网	61.6	17.0	11.3	7.0	3.1	10.1
大楚网	36.0	20.7	12.6	14.2	16.5	30.7
大黔网	62.0	15.4	11.2	7.8	3.6	11.4
腾讯网	17.8	13.5	21.1	18.7	28.9	47.6

---

① 强月新,陈星,张明新.我国主流媒体的传播力现状考察——基于对广东、湖北、贵州三省民众的问卷调查[J].新闻记者,2016(5):16-26.

续表

	从不听/看/上	5分钟及以下	6—10分钟	11—20分钟	20分钟以上	后两项合计
新浪网	25.9	14.9	18.6	19.1	21.5	40.6
凤凰网	38.8	18.7	13.8	11.6	17.1	28.7

三 被考察媒体的传播力现状

将被访者的媒体接触频率和单次接触时长分别赋值，然后再相乘，得到各媒体的传播力指数。如图5-1所示，在12家主流媒体和9家参照媒体中，传播力最高的是腾讯网和CCTV，两者处于第一方阵（达到或接近传播力极限值的40%）。[①] 其次是新浪网、贵州卫视和广东卫视，三家媒体位于第二方阵（处于传播力极限值的28%—34%）。再次是大楚网、凤凰网和楚天都市报，为第三方阵（17%—25%）。其余媒体，则处于传播力相对较弱或很弱的状态（14%以下）。[②]

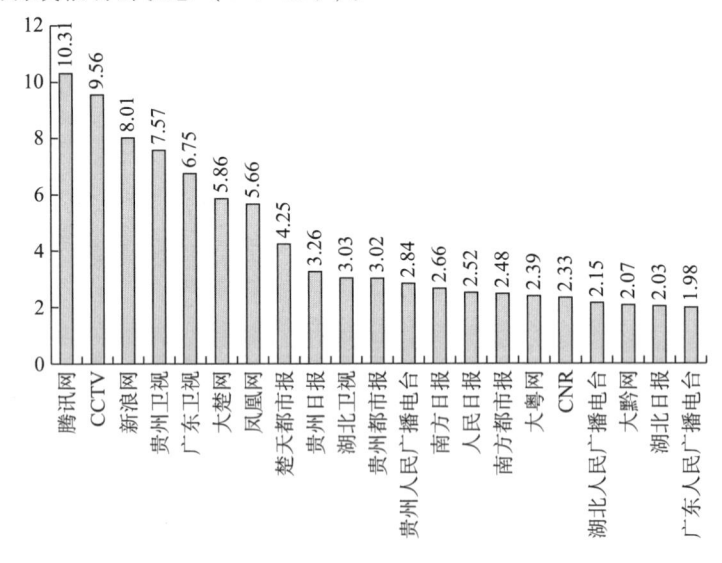

图5-1 被考察的21家媒体的传播力现状

[①] 强月新，陈星，张明新. 我国主流媒体的传播力现状考察——基于对广东、湖北、贵州三省民众的问卷调查［J］. 新闻记者，2016（5）：16-26.

[②] 强月新，陈星，张明新. 我国主流媒体的传播力现状考察——基于对广东、湖北、贵州三省民众的问卷调查［J］. 新闻记者，2016（5）：16-26.

第五章 主流媒体"三力"的现状考察

图 5-1 揭示了本次调查中被考察媒体的整体情况，并未对广东、湖北、贵州三地进行区域比较考察。为展示三地各自的面貌，本次调查将 CCTV、CNR、《人民日报》3 家中央级主流媒体和腾讯网、新浪网、凤凰网 3 家知名门户网站编为一组，将各地省级党委机关报、省级卫视、省级人民广播电台、省级都市报和区域门户网站编为一组，进行比较研究。

第一，将中央级主流媒体和 3 家商业门户网站进行对比。从图 5-2 可以看出，在粤鄂贵三地，腾讯网和 CCTV 的传播力最高，新浪网和凤凰网次之，《人民日报》和 CNR 在三地的传播力最低。对于新浪网和凤凰网而言，其在湖北的传播力较为突出，在其余两地传播力较弱。这可能跟湖北地区高等教育资源较为丰富，知识群体和青年学生数量庞大有一定关系。在贵州，3 家中央级主流媒体的传播力相对略高；在湖北，三家商业门户网站的传播力相对较高。

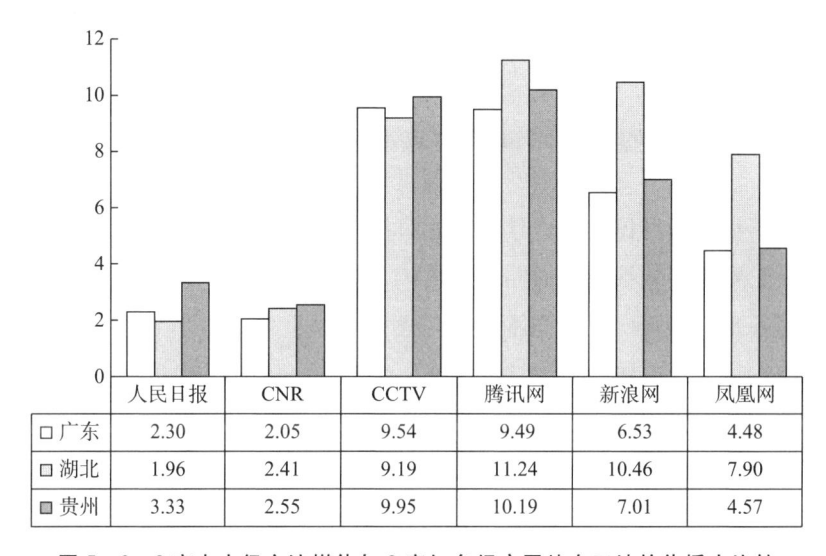

	人民日报	CNR	CCTV	腾讯网	新浪网	凤凰网
广东	2.30	2.05	9.54	9.49	6.53	4.48
湖北	1.96	2.41	9.19	11.24	10.46	7.90
贵州	3.33	2.55	9.95	10.19	7.01	4.57

图 5-2　3 家中央级主流媒体与 3 家知名门户网站在三地的传播力比较

第二，将三地的省级主流媒体与当地都市报和区域门户网站传播力进行比较。在省级主流媒体行列中，省级卫视传播力相对较强，省级党委机关报和省级人民广播电台传播力稍显弱势。在广东和贵州，省级卫视传播力一家独大，其余 4 类媒体传播力弱势明显；但在湖北，区域门户网站和省级都市报传播力处于优势地位，3 类省级主流媒体传播力表现不足（见图 5-3）。

	省级党委机关报	省级人民广播电台	省级卫视	省级都市报	区域门户网站
广东	2.66	1.98	6.75	2.48	2.39
湖北	2.03	2.15	3.03	4.25	5.86
贵州	3.26	2.84	7.57	3.02	2.07

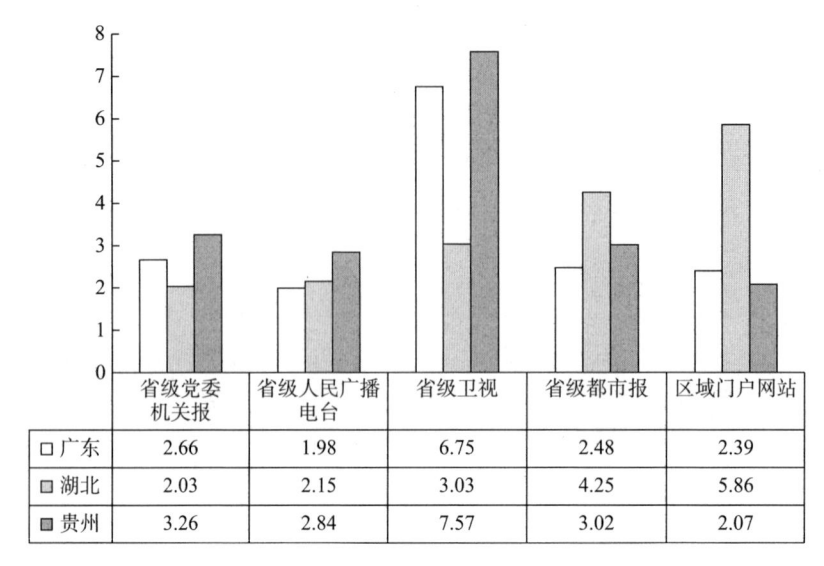

图 5-3 三地 3 类省级主流媒体和省级都市报、区域门户网站传播力比较

四 被考察媒体在不同被访者群体中的传播力比较

由于被访者群体本身所具有的人口统计学特征会导致其媒体使用习惯存在一定差异，从被访者的性别、年龄、受教育程度和收入水平等特征出发考察各媒体在不同受众群体中的传播力十分重要。本小节采用比较均值分析法，从受众群体的不同特征出发，考察各媒体的传播力差异。

第一，以性别特征作为变量进行考察。研究发现，腾讯网和新浪网在女性被访者中传播力更强；其余 9 家/类媒体在男性被访者中传播力更强，其中 CCTV、凤凰网、省级党委机关报和省级卫视这 4 家/类媒体在男性被访者中的传播力更为突出（见图 5-4）。这些差异可能与媒体定位有关，凤凰网和 CCTV 等主流媒体主打国际、时政新闻，对男性被访者吸引力较强。此外，也与女性更偏爱通过网络接收信息、购物和与人沟通，而男性则偏爱通过多样化的渠道来获取新闻信息、娱乐等相关。

第二，以年龄特征为变量进行考察。从图 5-5 可以看出，在不同年龄段的被访者群体中，各主要媒体的传播力表现差别十分明显，这尤其体现在主流媒体和门户网站中。例如，CCTV 和腾讯网的传播力，以年龄特征为变量，呈现相反特征。CCTV 在年龄越大的被访者群体中传播力越强，

第五章 主流媒体"三力"的现状考察

	人民日报	CNR	CCTV	腾讯网	新浪网	凤凰网	省级党委机关报	省级人民广播电台	省级卫视	省级都市报	区域门户网站
□ 男	2.73	2.39	10.56	9.10	7.68	6.28	2.97	2.35	6.20	3.47	3.71
□ 女	2.31	2.14	8.65	11.42	8.28	4.92	2.32	2.18	5.40	3.03	3.17

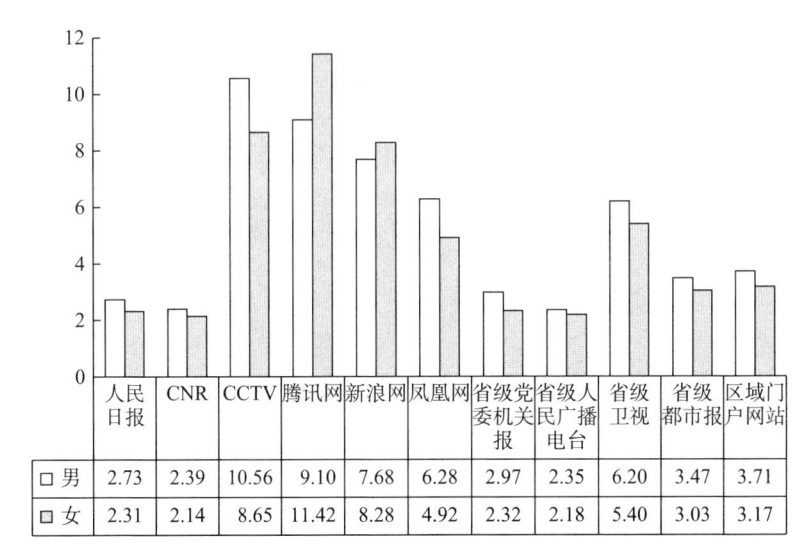

图 5-4 男女被访者群体媒体传播力比较

而腾讯网则在年龄越小的被访者群体中传播力越强。新浪网也在年龄较小的被访者群体中呈现较强的传播力。专注深度资讯和专业评论的凤凰网则在中青年群体中拥有较强的传播力。再将省级主流媒体和省级都市报、区域门户网站进行比较,可以发现,省级卫视传播力在年龄特征这一变量中整体处在较强地位,但不同年龄段间差异也较大。具体而言,省级卫视在

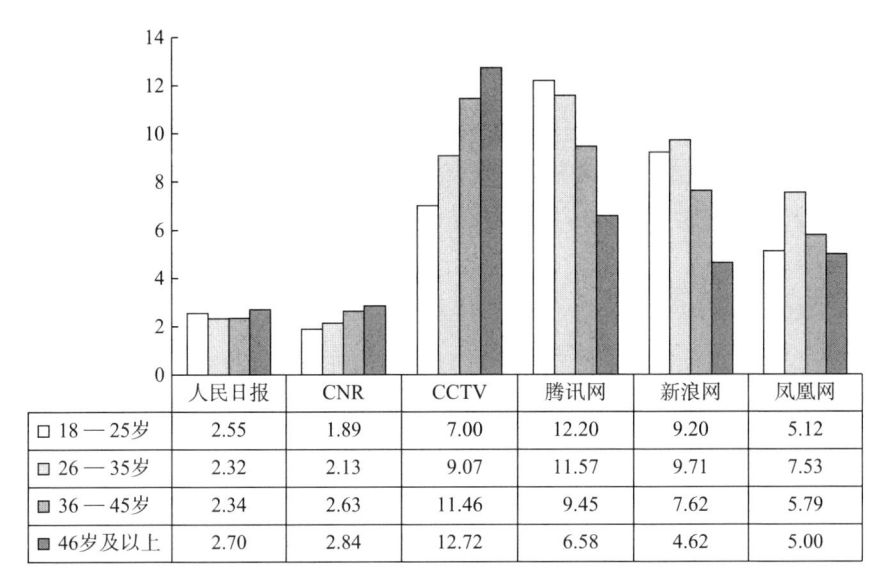

	人民日报	CNR	CCTV	腾讯网	新浪网	凤凰网
□ 18—25岁	2.55	1.89	7.00	12.20	9.20	5.12
□ 26—35岁	2.32	2.13	9.07	11.57	9.71	7.53
▨ 36—45岁	2.34	2.63	11.46	9.45	7.62	5.79
■ 46岁及以上	2.70	2.84	12.72	6.58	4.62	5.00

图 5-5 不同年龄被访者群体中央级主流媒体及知名门户网站传播力比较

年龄越低的被访者群体中传播力越弱,这与中央级主流媒体CCTV传播力随年龄的分布趋势相似,与此相似的还有省级都市报和省级党委机关报。区域门户网站传播力走势则同凤凰网传播力走势类似,在中青年群体中传播力较强(见图5-6)。

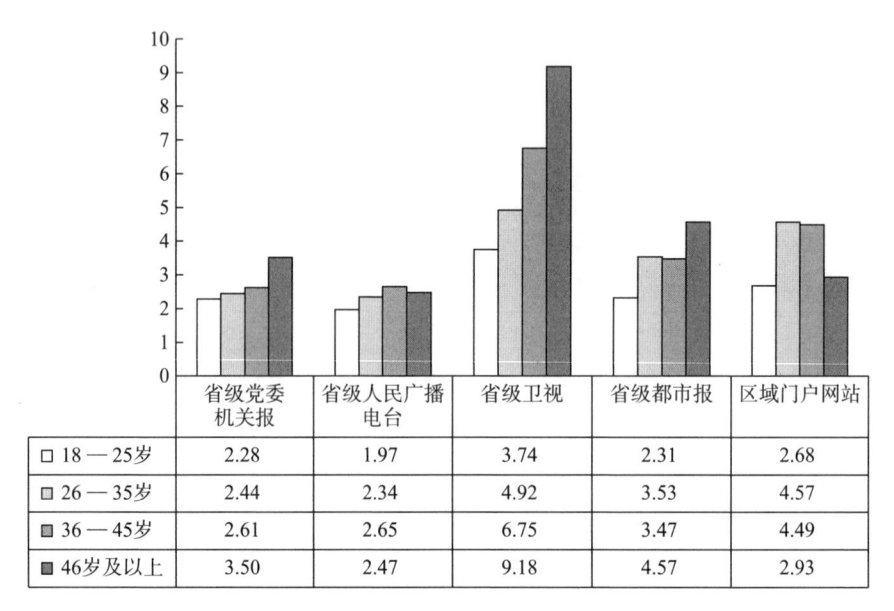

	省级党委机关报	省级人民广播电台	省级卫视	省级都市报	区域门户网站
18—25岁	2.28	1.97	3.74	2.31	2.68
26—35岁	2.44	2.34	4.92	3.53	4.57
36—45岁	2.61	2.65	6.75	3.47	4.49
46岁及以上	3.50	2.47	9.18	4.57	2.93

图5-6 不同年龄被访者群体省级媒体传播力比较

第三,以受教育程度为变量进行考察。研究发现,在主流媒体范围内,CCTV和省级卫视在学历较低的被访者群体中传播力较强,《人民日报》、CNR、省级党委机关报、省级人民广播电台都在中等受教育程度(中专/高中/技校)被访者群体中的传播力较强。整体来看,主流媒体在学历越高的被访者群体中传播力越弱。而在商业门户网站和区域门户网站中,传播力最强的则是学历较高的被访者群体(见图5-7、图5-8)。

第四,以经济收入水平为变量进行考察。经济收入水平通常影响着家庭购置媒体设备的情况,进而也会影响被访者对媒体的接触。通过图5-9、图5-10可以看出,各媒体随被访者经济收入的高低呈现不同的特征。CCTV和省级卫视在经济收入状况相对较差的被访者群体中传播力较强。腾讯网、新浪网、区域门户网站和凤凰网则在中等经济收入水平的被访者群体中呈现较强的传播力。值得注意的是,在经济水平最高的被访者群体中,各地省级都市报和省级党委机关报拥有更强的传播力。

第五章 主流媒体"三力"的现状考察

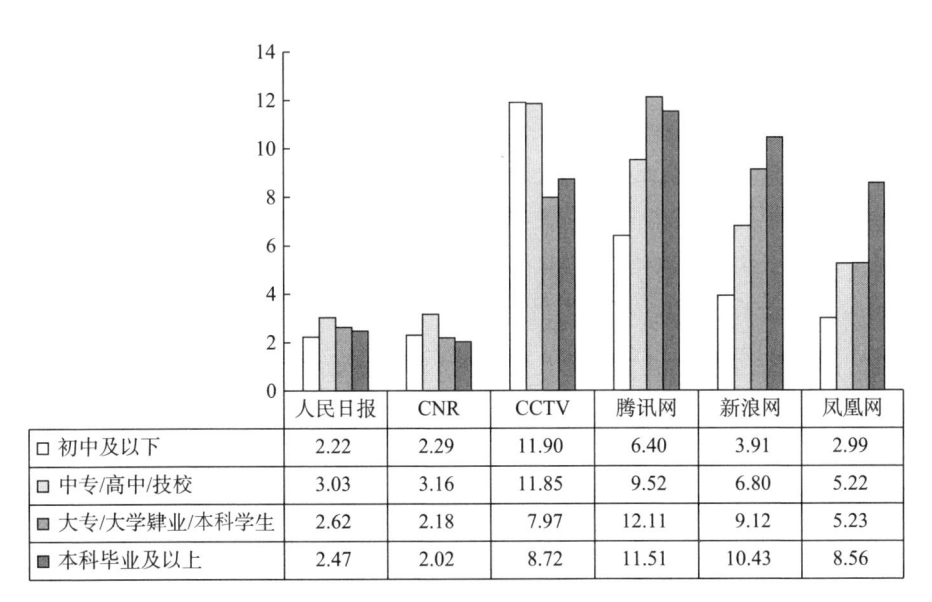

	人民日报	CNR	CCTV	腾讯网	新浪网	凤凰网
□ 初中及以下	2.22	2.29	11.90	6.40	3.91	2.99
□ 中专/高中/技校	3.03	3.16	11.85	9.52	6.80	5.22
■ 大专/大学肄业/本科学生	2.62	2.18	7.97	12.11	9.12	5.23
■ 本科毕业及以上	2.47	2.02	8.72	11.51	10.43	8.56

图 5-7　不同受教育程度被访者群体中央级主流媒体及知名门户网站传播力比较

	省级党委机关报	省级人民广播电台	省级卫视	省级都市报	区域门户网站
□ 初中及以下	2.59	2.40	9.39	2.59	2.31
□ 中专/高中/技校	3.60	3.15	8.01	4.71	3.90
■ 大专/大学肄业/本科学生	2.54	2.27	4.43	2.95	3.03
■ 本科毕业及以上	2.43	1.92	3.50	3.42	4.78

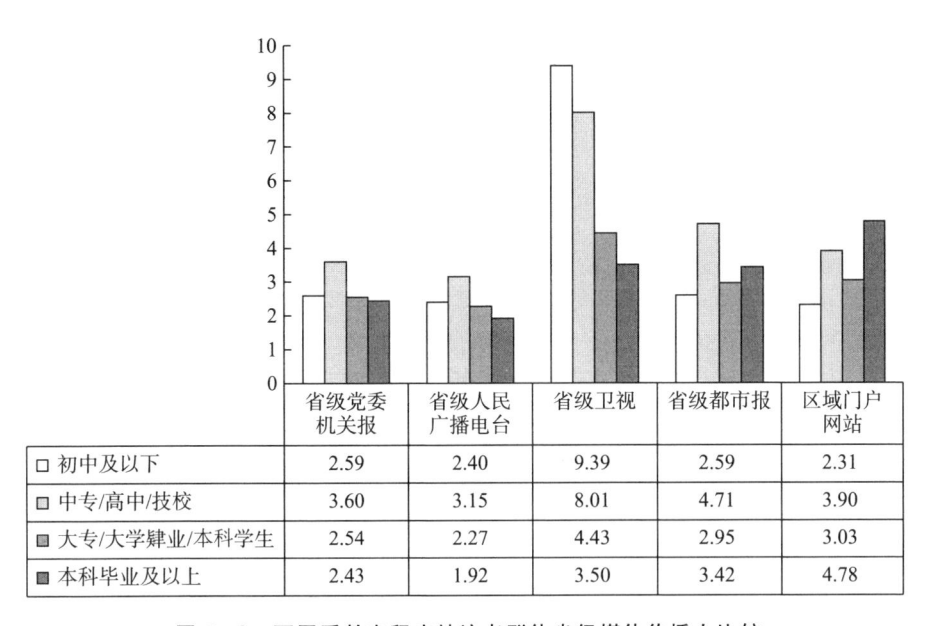

图 5-8　不同受教育程度被访者群体省级媒体传播力比较

主流媒体"三力"研究

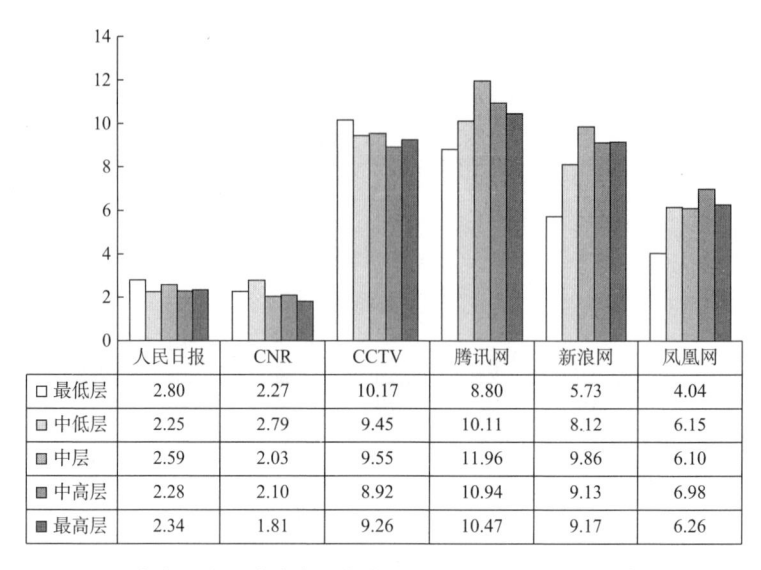

	人民日报	CNR	CCTV	腾讯网	新浪网	凤凰网
□ 最低层	2.80	2.27	10.17	8.80	5.73	4.04
▨ 中低层	2.25	2.79	9.45	10.11	8.12	6.15
▦ 中层	2.59	2.03	9.55	11.96	9.86	6.10
▤ 中高层	2.28	2.10	8.92	10.94	9.13	6.98
■ 最高层	2.34	1.81	9.26	10.47	9.17	6.26

图 5-9　不同经济收入水平被访者群体中央级主流媒体及知名门户网站传播力比较

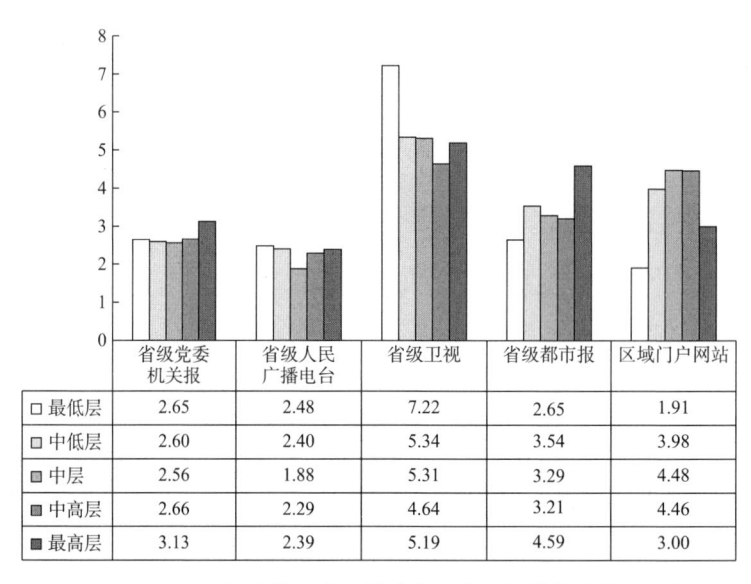

	省级党委机关报	省级人民广播电台	省级卫视	省级都市报	区域门户网站
□ 最低层	2.65	2.48	7.22	2.65	1.91
▨ 中低层	2.60	2.40	5.34	3.54	3.98
▦ 中层	2.56	1.88	5.31	3.29	4.48
▤ 中高层	2.66	2.29	4.64	3.21	4.46
■ 最高层	3.13	2.39	5.19	4.59	3.00

图 5-10　不同经济收入水平被访者群体省级媒体传播力比较

第二节　主流媒体公信力现状考察

媒体公信力长期以来都是媒体在公众心目中的权威的反映，更是媒体影响力的直接体现，媒体公信力始终保障着媒体传播力、影响力的实现。

媒体公信力的强弱关系到传媒行业的生存与发展，提升媒体公信力是主流媒体发展的内在要求。在传播过程中，传播者、传播渠道、信息和信息接收者的相互作用促成了媒体公信力的诞生，专业权威性和可信任程度是媒体公信力的重要构成部分。

一 问卷中对公信力题项的设计

媒体公信力是在公众与媒体的相互作用关系中媒体赢得公众信任的能力，它本身是根植于受众主观认知结构的一种主观评量。由于研究对象和研究问题不同，关于媒体公信力的测量并无统一规范。测量媒体公信力的常用方式有三种，即相对公信力测量、绝对公信力测量和多维公信力测量。相对公信力表现为，公众在面对多个/种媒体时，愿意信赖某个或某些媒体，而不愿意信赖其他媒体。绝对公信力测量则表现为公众对某特定的媒体信赖程度的绝对评价，比如在0—100的范围内，对该媒体的评分具体是多少。多维公信力测量一般沿用Meyer新闻可信度指标来测量一般性、非特定组织的媒体公信力。[1] 无论哪种测量方式，其测量核心和观察指标都是媒体可信度，公众对媒体的信赖程度高，就表明媒体的公信力强，测量方式也多是对公众的调查。

本书以认知访谈的方式进行测量，在问卷中将"真实客观"和"履行社会责任"作为"媒体公信力"的测量指标，并设置问题。主要问题设置为："以下各家媒体，在新闻报道和评论的真实客观方面，您认为它们做得如何？""还是上述各家媒体，在履行社会责任方面，您认为它们做得如何？"在答案选项中，运用五级李克特量表测量被访者对媒体公信力的感知程度，同时对量表中"很不好""比较不好""一般""比较好""很好"五个答案分别赋值1—5，计算媒体公信力两个题目的信度（Cronbach's α系数）。测量结果显示，21家媒体的系数值在0.669—0.82，两个题目的测量在同一面向之上，继而再将各题目得分求和取其平均数，以此获取媒体公信力的评价得分。[2] 在本调查中，媒体公信力最小值为1，最大值为5，

---

[1] West M D. Validating a scale for the measurement of credibility: A covariance structure modeling approach [J]. Journalism & mass communication quarterly, 1994 (1): 159.

[2] 强月新，徐迪. 我国主流媒体的公信力现状考察——基于2015年问卷调查的实证研究 [J]. 新闻记者，2016 (8): 50–58.

媒体公信力均值为 3.50（平均值的 95% 置信区间上限为 3.53，下限为 3.47，标准误为 0.02）。

二 被考察媒体的公信力现状

如图 5-11 所示，在被调查的所有媒体中，CCTV、《人民日报》和凤凰网分列媒体公信力前三名，位于公信力第一矩阵。CCTV 的公信力得分远超其余所有媒体，达 3.85。《人民日报》公信力位居第二，但得分仅比第三名凤凰网多 0.03。省级卫视、省级都市报、省级党委机关报和 CNR 位于公信力第二阵营。排名较为靠后的则是新浪网、腾讯网、省级人民广播电台，最后一名是区域门户网站。从中可以发现，在本次调查中，传统主流媒体的公信力远高于大部分门户网站。传统主流媒体长久以来积累的权威性地位和品牌优势在一定程度上还是会影响受众对媒体公信力的评价。此外，若将被考察媒体依照电视、报纸、广播、网络进行归类可以发现，3 家中央级主流媒体（CCTV、《人民日报》、CNR）的公信力得分均高于同类省级主流媒体（省级卫视、省级党委机关报、省级人民广播电台），且差异显著。若将主流媒体与其余参照媒体相比，则 CNR 的公信力得分不敌凤凰网，省级党委机关报的公信力得分也略低于省级都市报。

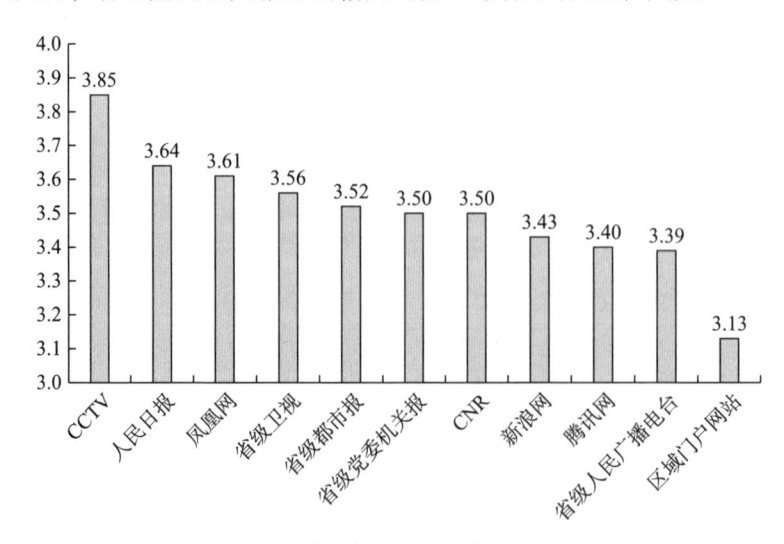

图 5-11 被考察的 11 家/类媒体公信力现状

媒体	得分
CCTV	3.85
人民日报	3.64
凤凰网	3.61
省级卫视	3.56
省级都市报	3.52
省级党委机关报	3.50
CNR	3.50
新浪网	3.43
腾讯网	3.40
省级人民广播电台	3.39
区域门户网站	3.13

将被考察媒体的公信力放置在三省地域中进行考察发现，CCTV 和

省级卫视在三地的公信力优势依旧明显。在经济水平相对落后的贵州,各主流媒体的公信力普遍比门户网站公信力强。在经济水平中等的湖北,除头部的 CCTV 之外,凤凰网的公信力领先于其余各媒体。本次考察中,各媒体在三地的公信力基本上与整体考察的趋势相同(见图 5-12、图 5-13)。

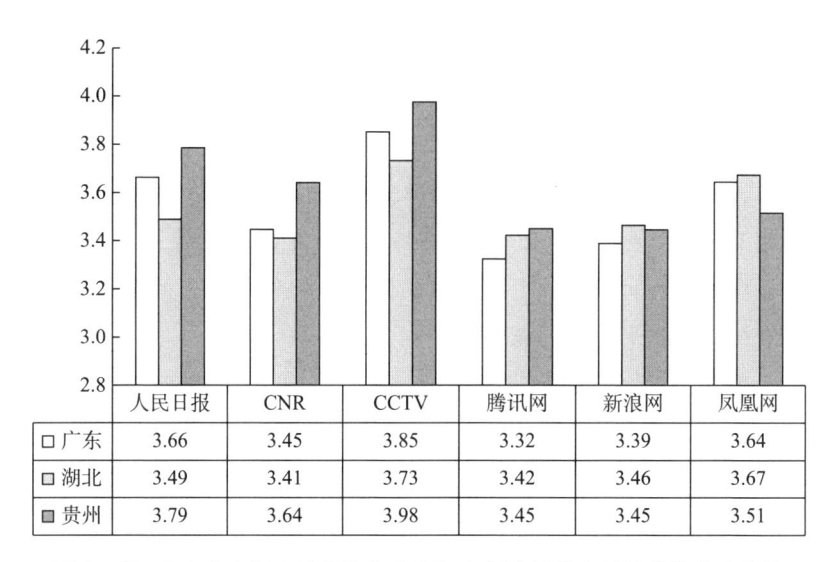

	人民日报	CNR	CCTV	腾讯网	新浪网	凤凰网
广东	3.66	3.45	3.85	3.32	3.39	3.64
湖北	3.49	3.41	3.73	3.42	3.46	3.67
贵州	3.79	3.64	3.98	3.45	3.45	3.51

图 5-12　3 家中央级主流媒体与 3 家知名门户网站在三地的公信力比较

	省级党委机关报	省级人民广播电台	省级卫视	省级都市报	区域门户网站
广东	3.60	3.39	3.66	3.55	3.15
湖北	3.31	3.27	3.35	3.49	3.14
贵州	3.60	3.52	3.68	3.52	3.10

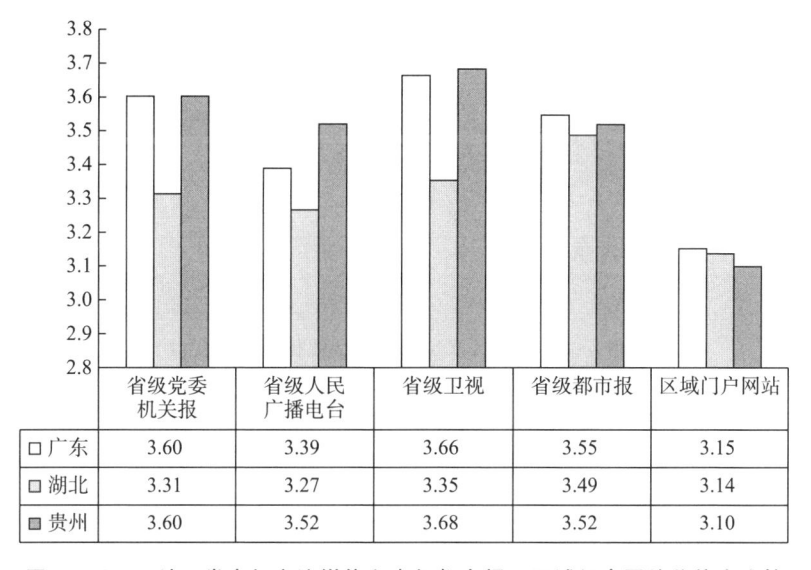

图 5-13　三地 3 类省级主流媒体和省级都市报、区域门户网站公信力比较

三 被考察媒体在不同被访者群体中的公信力比较

从性别角度观察，女性被访者对大多被考察媒体的公信力评价比男性被访者的评价要高。从年龄角度观察，被访者群体中年龄越大对主流媒体公信力的评价越高，46岁及以上的被访者普遍对网络媒体的信任程度较低，且普遍低于45岁及以下被访者对网络媒体的评价（见图5-14）。从受教育程度角度考察，学历层次中等偏下的被访者群体对主流媒体的信任程度较高，学历层次较高的被访者群体对腾讯网、新浪网和凤凰网的公信力评价相对较高（见图5-15）。从经济收入水平角度考察，经济收入水平较高的被访者群体对大部分主流媒体的公信力评价较低，但对凤凰网的评价高于经济收入水平较低的被访者群体（见图5-16）。

	人民日报	CNR	CCTV	腾讯网	新浪网	凤凰网	省级党委机关报	省级人民广播电台	省级卫视	省级都市报	区域门户网站
18—25岁	3.63	3.46	3.78	3.43	3.50	3.63	3.49	3.34	3.49	3.45	3.14
26—35岁	3.55	3.37	3.77	3.48	3.46	3.61	3.34	3.30	3.44	3.41	3.10
36—45岁	3.62	3.53	3.88	3.39	3.45	3.64	3.50	3.42	3.58	3.57	3.15
46岁及以上	3.79	3.66	4.04	3.28	3.27	3.58	3.68	3.51	3.80	3.68	3.12

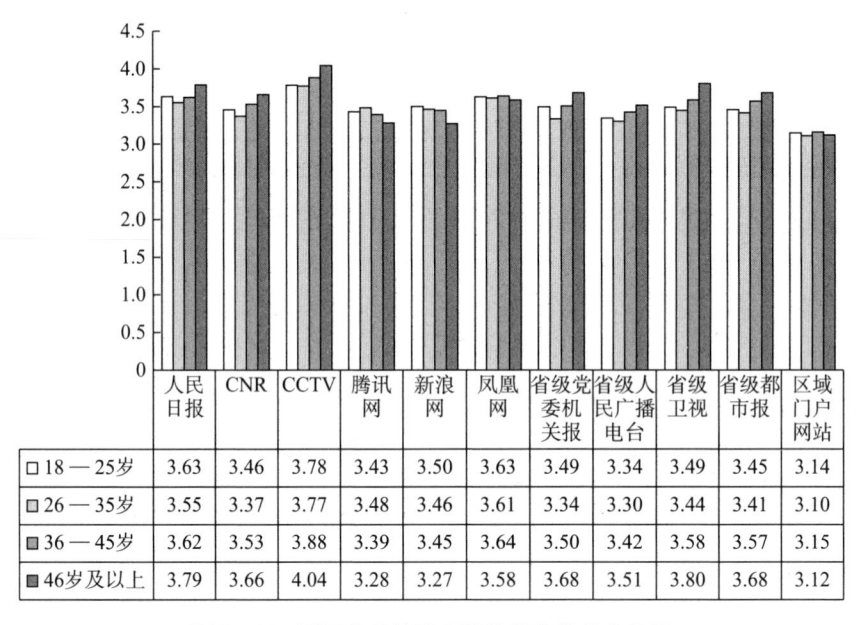

图5-14 不同年龄被访者群体媒体公信力比较

总体来看，虽然社会群体自身所具有的特征差异会影响其对媒体公信力的评价，但大部分并未跳出受众对主流媒体公信力评价高于网络媒体的规律。这在一定程度上说明，在当前网络环境下，主流媒体在公众的公信力评价中依旧处于优势地位，网络媒体的公信力建设还需进一步加强。

第五章 主流媒体"三力"的现状考察

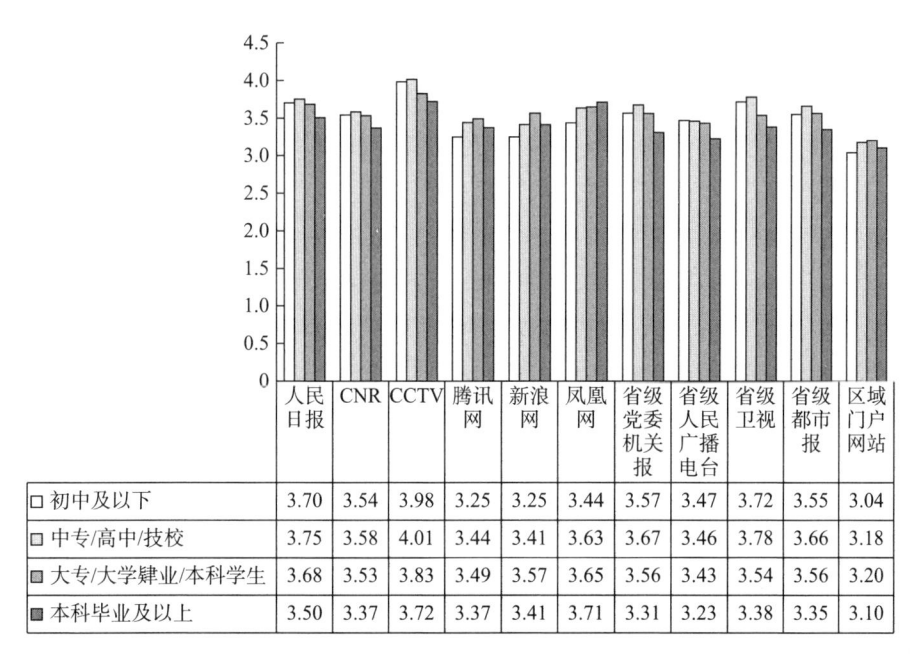

	人民日报	CNR	CCTV	腾讯网	新浪网	凤凰网	省级党委机关报	省级人民广播电台	省级卫视	省级都市报	区域门户网站
□ 初中及以下	3.70	3.54	3.98	3.25	3.25	3.44	3.57	3.47	3.72	3.55	3.04
□ 中专/高中/技校	3.75	3.58	4.01	3.44	3.41	3.63	3.67	3.46	3.78	3.66	3.18
▨ 大专/大学肄业/本科学生	3.68	3.53	3.83	3.49	3.57	3.65	3.56	3.43	3.54	3.56	3.20
■ 本科毕业及以上	3.50	3.37	3.72	3.37	3.41	3.71	3.31	3.23	3.38	3.35	3.10

图 5-15　不同受教育程度被访者群体媒体公信力比较

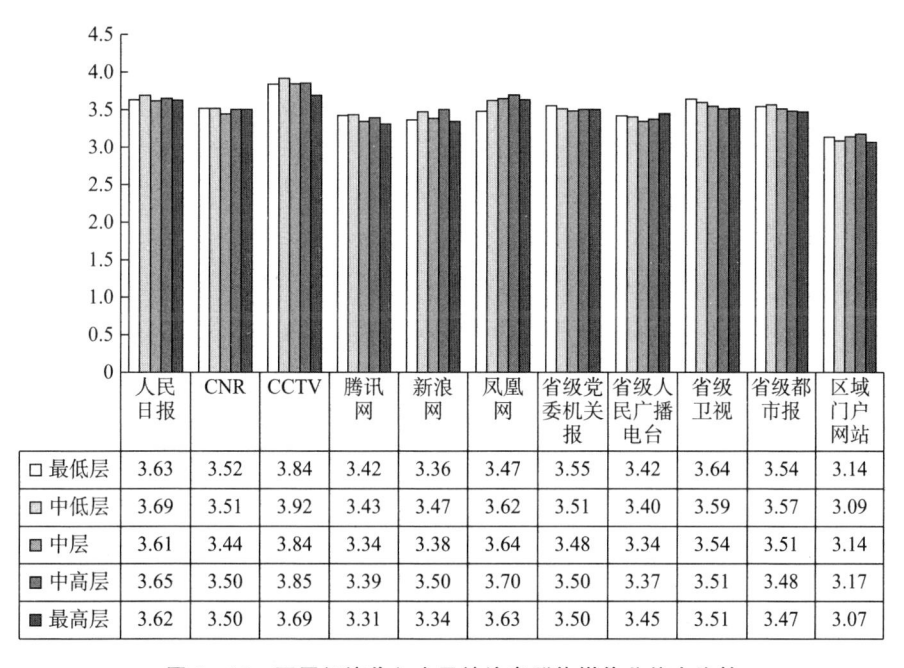

	人民日报	CNR	CCTV	腾讯网	新浪网	凤凰网	省级党委机关报	省级人民广播电台	省级卫视	省级都市报	区域门户网站
□ 最低层	3.63	3.52	3.84	3.42	3.36	3.47	3.55	3.42	3.64	3.54	3.14
□ 中低层	3.69	3.51	3.92	3.43	3.47	3.62	3.51	3.40	3.59	3.57	3.09
▨ 中层	3.61	3.44	3.84	3.34	3.38	3.64	3.48	3.34	3.54	3.51	3.14
▨ 中高层	3.65	3.50	3.85	3.39	3.50	3.70	3.50	3.37	3.51	3.48	3.17
■ 最高层	3.62	3.50	3.69	3.31	3.34	3.63	3.50	3.45	3.51	3.47	3.07

图 5-16　不同经济收入水平被访者群体媒体公信力比较

第三节　主流媒体影响力现状考察

媒体传播行为发生之后，评判其是否对受众产生影响的指标，便是媒体的影响力，媒体影响力属于效果范畴。本书认为，影响力本质上是一种控制力，这种能力能够影响受众的认知和行为，就媒体影响力而言，它应是媒体传播力在传播终端的体现，也是媒体获得公信力的直接表征，更是媒体开展信息传播行为的根本诉求和终极目的。

一　问卷中对影响力题项的设计

喻国明提出，从媒体影响力的内涵来看，"吸引注意（媒介及媒介内容的接触）"和"引起合目的的变化（认知、情感、意志行为等的受动性改变）"是媒体影响力的两大基本构成部分。[①] 丁柏铨认为评价媒体影响力可以从影响受众的信息获取、影响受众的主观判断以及影响受众的态度三个层面入手。[②] 也有研究者将媒体影响力进行量化操作，从广度、深度、强度和效度四个方面建构媒体影响力评价指标体系。[③] 这些由理论概念到量化操作的研究过程，为本次调查问卷关于媒体影响力题项的设计思路带来了启发。

本书认为，媒体影响力是通过其传播的信息内容对受众的认知判断、态度形成或改变、行动等方面产生影响的能力。受众对媒体的接触行为即媒体传播力是媒体影响力的基础，如果受众并未接触该媒体，媒体信息并未抵达受众，那么媒体内容对其的影响力便无从谈起。当然，媒体影响力的内涵并不是只有受众对媒体的接触。即使受众接触媒体的频率和时长相同，媒体信息在他们的认知结构中占有的地位也未必相同。因此，就需要以"媒体内容的重要因子"来修正，对于那些将媒体信息作为重要信息来

[①] 喻国明. 关于传媒影响力的诠释——对传媒产业本质的一种探讨 [J]. 新闻战线, 2003 (6): 24 - 27.

[②] 丁柏铨. 论新闻舆论传播力、引导力、影响力、公信力 [J]. 新闻爱好者, 2018 (1): 4 - 8.

[③] 郑丽勇, 郑丹妮, 赵纯. 媒介影响力评价指标体系研究 [J]. 新闻大学, 2010 (1): 121 - 126.

源并使用的人，媒体的影响力便会更大。如果受众认为所接收的内容信息与自己无关，即使接收到信息，也不会受到影响。此外，媒体传播内容及活动通常具有一定的导向性，在考察媒体的影响力时，就必须考虑媒体内容的价值导向。例如，那些认定媒体传播的是真实客观信息的受众，则会认为媒体在传递正能量；而那些认定媒体传播的是虚假失实信息的受众，则会觉得媒体在传递负能量。

基于上述观点，本书设计了媒体影响力的测量方程：媒体影响力＝传播力×媒体内容重要性×媒体内容价值导向。在题项设计上，一是把传播力的计算公式表述为用户接触频率×用户单次接触时长，具体题项见本章第一节。二是把"媒体内容重要性"题项设计为："以下媒体提供的新闻，您觉得对于自己了解社会现实和帮助家庭/个人做出决策等方面，重要吗？"选项依照五级李克特量表设置为"完全不重要""不重要""有些重要""重要""非常重要"，分别被赋值1—5。三是把"媒体内容价值导向"的题项设计为："还是以上各类媒体，您觉得它们提供的新闻，积极的内容多还是消极的内容多？（注：消极内容主要指违背社会公序良俗，以及在价值观方面存在问题）"选择项设置为"消极的内容很多""消极的内容比较多""积极的内容比较多""积极的内容很多"，对此分别赋值-2、-1、1、2，经检验，计算媒体影响力的题项信度α值为0.74，内部一致性较高。在本次调查中，媒体影响力的极小值为-240，极大值为240。[①] 媒体影响力均值为15.51（平均值的95%置信区间上限为17.07，下限为13.95，标准误为0.8）。

二 被考察媒体的影响力现状

如图5-17所示，在本次调查中，大部分主流媒体依旧具有较强的影响力，突出体现为电视类主流媒体的影响力较高，与其余主流媒体影响力相比，两极分化严重。CCTV和省级卫视位于本次考察11家/类媒体的前两位，但CCTV媒体影响力得分为53.05，省级卫视媒体影响力得分仅为23.85，与

[①] 媒体影响力＝传播力×媒体内容重要性×媒体内容价值导向。据此公式，传播力极小值为0，极大值为24；媒体内容重要性极小值为1，极大值为5；媒体内容价值导向极小值为-2，极大值为2。因此，媒体影响力极小值为-240，极大值为240。

CCTV 存在很大差距。媒体影响力排名第三的是腾讯网，分值为 16.21。省级党委机关报、《人民日报》和省级都市报位居第四、五、六名，三者媒体影响力得分的差距相对较小。位于影响力得分榜单尾部，分值低于 10 的媒体包括 2 家/类广播类主流媒体以及 3 家/类参照媒体。总体来看，主流媒体之间影响力差异较大，以腾讯网为代表的新媒体影响力也在日益上升。

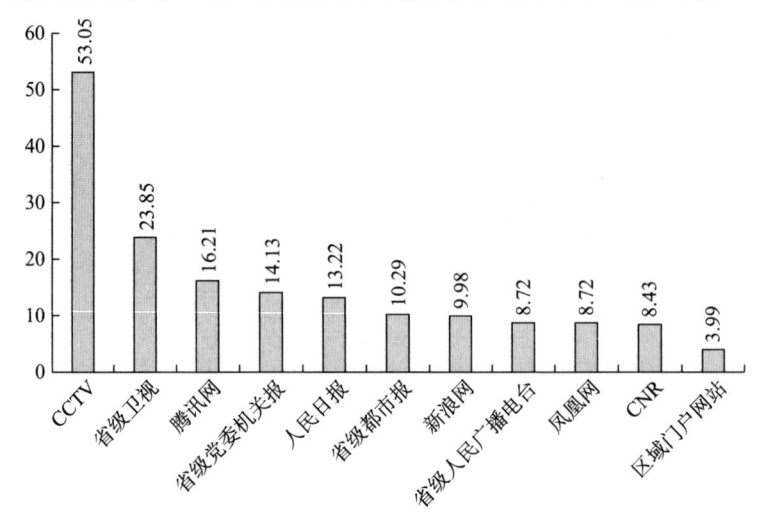

图 5-17　被考察的 11 家/类媒体影响力现状

在图 5-18 中，把被考察媒体放置在三省中进行比较发现，主流媒体

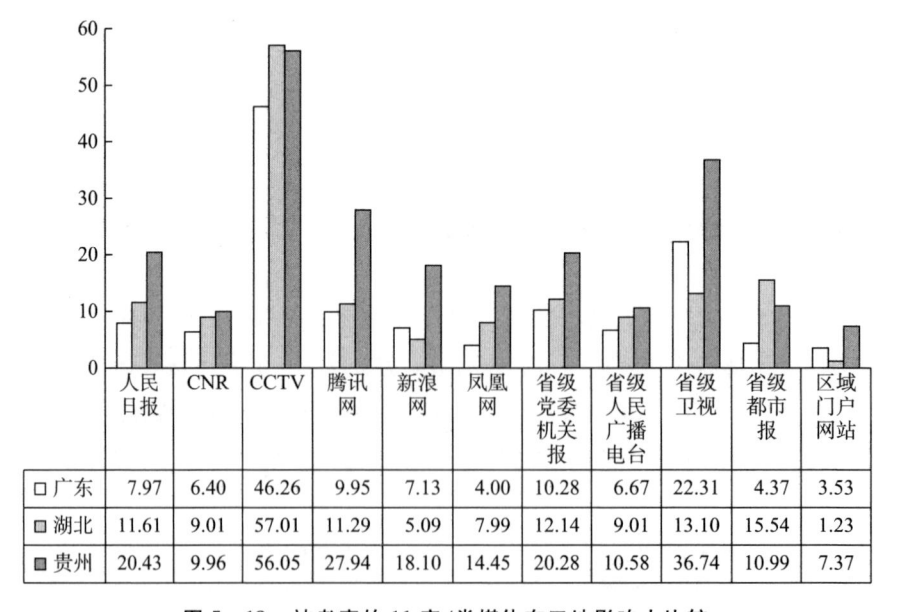

	人民日报	CNR	CCTV	腾讯网	新浪网	凤凰网	省级党委机关报	省级人民广播电台	省级卫视	省级都市报	区域门户网站
广东	7.97	6.40	46.26	9.95	7.13	4.00	10.28	6.67	22.31	4.37	3.53
湖北	11.61	9.01	57.01	11.29	5.09	7.99	12.14	9.01	13.10	15.54	1.23
贵州	20.43	9.96	56.05	27.94	18.10	14.45	20.28	10.58	36.74	10.99	7.37

图 5-18　被考察的 11 家/类媒体在三地影响力比较

影响力整体上呈现西高东低的特征。在西部地区，电视、报纸和电台类主流媒体影响力较高，东部地区则较低。CCTV影响力头部位置并未因地域不同而受到影响，始终处于绝对领先地位。但省级卫视影响力在三地差异比较明显，贵州卫视在贵州地区影响力高达36.74，湖北卫视在湖北地区影响力却只有13.10。位于中部地区的湖北省，各类媒体影响力基本介于广东、贵州东西两省之间，但湖北省内CCTV和省级都市报的媒体影响力高于东西两省，位居极高点，而省级卫视、区域门户网站和新浪网的影响力又低于东西两省，处于极低点。

三 被考察媒体在不同被访者群体中的影响力比较

由图5-19可以看出，在不同性别的被访者群体中，男性被访者对本调查中各类主流媒体的影响力评价均高于女性被访者。但就腾讯网、新浪网、凤凰网等网络参照媒体而言，女性被访者对其媒体影响力评价高于男性被访者。这在一定程度上说明，男性被访者更容易受主流媒体影响，而女性被访者更倾向于网络媒体。

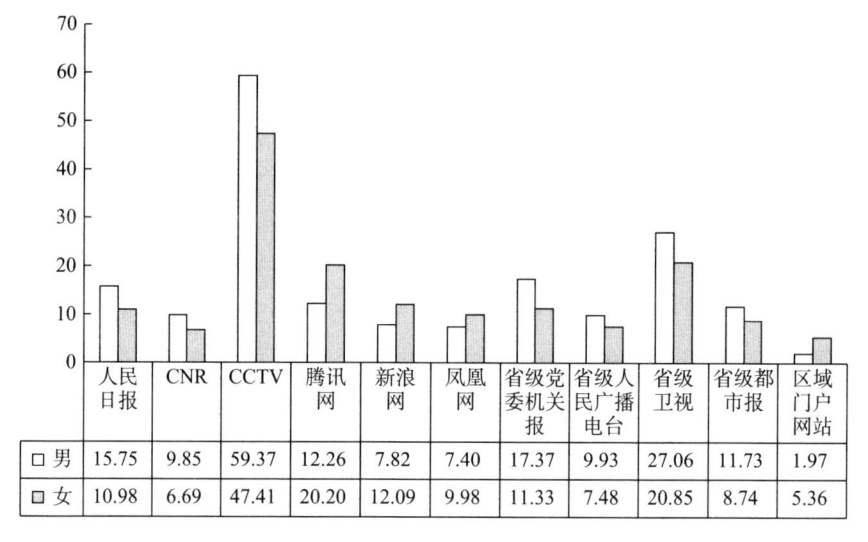

	人民日报	CNR	CCTV	腾讯网	新浪网	凤凰网	省级党委机关报	省级人民广播电台	省级卫视	省级都市报	区域门户网站
男	15.75	9.85	59.37	12.26	7.82	7.40	17.37	9.93	27.06	11.73	1.97
女	10.98	6.29	47.41	20.20	12.09	9.98	11.33	7.48	20.85	8.74	5.36

图5-19 不同性别被访者群体媒体影响力比较

图5-20显示，在不同年龄被访者群体中，传统主流媒体依旧是年龄稍长被访者的第一选择，被访者年龄越大，其对主流媒体的影响力评分越高。这一趋势在本调查所考察的主流媒体"三力"中具有一致性。相比之

下，腾讯网、新浪网、凤凰网和区域门户网站等网络媒体的影响力则向低龄被访者中渗透。26—35岁被访者群体对网络媒体的影响力评价最高，46岁及以上被访者群体成为网络媒体影响力评价的低谷。

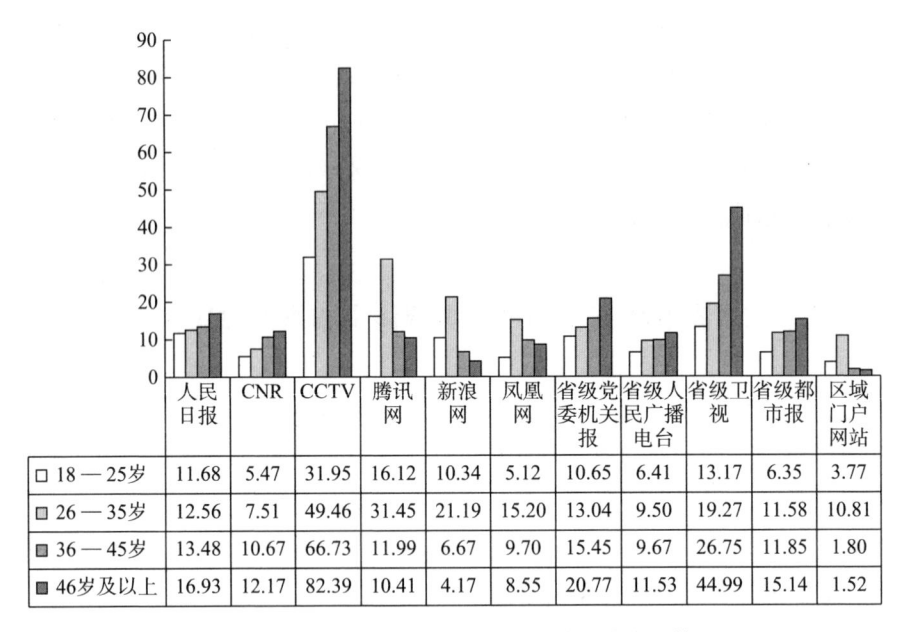

	人民日报	CNR	CCTV	腾讯网	新浪网	凤凰网	省级党委机关报	省级人民广播电台	省级卫视	省级都市报	区域门户网站
18—25岁	11.68	5.47	31.95	16.12	10.34	5.12	10.65	6.41	13.17	6.35	3.77
26—35岁	12.56	7.51	49.46	31.45	21.19	15.20	13.04	9.50	19.27	11.58	10.81
36—45岁	13.48	10.67	66.73	11.99	6.67	9.70	15.45	9.67	26.75	11.85	1.80
46岁及以上	16.93	12.17	82.39	10.41	4.17	8.55	20.77	11.53	44.99	15.14	1.52

图 5-20 不同年龄被访者群体媒体影响力比较

如图 5-21 所示，在不同受教育程度被访者群体中，主流媒体在具有中专/高中/技校学历的被访者群体中获得较高的影响力评价。其他受教育程度的被访者群体对主流媒体影响力评价各异。四类受教育程度相比，本科毕业及以上被访者群体对广播电台和省级卫视评分最低；初中及以下学历的被访者群体对《人民日报》影响力评价最低，省级都市报影响力也同样遵循这一规律。这可能与报纸的文字表现形式有关，被访者接触和阅读报纸对被访者的文化素养有一定要求。受教育程度相对较低的被访者更青睐电视，电视的零门槛为低学历层次的被访者提供了便利条件。网络媒体对大专/大学肄业/本科学生及以上受教育程度的被访者群体影响更大，这跟这个群体知识文化水平普遍较高，更易于采纳和使用网络新技术有一定的关联性。[①]

---

① 强月新，夏忠敏. 当前我国主流媒体影响力的调研与分析 [J]. 新闻记者，2016（11）：35-43.

第五章 主流媒体"三力"的现状考察

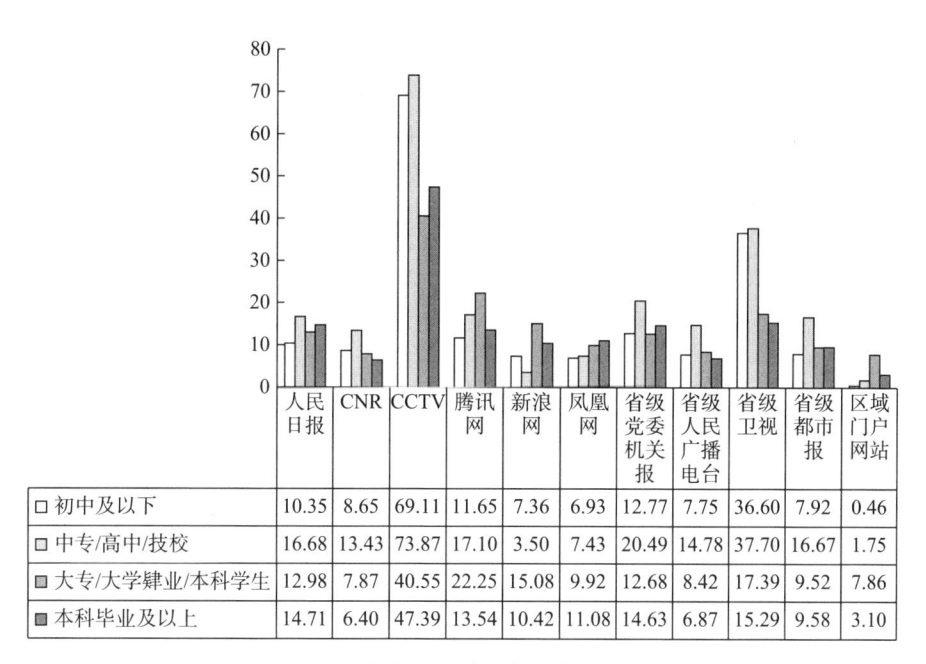

	人民日报	CNR	CCTV	腾讯网	新浪网	凤凰网	省级党委机关报	省级人民广播电台	省级卫视	省级都市报	区域门户网站
□ 初中及以下	10.35	8.65	69.11	11.65	7.36	6.93	12.77	7.75	36.60	7.92	0.46
□ 中专/高中/技校	16.68	13.43	73.87	17.10	3.50	7.43	20.49	14.78	37.70	16.67	1.75
▨ 大专/大学肄业/本科学生	12.98	7.87	40.55	22.25	15.08	9.92	12.68	8.42	17.39	9.52	7.86
■ 本科毕业及以上	14.71	6.40	47.39	13.54	10.42	11.08	14.63	6.87	15.29	9.58	3.10

图 5-21　不同受教育程度被访者群体媒体影响力比较

图 5-22 显示，从被访者群体的经济收入水平特征看，本次调查中被

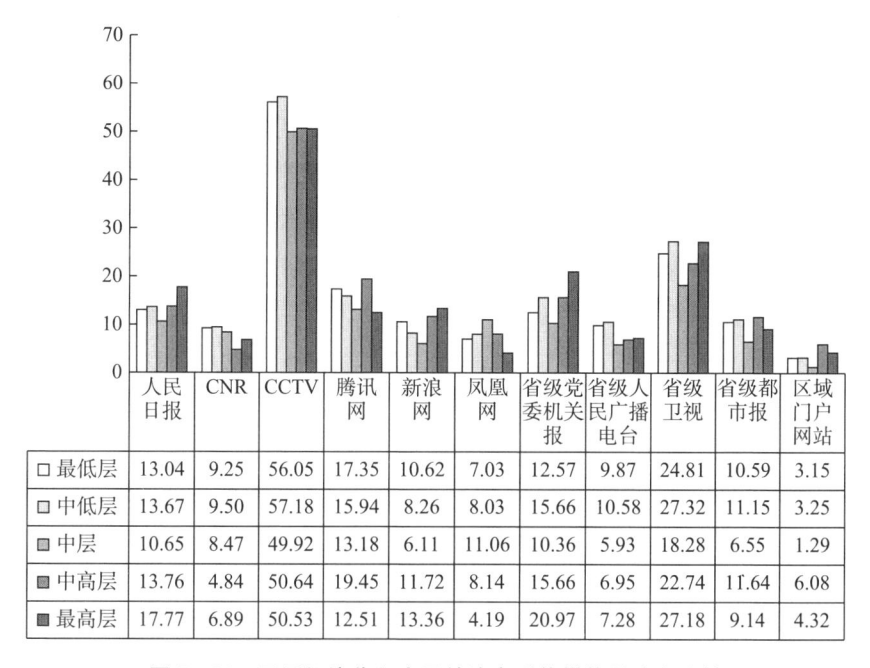

	人民日报	CNR	CCTV	腾讯网	新浪网	凤凰网	省级党委机关报	省级人民广播电台	省级卫视	省级都市报	区域门户网站
□ 最低层	13.04	9.25	56.05	17.35	10.62	7.03	12.57	9.87	24.81	10.59	3.15
□ 中低层	13.67	9.50	57.18	15.94	8.26	8.03	15.66	10.58	27.32	11.15	3.25
▨ 中层	10.65	8.47	49.92	13.18	6.11	11.06	10.36	5.93	18.28	6.55	1.29
▨ 中高层	13.76	4.84	50.64	19.45	11.72	8.14	15.66	6.95	22.74	11.64	6.08
■ 最高层	17.77	6.89	50.53	12.51	13.36	4.19	20.97	7.28	27.18	9.14	4.32

图 5-22　不同经济收入水平被访者群体媒体影响力比较

访者对主流媒体的影响力评价基本上呈"凹"字形。具体体现为，两端高，中间低。经济收入水平较低层和较高层的被访者群体对主流媒体影响力的评价相对较高，而收入处于中等水平的被访者群体对主流媒体影响力评价较低。值得说明的是，在本次调查五个收入水平等级的被访者群体中，经济收入水平中层及以上的被访者对《人民日报》和省级党委机关报的影响力评价最高。反观参照媒体的影响力评价，中等经济收入水平的被访者对腾讯网、新浪网和区域门户网站的评价较低，但对凤凰网的媒体影响力评价较高。

本章小结

本章主要以实际调研数据为主进行实证分析，对研究结果进行客观详细的解读。通过数据分析可知，网络媒体传播力如今已经远远超越部分传统媒体，而在主流媒体系统中，以CCTV和各省级卫视为代表的电视媒体传播力较强，其余各主流媒体的传播力，除个别表现相对突出外，包括《人民日报》、各省级党委机关报等在内，基本处于相对或非常弱势的境地。但在媒体公信力方面，被访者普遍认为通过传统主流媒体渠道获取的信息相较于网络渠道更为可信。值得说明的是，中央级主流媒体在公信力评价上优势明显，但省级主流广播媒体却不敌知名门户网站。其中，电视类主流媒体的公信力最高，远超其他媒体，报纸次之；中央级党报公信力被受众高度认可，但省级党委机关报公信力不敌省级都市报。这说明，省级党委机关报需要在回应公众关切、贴近群众生活方面多加锤炼，把握好时、度、效，进一步增强吸引力和感染力。就媒体影响力而言，本次调查显示，主流媒体的影响力整体上依然处于优势地位，但内部强弱不均，电视类主流媒体的影响力比较强，CCTV和省级卫视影响力始终位居前二。以腾讯网为代表的新兴媒体影响力日益强大，其影响力仅次于CCTV和省级卫视。

第六章 主流媒体"三力"的影响因素

通过对被考察媒体的传播力、公信力和影响力现状进行描述统计，课题组基于问卷调查数据，又对本次考察的 12 家主流媒体[①]传播力、公信力和影响力的影响因素进行了实证分析。同时，辅以腾讯网、新浪网为参照媒体进行对比研究。因此，本章主要内容是探求当前主流媒体"三力"日益分化与衰退的深层原因。

第一节 相关变量测量及数据分析

从社会学角度来看，影响主流媒体传播力、公信力和影响力的因素众多且复杂，既包括宏观的社会、文化、经济、政治等因素，也包括媒介自身因素和受众因素。媒体传播力不仅是媒体自我评估的结果，还是受众从接受角度赋予该媒体的一种客观评价，[②] 本质上主要表现为受众对媒介的主动选择，媒体的影响力和公信力也是如此。本节主要围绕所得数据，从受众层面对媒体"三力"的影响因素进行探讨。重点是把人口统计学特征、媒体功能认知、新媒体特征认知、媒介使用行为、公共事务关注度以及政府信任度等六个因素作为自变量，同时基于"三力"内涵的区别，将媒体"三力"作为因变量，有选择有步骤地进行多元阶层回归分析，以此

---

① 为方便分析，本章统一将湖北卫视、广东卫视与贵州卫视归为"省级卫视"；将《湖北日报》、《南方日报》与《贵州日报》归为"省级党委机关报"；将湖北人民广播电台、广东人民广播电台、贵州人民广播电台归为"省级人民广播电台"。因此，虽然调查的对象共有 12 家主流媒体，进入回归分析模型时，则呈现为 6 类主流媒体。

② 沈正赋. 新媒体时代新闻舆论传播力、引导力、影响力和公信力的重构 [J]. 现代传播（中国传媒大学学报），2016（5）：1–7.

考察媒体传播力、公信力、影响力的影响因素。

一　人口统计学特征自变量

霍夫兰认为，受众的态度与行为是由不同个体特征建构的，它包括人口统计学特征，即年龄、性别、受教育程度、家庭月收入等因素;[①] 鲁宾等人在《大学生中肥皂剧收视的探究》中，认为年龄是受众媒介接触选择的影响因素之一。[②] 本书将人口统计学特征作为控制变量纳入分析模型，包括被访者的性别、年龄、受教育程度、家庭月收入以及所在地区，是被访者背景资料的基本反映。为方便下文分析，本书对被访者的性别和所在地区这两个类别变量进行虚拟变量转换。其中，被访受众的性别变量设置为女＝0，男＝1；而地区变量以广东为参照组（广东＝0），分设湖北、贵州两个虚拟变量。

二　媒体功能认知自变量

正如"使用与满足理论"（Uses and Gratifications Theory）所主张的，受众是积极主动的个体，其媒体使用的行为具有高度选择性，特定的选择和接触行为源自其对媒体的期待。受众期待通过使用自己选择的媒体来满足其需求，这种期待需建立在对媒体功能的认知上，即受众通过对媒体功能的认知或评估，来衡量某媒体与自身需求的匹配程度。[③] 以往由于信息资源稀缺，传统媒体总是把争夺新闻信息资源、满足受众的信息需求作为占领信息市场的主要方式。受众对媒体的选择标准也会建立在媒体能否给他们提供有价值的信息上。随着数字技术的发展，新闻信息生产的主体不断扩大和丰富，受众对媒体的期待不再局限于提供信息这一诉求，而是希望媒体承担更多的社会责任，能够进行舆论监督，推动社会进步，对媒体的选择偏好

[①] 拉扎斯菲尔德，贝雷尔森，高德特.人民的选择［M］.唐茜，译.北京：中国人民大学出版社，2012.

[②] Rubin A M. Uses of daytime television soap operas by college students［J］. Journal broadcasting & electronic media, 1985（3）: 241 - 258.

[③] 强月新，陈星. 当前我国媒体传播力的影响因素研究：以受众为视角［J］. 新闻大学，2017（4）: 73 - 80, 149.

也倾向于更有社会担当的媒体。可见，受众对媒体功能的认知，可能会影响其对媒体的接触和使用行为以及对媒体公信力、影响力的评价。为此，潘忠党等在新闻范式变革研究中提出关于媒体角色期待的题项设计。[①]

基于上述观点并咨询相关专家，设置如下问题："以下列举了一些关于新闻媒体（包括报纸、电视、广播和新闻网站）的功能，您觉得它们的重要性分别如何？"同时在分题项中，列举 11 条对媒体功能的陈述（见表 6-1），并采用五级李克特量表测量被访者对媒体功能重要性的认知。测量尺度数值设计为 1—5，分别代表"非常不重要"到"非常重要"之间的五级尺度，以此考察受众对媒体功能重要性的认知。被访者对某项功能的认同程度越高，表明其对满足此类需求的功能期待越高。

为方便研究，对"媒体功能认知"题项进行探索性因子分析（KMO = 0.881），最终抽取出两个公共因子，累积解释总方差为 62.72%。参照已有相关研究，将公共因子 1 命名为"舆论监督及社会整合"，将公共因子 2 命名为"提供信息及意义阐释"（见表 6-1）。两个公共因子内部均具有一致性（$\alpha = 0.83$，$\alpha = 0.88$），分别对其包含的题项进行加总后平均，进一步得到被访者对媒体"提供信息及意义阐释"功能认知均值为 4.04（$Sd = 0.74$），对媒体"舆论监督及社会整合"功能认知均值为 3.98（$Sd = 0.81$）。可以看出，被访者更重视媒体"提供信息与意义阐释"的功能，对媒体的延伸功能"舆论监督及社会整合"也有较高的期待和追求，但两者间差距并不显著。这与陆晔、吕尚彬等人对各类群体媒介认知的研究结果[②]是一致的。

表 6-1 媒体功能认知探索性因子分析结果

	成分	
	公共因子 1	公共因子 2
1. 质疑和批评政府部门/公务员的言行	0.87	0.16

---

① Pan Z, Chan J M. Shifting journalistic paradigms [J]. Communication research, 2003 (6): 649-682.
② 陆晔. 新闻从业者的媒介角色认知——兼论舆论监督的记者主体作用 [J]. 中国青年政治学院学报, 2003 (2): 86-91; 吕尚彬, 方苏, 胡新桥. 大学生媒介认知调查分析 [J]. 当代传播, 2009 (5): 36-40; 吕尚彬, 张萱. 中国传媒人媒介认知研究的主要发现与结果分析 [J]. 武汉大学学报（人文科学版）, 2009 (6): 770-777.

续表

	成分	
	公共因子 1	公共因子 2
2. 质疑和批评商业机构的言行	0.87	0.12
3. 帮助人民实行舆论监督	0.64	0.45
4. 做人民的喉舌	0.64	0.36
5. 对各种复杂的问题提供分析与解释	0.58	0.48
6. 推动社会的改革和进步	0.58	0.50
7. 依据事实真相报道新近发生的事件	0.28	0.80
8. 帮助人民了解党和政府的政策	0.19	0.79
9. 迅速为大众提供新的信息	0.17	0.79
10. 引导公众舆论	0.25	0.58
11. 帮助人们对决策中的政策展开讨论	0.47	0.56
特征值	5.74	1.15
解释方差（%）	52.20	10.52
Cronbach's alpha	0.83	0.88

三 新媒体特征认知自变量

受众作为具有主观能动性的主体，在对媒体的选择、注意和信息处理的过程中必然存在认知差异，[1] 而这种认知差异，不仅体现为受众对媒体功能认知的个体差异，更体现为其对外部环境认知的差异。社会认知论强调人的行为、认知等主体因素与环境之间存在交互影响，环境条件会对人的认知和行为产生影响。应用到媒介系统中，即受众的媒介行为往往开始于注意，受众首先会被媒介环境的某种特质吸引，随即启动认知系统来解读内容，在对媒介环境的认知结束后，再进入行为生产过程。[2] 媒介环境因为新媒体的出现被赋予新的特征，受众将重新形成对媒介环境的认知，设定行为目标影响其未来行为轨迹，并影响媒体在受众当中的传播力。已有学者提出新媒体的出现扩展了人们媒介选择的范围，改变了传统信息传

---

[1] 刘京林. 大众传播心理学 [M]. 北京：中国传媒大学出版社，2005.
[2] 郭羽. 线上自我展示与社会资本：基于社会认知理论的社交媒体使用行为研究 [J]. 新闻大学，2016（4）：67-74，151.

播程序，打破了传受边界，[①] 而新媒体的技术优势，例如其海量信息和个性交互等特点，也会对传统媒体传播力产生影响。[②] 于是，课题组提出假设：受众对新媒体特征的认知可能会影响媒体传播力、公信力及影响力。

依据学界关于新媒体发展对新闻传播环境影响的描述[③]，从被访者最常接触的网络新闻特征认知为切入口，探讨被访者对新媒体特征的认知。课题组在问卷中设置了题项："下面对于上网看新闻的几种说法，您同意吗？"这一主干问题围绕新媒体特征又分设了12个答题项，主要考察被访者对该特征描述的同意程度。其测量尺度由"完全不同意"到"完全同意"，分别赋值1—5。其中，被访者对新媒体特征的同意程度越高，说明此特征在被访者认知中越明显。课题组通过因子分析对题项进行简化之后发现，"网上的新闻便于查找检索"一项在公共因子2、3上呈双负荷，将其删除。随后将剩余11个题项（见表6-2）再次进行因子分析（KMO=0.813），最终得出三个公共因子，累积解释总方差为65.98%。结合前人关于新媒体特征的研究与本次调查实际情况，最终将公共因子1对应命名为"虚假失实负面"特征，将公共因子2命名为"社交双向互动"特征，将公共因子3命名为"信息便捷丰富"特征。

通过数据分析发现，各公共因子内部信度 α 值分别是0.84、0.75、0.81，具有较高的一致性。经加总平均后，"信息便捷丰富"特征均值最高，$M=4.07$（$Sd=0.68$）、"虚假失实负面"特征 $M=3.93$（$Sd=0.70$）、"社交双向互动"特征 $M=3.56$（$Sd=0.68$）。结果表明，被访者对新媒体特征的认知，按其在被访者中的凸显程度排序，由高到低依次是信息便捷丰富、虚假失实负面、社交双向互动。

表6-2 新媒体特征认知探索性因子分析结果（第2轮）

	成分		
	公共因子1	公共因子2	公共因子3
1. 网上的新闻更加丰富	0.11	0.25	0.77

[①] 范以锦. 传播影响力迁徙后的主流媒体应对 [J]. 新闻与写作, 2015（1）: 58-60.
[②] 宋兴明. 党报传播力提升的影响因素分析 [J]. 新闻知识, 2012（12）: 20-22.
[③] 刘正荣. 认识"新媒体" [J]. 中国记者, 2007（3）: 80-81；彭兰. 新媒体：大有可为的公共信息平台 [J]. 中国记者, 2006（2）: 49-50.

续表

	成分		
	公共因子1	公共因子2	公共因子3
2. 上网后人们了解的新闻明显多样化了	0.10	0.22	0.86
3. 相比于电视和报纸，人们通过网络获取新闻更方便迅速	0.09	0.20	0.80
4. 网上对新闻事件的呈现更为真实全面	-0.06	0.80	0.11
5. 通过网络看新闻后的跟帖，能知道网友们的看法	0.09	0.68	0.32
6. 通过网络能和亲朋/网友很方便地交流对新闻的看法	0.08	0.68	0.26
7. 网上的新闻更有利于相互印证	0.11	0.76	0.10
8. 一些网站发布的不真实的新闻很多	0.78	0.11	0.08
9. 网上消极负面的新闻很多	0.84	0.09	-0.03
10. 网上许多新闻为了吸引眼球而写得耸人听闻	0.86	0.03	0.12
11. 网友在转帖/转发新闻时，容易导致新闻失实	0.79	-0.01	0.17
特征值	3.80	2.31	1.14
解释方差（%）	34.56	21.01	10.41
Cronbach's alpha	0.84	0.75	0.81

四　媒介使用行为自变量

关于受众媒介使用行为的测量，斯莱特将媒介使用理解为受众接触特定讯息或某类媒体的程度，测量这种程度的实证研究也多以时间维度为主。[①] 因为在受众媒介使用行为当中，受众投入的时间精力就意味着受众对自己有限时间的安排与使用。基于此，本次调查选取了网络、广播、报纸和电视这四种受众经常接触的大众媒介，重点测量被访者的媒介使用行为，并严格区分各类媒介的使用情况。例如，被访者看电视但不包括在网上看，看报纸但不包括看网络版，听广播但不包括在网上听，上网包括用手机上网。测量题项具体设计为："平均来看，您每天看电视、看报纸、听广播和上网的时间有多少分钟?"并按照"从不看/听/上""1—10分钟""11—20分钟""21—40分钟""41—60分钟""61—120分钟""120

---

① Slater M D. Operationalizing and analyzing exposure: The foundation of media effects research [J]. Journalism & mass communication quarterly, 2004 (1): 168-183.

分钟以上"的时长分级，分别赋值0—6。

通过数据分析发现，被访者的四种媒介使用行为之间的相关系数较低（｜r｜<0.41），可以分别作为独立变量进入后续分析。结果显示，网络已成为被访者使用媒介的首选，被访者使用网络的时间（$M=4.22$，$Sd=1.96$）大于看电视时间（$M=3.01$，$Sd=2.03$），其次是读报纸时间（$M=1.21$，$Sd=1.35$）大于听广播时间（$M=0.93$，$Sd=1.30$），多数人每天上网时间在41分钟及以上。这与玛丽·米克2016年发布的《互联网趋势报告》中的结论基本一致，网络已成为受众当前主要使用的媒介。[①]

五　公共事务关注度自变量

在社会生活中，涉及公众共同需求、社会公众整体利益的活动或事务就是公共事务，其与私人事务相对应。[②] 人们对公共事务持续关注，就会产生与他人的讨论，并积极融入公共事务中。中国有学者一直观察公众从认知到围观再到参与的进程，认为这一进程会影响人们对媒体的接触和使用。人们出于对公共事务的关注，会主动接触媒体信息，进而也会产生对媒体公信力、影响力的评价。在本次问卷调查中，设置了这样的题项："请问您对下面的事情关心吗？"同时，基于地域贴近性又下设了4个子题项，即"本地乡镇/街道的事情""本地县/市的事情""本省的事情""国家的大政方针"，并采用五级量表，设置"完全不关心""不关心""一般""关心""非常关心"等五个层级，赋值由1到5，以测量公众对公共事务的关注度，分数越高说明被访者对公共事务的关注度越高。该题项数据分析的结果显示，被访者对各层级的公共事务关注度都比较高，均值都在3.63以上，且四个子题项之间信度较高（$\alpha=0.82$），具有很高的内部一致性。因此，经加总平均后，被访者的公共事务关注度达3.74，表明本次调查中被访者对公共事务有较高的关注。

[①] KPCB：2016年互联网女皇报告中国数据盘点［EB/OL］．（2016-06-02）［2021-06-24］．http://www.199it.com/archives/479615.html．

[②] 刘太刚．对公共事务概念主流观点的商榷——兼论需求溢出理论的双层公共事务观［J］．政治学研究，2016（1）：82-94，127．

六 政府信任度自变量

政治信任是公民对政府或政治系统运作产生与其期待相一致的结果的信念或信心。[1] 政府信任是政治信任中的重要组成部分，也是影响媒体公信力的重要因素。在西方，影响媒体公信力的重要因素是消息来源和传播者的可信度，当信源可信度高时，媒体公信力就高。[2] 在中国，媒体大多具有官方或半官方性质，承担着政府信息公开、传播、阐释的喉舌功能，媒体自身所拥有的政府权威性，更使得政府信任度与其公信力联系紧密。当受众的政府信任度较高时，可能对媒体的公信力和影响力评价也会较高。因此，课题组从三个层面对政府信任度进行题项设计：第一层是对政府机构可信度的测量；第二层是对政府工作人员，即官员的信任程度测量；第三层则是对个人对国家及本地未来发展的信心的评价。

具体题项设置为："以下各种说法，您同意吗？"题项下设四个陈述形式的分题项，即"政府所做的决策是正确的""官员值得信任""我愿意为当地城市/社区的发展做出贡献""我对国家未来的发展充满信心"。课题组采用五级量表，设置"完全不同意""不同意""中立""同意""完全同意"五个级别，赋值由1到5。经过描述性统计分析发现，得分最低的是对官员的信任，数值为2.7。被访者对政府决策正确的认可数值为3.02；对国家未来发展充满信心的数值为3.9，同时他们愿意为当地城市/社区发展做出贡献的数值为3.94。经数据验证，四个子题项内部具有较高一致性（$\alpha = 0.68$），经加总后平均，得出被访者的政府信任度得分均值为3.41。整体来看，被访者的政府信任度处于中高程度。

七 媒体"三力"因变量

为保证数据分析的代表性和有效性，课题组将6类主流媒体"三力"作为因变量，分别放置在回归方程中进行分析，同时选择新浪网、腾讯网

---

[1] Miller A H. Political issues and trust in government: 1964 – 1970 [J]. American political science review, 1974 (3): 951 – 972.
[2] 刘学义，王一丽. 欧美传播语境下的媒介公信力研究 [J]. 北京理工大学学报（社会科学版），2010 (3): 96 – 100.

作为参考媒体，进行比较研究。其中，研究所涉及的媒体"三力"概念的阐释和测量，已在第五章进行详细描述，这里不再赘述。

第二节 媒体传播力的影响因素

本部分将人口统计学特征作为控制变量，将被访者的媒体功能认知、新媒体特征认知、媒介使用行为作为重点解释变量，以探寻它们对媒体传播力的可能影响。为保证研究结果的准确性，在分析过程中，课题组对缺失值采用列表排除法处理，将变量中缺失的个案剔除，最终进入回归分析的样本数均为898，且各变量均通过共线性诊断，不存在共线性问题。

一 主流媒体传播力的影响因素

第一，将人口统计学特征作为第一阶层的控制变量进入回归分析，着重阐释被访者的认知和行为对媒体传播力的解释状况。由表6-3可知，在控制人口统计学特征后，被访者的媒体功能认知对电视类和报纸类主流媒体传播力影响显著，当被访者认为"提供信息及意义阐释""舆论监督及社会整合"功能更重要时，倾向于选择电视类主流媒体和报纸类主流媒体，例如省级卫视、《人民日报》和省级党委机关报。对比显示，被访者对"舆论监督及社会整合"功能的认知对主流媒体传播力影响略大。但被访者的媒体功能认知并未对CNR及省级人民广播电台的传播力产生显著影响。这说明广播类主流媒体在媒体功能建设中缺位，未满足被访者对提供信息及意义阐释、舆论监督及社会整合的需求。

第二，课题组发现被访者的新媒体特征认知对报纸类主流媒体和CNR的传播力有显著影响，但整体来看，该阶层对主流媒体传播力的解释力较弱（$\Delta R^2 \leq 1.3\%$）。关于新媒体优势特征"社交双向互动""信息便捷丰富"的认知与主流媒体传播力大多负相关，其中对报纸类主流媒体影响显著。而关于新媒体劣势特征"虚假失实负面"的认知，对主流媒体传播力没有显著影响。换言之，新媒体优势特征并未对主流媒体传播力产生显著积极的影响。

此外，数据表明，被访者的媒介使用行为对主流媒体传播力有显著影响，是模型中解释力最大的阶层变量（ΔR^2最大）。被访者的网络使用并不影响主流媒体传播力，即被访者投入网络的时间长短并不影响被访者接触使用主流媒体。因上网研究对象包括主流媒体所拥有的网络版、官方微博和微信公众号等各网络平台，这表明主流媒体的网络渠道建设相对成熟，被访者能通过网络接触主流媒体。此外，被访者读报纸时间越长，主流媒体的传播力就越高；被访者听广播的行为对除CCTV外的主流媒体传播力有显著正向影响。被访者看电视的行为，仅对电视类主流媒体传播力有显著正向影响。

表6-3 主流媒体传播力多元阶层回归分析

		CCTV	省级卫视	人民日报	省级党委机关报	CNR	省级人民广播电台
人口统计学特征	性别（女=0）	0.09**	-0.01	0.05#	0.03	0.05#	0.04
	年龄	0.05	0.11**	-0.11***	-0.06	-0.03	-0.02
	受教育程度	0.03	-0.06	0.05	-0.01	0.00	0.00
	家庭月收入	-0.04	-0.02	0.04	0.05	0.04	0.03
	湖北（广东=0）	-0.03	-0.19***	-0.02	-0.11**	0.06#	0.06#
	贵州（广东=0）	0.00	0.05	0.10**	0.03	0.05	0.09**
	ΔR^2	0.058***	0.162***	0.027***	0.014*	0.020**	0.030***
媒体功能认知	提供信息及意义阐释	-0.01	0.10***	0.09**	0.10**	0.04	0.02
	舆论监督及社会整合	0.15***	0.11***	0.13***	0.13***	0.04	0.01
	ΔR^2	0.029***	0.030***	0.020***	0.022***	0.003	0.001
新媒体特征认知	信息便捷丰富	0.06#	-0.01	-0.06#	-0.08*	-0.09**	-0.05
	虚假失实负面	-0.06#	0.02	0.02	0.03	-0.02	-0.01#
	社交双向互动	-0.04	-0.04	-0.09**	-0.07*	-0.02	-0.01
	ΔR^2	0.008	0.003	0.010*	0.010*	0.013**	0.008
媒介使用行为	上网	-0.03	-0.05	0.00	0.04	-0.04	-0.01
	看电视	0.24***	0.21***	-0.04	-0.03	-0.03	0.03
	读报纸	0.13***	0.12***	0.33***	0.39***	0.11***	0.13***
	听广播	-0.01	0.11***	0.13***	0.10**	0.41***	0.43***
	ΔR^2	0.068***	0.079***	0.143***	0.175***	0.197***	0.241***
	调整后R^2	0.149***	0.262***	0.186***	0.208***	0.22***	0.268***

注：#$p \leqslant 0.1$，*$p \leqslant 0.05$，**$p \leqslant 0.01$，***$p \leqslant 0.001$；表中数值为标准化β值；$N=898$。

二 作为参照的网络媒体传播力影响因素

关于网络媒体传播力的影响因素问题,课题组在回归分析研究中得到两个方面的结论。

一方面,被访者的媒体功能认知对腾讯网传播力有显著影响。具体表现为"舆论监督及社会整合"的功能认知与腾讯网传播力显著正相关。被访者认为媒体的"舆论监督及社会整合"功能更重要时,更乐于接触腾讯网,其传播力就更高。相较而言,新浪网在媒体功能建设中还需要进一步完善。

与主流媒体的结果不同,被访者的新媒体特征认知对网络媒体传播力具有显著解释力。当新媒体特征认知阶层进入模型3时,"信息便捷丰富"特征与腾讯网和新浪网传播力显著正相关,"社交双向互动"特征与两家网络媒体传播力边缘显著正相关。考虑到被访者媒介使用行为阶层变量影响的情况,"信息便捷丰富"特征对两家网络媒体传播力的影响也为边缘显著正相关。这表明被访者对新媒体优势特征认知越充分,则越倾向于使用网络媒体,网络媒体传播力就越高。新媒体的劣势特征"虚假失实负面"并未对网络媒体传播力产生显著影响。

另一方面,被访者的媒介使用行为对腾讯网和新浪网的传播力拥有显著解释力,整体解释差异增加了12.5%和9.4%(ΔR^2)。被访者的网络使用行为对网络媒体传播力有显著正向解释力。此外,被访者读报纸和听广播这两种传统媒介使用行为,同样对网络媒体传播力具有正向影响。这意味着读报纸和听广播时间较长的被访者,更乐于选择网络媒体作为其接触信息的渠道。这可能与该类被访者对新闻信息的需求较高并乐于积极建立多模态的媒介使用有关。

表6-4 网络媒体传播力多元阶层回归分析

阶层	阶层内预测变量	腾讯网				新浪网			
		M1	M2	M3	M4	M1	M2	M3	M4
人口统计学特征	性别(女性=0)	-0.03	-0.02	-0.02	-0.03	0.03	0.03	0.03	0.02
	年龄	-0.22***	-0.24***	-0.24***	-0.09*	-0.21***	-0.22***	-0.22***	-0.10*
	受教育程度	0.15***	0.14*	0.11**	0	0.18***	0.17***	0.15***	0.05

续表

阶层	阶层内预测变量	腾讯网 M1	腾讯网 M2	腾讯网 M3	腾讯网 M4	新浪网 M1	新浪网 M2	新浪网 M3	新浪网 M4
	家庭月收入	0.05	0.05	0.04	0.01	0.08*	0.08*	0.07*	0.04
	湖北（广东=0）	0.09*	0.10**	0.12**	0.07*	0.22***	0.22***	0.22***	0.19***
	贵州（广东=0）	0.06#	0.06#	0.06	0.07*	0.06#	0.06#	0.06	0.07#
媒体功能认知	提供信息及意义阐释		-0.01	-0.03	-0.03		0.01	-0.02	-0.02
	舆论监督及社会整合		0.12***	0.08*	0.07*		0.04	0	0
新媒体特征认知	信息便捷丰富			0.11***	0.05#			0.10**	0.05#
	虚假失实负面			-0.02	-0.04			-0.01	-0.03
	社交双向互动			0.06#	0.03			0.06#	0.03
媒介使用行为	上网				.41***				0.34***
	看电视				-0.06				-0.04
	读报纸				0.07*				0.06#
	听广播				0.08*				0.10**
	ΔR²	0.119***	0.014***	0.014***	0.125***	0.171***	0	0.011***	0.094***
	调整后R²	0.119***	0.125***	0.126***	0.259***	0.171***	0.165***	0.173***	0.265***

注：#$p\leqslant0.1$　*$p\leqslant0.05$　**$p\leqslant0.01$　***$p\leqslant0.001$；表中数值为标准化β值；M1为模型1。

三　基于数据结论的媒体传播力提升对策

课题组基于数据结论发现，被访者的媒体功能认知、新媒体特征认知以及媒介使用行为，都对媒体传播力产生了不同程度的影响。这些数据表明，提升主流媒体的传播力应从如下四个方面着手。

第一，主流媒体要持续发挥舆论监督等传统优势功能，回应受众期待，以提升传播力。

在被访者的媒体功能认知中，"舆论监督及社会整合"对主流媒体传播力有显著的积极影响。由于信息技术的发展，提供信息不再是媒体的核心竞争功能，被访者对媒体有了更高要求，认为媒体有不可懈怠的社会责任。[①]

[①] 张志安，吴涛."宣传者"与"监督者"的双重式微——中国新闻从业者媒介角色认知、变迁及影响因素［J］.国际新闻界，2014（6）：61-75.

主流媒体历来是舆论监督的引领者,在承担社会责任方面一直发挥着重要作用,[①]这正是主流媒体发挥其传统优势的结果。因此,主流媒体在提升传播力的实践中,应重视自身功能建设,充分利用自身权威性和专业性,持续发挥传统优势功能,回应受众期待。

第二,主流媒体要把握时代机遇,深入了解新媒体的核心特征,善用新媒体优势基因,构建新型主流媒体,提高自身传播力。

被访者的新媒体优势特征认知并未对主流媒体传播力产生积极影响,但却对网络媒体的传播力有显著积极影响,这是网络媒体发挥其新媒体优势的结果。换言之,被访者对"信息便捷丰富"与"社交双向互动"特征的认同度越高,主流媒体在被访者中的传播力就越弱。在媒体融合如火如荼的当下,新媒体发展并未给主流媒体带来理想中的促进和成功,反而使一些传统媒体遭受挫败,这一现象值得反思。在新媒体环境中,要想有效提升传播力,主流媒体必须充分了解新媒体的核心特征,善用新媒体优势基因,将技术优势与自身专业优势相结合,将交互性、全息化发挥到极致,把握新媒体技术发展为其传播力变革带来的可能性,积极构建新型主流媒体。

第三,尊重新闻传播规律、恪守客观真实,始终是主流媒体传播力建设的重要前提。

在新媒体环境中,把关人缺失、信息准入门槛较低,会造成虚假失实信息泛滥。有学者认为,这些负面特征可能会影响受众对媒体的态度和选择。调查发现,受众对新媒体环境中"虚假失实负面"特征的认知并不影响媒体的传播力。主流媒体传播力并未因新媒体"虚假失实负面"的特征而增强,网络媒体的传播力也并未因该劣势特征而减弱。这可能与受众日益提高的媒介素养有关。受众通过不断学习,已具有一定的批判意识,在接触媒体时更加理性。受众心理中存在媒介免疫(media immunity),它有防御、监测及稳定功能,使受众在面对虚假、失实、负面信息时能理性处理。[②]但这并不意味着媒体可以恶意发布虚假消息以博取受众的注意力。长远来看,虚假失实新闻会破坏媒体形象,损害媒体的公信力和影响力,

---

① 范以锦,邱茜. 从跟随者回归到引领者——论新媒体时代传统主流媒体的舆论监督地位[J]. 传媒,2009(9):71-72.
② 袁爱清. 增强媒介免疫力的新路径[J]. 传媒观察,2013(7):32-34.

且在短时间内不可恢复。主流媒体应始终尊重新闻传播规律,恪守客观真实底线,为受众提供有价值的新闻信息,积极营造健康的媒介生态环境。

第四,主流媒体应重视传统优势渠道的维护与创新,同时加强媒体融合转型,打造社会化、移动化、智能化的融合终端,多渠道全方位提升传播力。

受众的网络使用行为并未对各主流媒体的传播力产生显著影响,传统媒体使用与网络使用也没有产生替代效应,在某些情况下反而相互关联甚至相互促进,这与潘忠党等[1]、吴文汐等[2]的研究结果类似。媒体的传统终端与新兴渠道并不是取代关系,而是此长彼长的优势互补关系。《上海传媒发展报告(2014)》也曾指出,在重大事件发生时,商业门户网站是受众即时性阅读的首选,但其延伸性阅读,比如收听、收看行为依旧会在主流媒体或传统渠道中展开,媒体的传统渠道依旧具有独特且重要的用户价值。有数据监测显示,2018年报纸发行量均值近40万份,传统电视的收视人口均值达到246万人,超过电视第三方客户端用户数。[3] 此外,受众的传统媒介使用行为,对主流媒体传播力影响显著且具有规律性,受众的某种媒介使用行为对该类媒体传播力的解释力最强。这就要求主流媒体在媒体融合的转型过程中,在加强传统优势渠道维护与创新的同时,重视以全媒体建设的思路延伸和拓展自身品牌,打造社会化、移动化、智能化的融合终端,多渠道全方位地提升自身传播力。

第三节 媒体公信力的影响因素

本节把被考察媒体(包括主流媒体及参考媒体)的公信力作为因变量,将被访者的人口统计学特征、媒体功能认知、新媒体特征认知、媒介使用行为、公共事务关注度、政府信任度作为自变量,进行多元阶层回归

---

[1] 潘忠党,於红梅.互联网使用对传统媒体的冲击:从使用与评价切入[J].新闻大学,2010(2):4-13.
[2] 吴文汐,刘航.媒介使用行为的时间替代效果研究——以电视和互联网为例[J].当代传播,2014(2):45-47.
[3] 2018中国媒体融合传播指数报告发布[EB/OL].(2019-03-26)[2020-06-20].http://media.people.com.cn/n1/2019/0326/c120837-30994743.html.

分析，研究主流媒体公信力的影响因素。

一 主流媒体公信力的影响因素

如表6-5所示，将被访者的人口统计学特征置于第一阶层进行回归，研究发现，媒体公信力会受到被访者人口统计学特征的影响。具体而言，这种影响在区域因素中比较显著，与广东省相比，湖北省被访者对省级卫视、《人民日报》、省级党委机关报的公信力评价相对较低，贵州省被访者则对 CCTV、《人民日报》、CNR 的公信力评价较高。

从媒体功能认知、新媒体特征认知、媒介使用行为、公共事务关注度、政府信任度等角度进行考察，得出如下结论。

第一，被访者的媒体功能认知阶层对主流媒体公信力的影响较为显著，且是对主流媒体公信力解释力最强的阶层变量（ΔR^2 最大）。虽然"提供信息及意义阐释"对因变量的解释力不是十分显著，但当被访者认为媒体的"舆论监督及社会整合"功能更加重要时，会对主流媒体公信力有正向影响，且均比较显著。

第二，被访者的新媒体特征认知阶层对主流媒体公信力的解释力虽然均呈现较弱态势（$\Delta R^2 \leq 1.4\%$），但这一阶层对《人民日报》和省级人民广播电台影响力具有较为显著的解释力。其中值得说明的是，被访者对于新媒体劣势特征"虚假失实负面"的认知度越高，对《人民日报》公信力的评价就越高。换句话说，当新媒体出现虚假新闻时，被访者更相信《人民日报》的新闻资讯。

第三，被访者的媒介使用行为对主流媒体公信力均有显著影响，其中被访者的网络使用时间越少，对主流媒体公信力评价就越高，虽然只与省级卫视和省级党委机关报公信力边缘显著相关，但也具有一定解释力。此外，被访者看电视时间越长，对电视类主流媒体公信力的评价就越高。读报纸、听广播时间同样对报纸、广播类主流媒体公信力有显著正向影响。

第四，公共事务关注度阶层除了对 CCTV 公信力并无显著影响之外，对其余主流媒体公信力均有显著的解释力。其中，被访者对公共事务越关注，则对省级卫视、省级党委机关报的公信力评价越高。政府信任度阶层则对主流媒体公信力都具有较强且显著的解释力，被访者对政府信任程度越高，对主流媒体公信力的评价就越高，也就是越相信主流媒体。

表6-5 主流媒体公信力多元阶层回归分析

		CCTV	省级卫视	人民日报	省级党委机关报	CNR	省级人民广播电台
人口统计学特征	性别（女=0）	-0.08**	-0.04	-0.05#	-0.03	-0.06#	-0.04
	年龄	0.05	0.05	-0.004	-0.01	0.06	0.03
	受教育程度	-0.32	-0.04	-0.02	-0.03	0.03	-0.04
	家庭月收入	-0.47	-0.03	-0.01	0.02	0.01	0.04
	湖北（广东=0）	-0.004	-0.19***	-0.08*	-0.21***	-0.04	-0.10
	贵州（广东=0）	0.08*	-0.03	0.08*	-0.03	0.10*	0.06
	ΔR²	0.053***	0.080***	0.035***	0.056***	0.030***	0.031***
媒体功能认知	提供信息及意义阐释	0.02	0.07*	0.06#	0.05	0.06#	0.03
	舆论监督及社会整合	0.26***	0.18***	0.22***	0.18***	0.13***	0.12**
	ΔR²	0.127***	0.112***	0.121***	0.094***	0.064***	0.054***
新媒体特征认知	信息便捷丰富	0.06	0.06#	0.06#	0.05	0.04	0.05
	虚假失实负面	0.03	0.01	0.07*	0.02	0.02	0.02
	社交双向互动	-0.03	0.04	0.002	0.03	0.03	0.07*
	ΔR²	0.008*	0.009*	0.014**	0.006#	0.001	0.012**
媒介使用行为	上网	-0.02	-0.07#	-0.001	-0.07#	-0.03	-0.003
	看电视	0.10**	0.08*	0.04	0.06	-0.002	0.02
	读报纸	0.05	0.03	0.07#	0.10**	0.02	0.07*
	听广播	-0.04	-0.01	0.01	-0.02	0.09**	0.06#
	ΔR²	0.017***	0.018***	0.015**	0.025***	0.013*	0.018**
公共事务关注度	公共事务关注度	-0.03	0.08*	0.05	0.07*	0.06	0.05
	ΔR²	0	0.021***	0.013***	0.017***	0.012***	0.011***
政府信任度	政府信任度	0.23***	0.23***	0.21***	0.21***	0.19***	0.18***
	ΔR²	0.035***	0.037***	0.030***	0.029***	0.024***	0.022***
	调整后R²	0.228***	0.264***	0.213***	0.212***	0.133***	0.131***

注：#$p \leq 0.1$，*$p \leq 0.05$，**$p \leq 0.01$，***$p \leq 0.001$；表中数值为标准化β值；$N=886$。

二 作为参照的网络媒体公信力影响因素

由表6-6可以看出，对于网络媒体腾讯网和新浪网的公信力而言，家庭月收入越低的被访者越愿意相信腾讯网。当被访者认为媒体舆论监督及社会整合功能更重要时，对腾讯网和新浪网公信力的评价就较高。对其解释力最强的阶层均为"新媒体特征认知"阶层，ΔR^2 分别为 8.2% 和 7.6%。其中，对新媒体劣势特征，即"虚假失实负面"认知程度越高的受众，对腾讯网和新浪网的公信力评价越低，而被访者对新媒体优势特征的认知则对网络媒体公信力有显著的正向影响。在被访者的媒介使用行为阶层，被访者上网时间越长，对腾讯网、新浪网的公信力评价就越高。然而，被访者的公共事务关注度及政府信任度这两个阶层对网络媒体的公信力影响相对较弱，仅对腾讯网公信力有边缘显著影响。

表 6－6 网络媒体公信力多元阶层回归分析

		腾讯网	新浪网
人口统计学特征	性别（女=0）	0.004	-0.002
	年龄	-0.02	0.05
	受教育程度	0.01	-0.04
	家庭月收入	-0.10**	-0.03
	湖北（广东=0）	0.04	0.01
	贵州（广东=0）	0.04	0.03
	ΔR^2	0.021**	0.020**
媒体功能认知	提供信息及意义阐释	0.03	0.01
	舆论监督及社会整合	0.07*	0.08*
	ΔR^2	0.039***	0.033***
新媒体特征认知	信息便捷丰富	0.11**	0.13***
	虚假失实负面	-0.12***	-0.07*
	社交双向互动	0.22***	0.22***
	ΔR^2	0.082***	0.076***
媒介使用行为	上网	0.13***	0.10**
	看电视	0.019	0.004
	读报纸	0.06#	-0.01
	听广播	0.04	0.05
	ΔR^2	0.021***	0.009#
公共事务关注度	公共事务关注度	0.07#	0.04
	ΔR^2	0.007**	0

续表

		腾讯网	新浪网
政府信任度	政府信任度	0.07#	0.05
	ΔR^2	0.003#	0.001
调整后 R^2		0.157#	0.126

注：#$p \leqslant 0.1$，*$p \leqslant 0.05$，**$p \leqslant 0.01$，***$p \leqslant 0.001$；表中数值为标准化β值；$N = 886$。

第四节 媒体影响力的影响因素

考察媒体影响力的影响因素，课题组采取的方法是将被考察媒体（包括主流媒体及参考媒体）的影响力作为因变量，将被访者的人口统计学特征、媒体功能认知、新媒体特征认知、媒介使用行为、公共事务关注度、政府信任度作为自变量，进行多元阶层回归分析。

一 主流媒体影响力的影响因素

如表6-7所示，首先，被访者的人口统计学特征对传统主流媒体影响力具有较为显著的解释力。具体而言，年龄越大的被访者越容易受到CCTV和省级卫视的影响，同样，年龄因素对CNR的影响力具有显著正向影响。在不同地域，被访者对省级主流媒体影响力的评价也不尽相同，与广东省相比，湖北省被访者对省级卫视的影响力评价较低，而贵州省被访者对省级卫视、省级党委机关报以及《人民日报》的影响力评价都较高。

其次，被访者在媒体功能认知阶层除了对广播类主流媒体的影响力并不具有显著影响外，对其余主流媒体的影响力均具有显著影响，并且大多有显著正向影响。新媒体特征认知阶层仅对广播电视类媒体具有显著解释力。其中，信息便捷丰富对CCTV有显著正向影响，对省级卫视有边缘显著影响；社交双向互动对广播类主流媒体有显著正向影响。对报纸类和广播类主流媒体影响力解释力最强的阶层就是被访者的媒介使用行为（$\Delta R^2 \geqslant 11.3\%$），同一媒介接触行为对该类主流媒体的影响力具有显著正向影响，换句话说，被访者读报纸或者听广播的时间越长，他们对报纸类或广播类主流媒体的影响力评价就越高。

最后，就公共事务关注度和政府信任度这两个阶层而言，公共事务关注度阶层除对省级人民广播电台的影响力并无显著解释力外，对其余主流媒体影响力均有显著的解释力。其中，被访者对公共事务越关注，则对CCTV、省级卫视和省级党委机关报等的影响力评价越高。政府信任度阶层对省级人民广播电台具有一定解释力，但呈边缘显著相关关系（$p \leqslant 0.1$），但对其余主流媒体影响力都具有较为显著的解释力，当被访者对政府信任程度较高时，对主流媒体影响力的评价就高，也就是容易受到主流媒体的影响。

表6-7 主流媒体影响力多元阶层回归分析

		CCTV	省级卫视	《人民日报》	省级党委机关报	CNR	省级人民广播电台
人口统计学特征	性别（女=0）	0.02	0.002	0.04	0.05	0.02	0.03
	年龄	0.14***	0.17***	0.04	0.05	0.09*	0.02
	受教育程度	-0.01	-0.02	0.09*	0.04	-0.03	-0.01
	家庭月收入	-0.03	0.003	0.003	-0.01	-0.03	-0.03
	湖北（广东=0）	0.05	-0.13***	-0.02	-0.05	-0.03	-0.01
	贵州（广东=0）	0.03	0.14***	0.16***	0.10**	-0.003	-0.01
	ΔR^2	0.082***	0.121***	0.050***	0.046***	0.016*	0.013#
媒体功能认知	提供信息及意义阐释	0.04	0.07*	0.08*	0.08*	0	0
	舆论监督及社会整合	0.10**	0.08*	0.08*	0.08*	0.03	0.04
	ΔR^2	0.063***	0.046***	0.037***	0.046***	0.013**	0.014**
新媒体特征认知	信息便捷丰富	0.08*	0.06#	0.05	0.05	0.02	0.04
	虚假失实负面	-0.02	-0.01	0.03	0.01	-0.02	-0.02
	社交双向互动	-0.02	0.04	0.01	0.003	0.08*	0.09**
	ΔR^2	0.012**	0.009**	0.005	0.006	0.012*	0.014**
媒介使用行为	上网	0.01	0.004	-0.02	0.13	0.02	-0.01
	看电视	0.18***	0.06#	-0.09*	-0.02	-0.07#	0.01
	读报纸	0.04	0.12***	0.32***	0.36***	0.03	0.09**
	听广播	0.02	0.01	0.06#	0.02	0.33***	0.30***
	ΔR^2	0.043***	0.028***	0.114***	0.138***	0.113***	0.116***

续表

		CCTV	省级卫视	《人民日报》	省级党委机关报	CNR	省级人民广播电台
公共事务关注度	公共事务关注度	0.10**	0.08*	0.06#	0.09**	0.03	0.03
	ΔR^2	0.023***	0.013***	0.006**	0.013***	0.004*	0.002
政府信任度	政府信任度	0.19***	0.12***	0.08**	0.10**	0.12***	0.07#
	ΔR^2	0.024***	0.011***	0.004*	0.007**	0.011***	0.003#
	调整后 R^2	0.233***	0.212***	0.201*	0.241***	0.152***	0.145#

注：#$p \leq 0.1$，*$p \leq 0.05$，**$p \leq 0.01$，***$p \leq 0.001$；表中数值为标准化 β 值；$N=886$。

二 作为参照的网络媒体影响力影响因素

由表 6-8 可以看出，对于网络媒体的影响力，区域因素的解释力较强，与广东被访者相比，贵州被访者对腾讯网和新浪网的影响力评价相对较高。在控制人口统计学特征之后，媒体功能认知阶层虽然对网络媒体影响力具有一定解释力，但 ΔR^2 较小。而新媒体特征认知阶层对网络媒体的影响力具有较强且显著的解释力，即 $\Delta R^2 \geq 5.2\%$。具体来看，当被访者认为新媒体的"虚假失实负面"特征较为明显时，他们无论是对腾讯网还是新浪网的影响力评价都会较低。但是，从被访者对新媒体"社交双向互动"这一特征的认知而言，其对网络媒体影响力有显著正向影响。媒介使用行为阶层对腾讯网、新浪网影响力的解释力较弱，被访者的媒介使用行为并不能影响到他们对网络媒体影响力的评价。被访者的公共事务关注度及政府信任度对网络媒体的影响力具有较为显著的解释力：被访者的公共事务关注度或政府信任度越高，则对腾讯网的影响力评价越高，对新浪网影响力的正向影响相对较弱。

表 6-8 网络媒体影响力多元阶层回归分析

		腾讯网	新浪网
人口统计学特征	性别（女=0）	-0.06#	-0.02
	年龄	0.00	0.01
	受教育程度	-0.02	0.02
	家庭月收入	-0.02	0.02
	湖北（广东=0）	-0.02	-0.05
	贵州（广东=0）	0.12***	0.09*
	ΔR^2	0.030***	0.022**

续表

		腾讯网	新浪网
媒体功能认知	提供信息及意义阐释	0.07*	0.06#
	舆论监督及社会整合	0.03#	0.004#
	ΔR^2	0.024***	0.014**
新媒体特征认知	信息便捷丰富	0.04	0.01
	虚假失实负面	-0.15***	-0.17***
	社交双向互动	0.16***	0.15***
	ΔR^2	0.053***	0.052***
媒介使用行为	上网	0.10**	0.08#
	看电视	-0.02	-0.02#
	读报纸	0.03	-0.001#
	听广播	0.02	0.06#
	ΔR^2	0.010#	0.008
公共事务关注度	公共事务关注度	0.10**	0.07#
	ΔR^2	0.014***	0.008**
政府信任度	政府信任度	0.09*	0.08#
	ΔR^2	0.005*	0.004*
	调整后 R^2	0.119*	0.092*

注：#$p \leqslant 0.1$，*$p \leqslant 0.05$，**$p \leqslant 0.01$，***$p \leqslant 0.001$；表中数值为标准化 β 值；$N=887$。

本章小结

当前，在复杂的媒介生态中，影响媒体"三力"评价的因素有很多，宏观外部环境、媒体自身因素以及受众情况都会影响媒体"三力"的评价与建设。本书认为，媒体"三力"不只是媒体自身评价，还要经过受众评价。基于这一逻辑视角，本章从受众层面，将人口统计学特征、媒体功能认知、新媒体特征认知、媒介使用行为、公共事务关注度以及政府信任度作为自变量，将传统主流媒体和网络新媒体的"三力"作为因变量，进入多元阶层回归分析。结果发现，媒体功能认知、新媒体特征认知、媒介使用行为会影响受众对媒体传播力、公信力和影响力的评价。此外，受众的政府信任度以及公共事务关注度也会对媒体公信力和影响力产生显著影响。

第七章　主流媒体"三力"提升中的问题分析

中国提出建设新型主流媒体的目标，是为了应对网络媒体快速发展带来的挑战，改变传统媒体传播力、公信力、影响力日渐式微的现状，继续发挥传统主流媒体强大舆论引导功能。在中国舆论场中，媒体传播力、公信力、影响力的强弱直接决定着媒体舆论引导能力的强弱。因此，正确认识主流媒体在提升"三力"过程中存在的问题，对发挥主流媒体的舆论引导功能、抢占舆论引导主动权至关重要，也是建成新型主流媒体的重要前提。本章结合前期的调查结果，分析中国主流媒体"三力"发展过程中存在的问题，以及提升过程中遇到的困境，研究"三力"问题背后的深层次原因，最终提出解决问题的建议和对策。

第一节　主流媒体"三力"发展过程中的问题

改革开放以后，传统主流媒体积极投身市场洪流，经过长时间的积累和发展，在国内已经拥有强大的传播力、公信力、影响力。其雄厚的发展根基决定其地位在短期内可能并不会被新兴媒体的强势崛起猛然撼动，但随着媒体环境日新月异，新媒体技术突飞猛进，新兴媒体规模日渐壮大，主流媒体"三力"下降的危险信号已经发出，正视主流媒体"三力"发展过程中存在的问题刻不容缓。

一　主流媒体传播力出现下滑

随着纸质媒体、广告行业市场份额不断缩减，一些都市类纸媒行业收入出现"断崖式"下跌,传统广播电视行业虽然略好于报刊,但广告收入持续下滑,核心受众也日渐分流。① 随着传媒产业竞争的不断加剧,主流媒体"三力"开始呈现下滑趋势,本次调查研究的结果同样显示,当前中国主流媒体"三力"日益分化和衰退的趋势不断加剧,主流媒体的"三力"发展势头已大不如前。

2019 年发布的《2019 中国网络视听发展研究报告》显示,截至 2018 年 12 月底,中国网络视频用户规模已经达到 7.25 亿人,占整体网民的 87.5%。② 2018 年发布的《2018 中国网络视听发展研究报告》则显示有 45.8% 的网络视频用户已经不再接触电视、电台、报纸、杂志等任何传统媒体,甚至有 43.5% 的"50 后""60 后"都在远离传统媒体,表示在过去半年内没有接触过传统媒体,③ 传统媒体传播力日渐式微。在本书关注的媒体样本中,CCTV、《人民日报》和中央人民广播电台及粤鄂贵三省的省级党委机关报、省级卫视、省级人民广播电台都属于传统主流媒体的范畴,通过对这 12 家主流媒体的传播力进行测评之后发现:在传播力较强的前三方阵中,传统主流媒体只有 3 家,其余 9 家的传播力都处于相对较弱或很弱的状态。

与主流媒体传播力下降形成鲜明对比的是,网络媒体凭借前沿媒介技术,适应用户媒介使用习惯,使自身传播力不断提高,例如腾讯网、新浪网等网络媒体已经拥有很强的传播力。在网络媒体的冲击下,受众选择接触传统主流媒体的频次变得越来越低,主流媒体传播力逐渐下降已变成客观存在的事实。主流媒体传播力不断下降,就意味着主流媒体所开展的信息传播活动到达受众的范围缩小和频率降低,最终会导致信息的有效传播无法实现。

二 主流媒体公信力稳中有降

凭借长年积累的品牌信誉,主流媒体公信力评价在中国民众中依旧很

---

① 刘奇葆. 推进媒体深度融合 打造新型主流媒体 [J]. 思想政治工作研究, 2017 (2): 7-10.
② 中国网络视听节目服务协会. 2019 年中国网络视听发展研究报告(附下载)[EB/OL]. (2019-06-03)[2020-06-30]. http://www.199it.com/archives/882433.html?weixin_user_id=1eo6ETQjqbZ67b_-KSP1EB77i6eGUU.
③ IPTVOTT.【重磅】《2018 中国网络视听发展研究报告》发布(附 PPT 全文)[EB/OL]. (2018-11-28)[2020-06-22]. https://www.sohu.com/a/278400728_488163.

高,相较于网络媒体渠道,人们还是更相信从传统主流媒体渠道获取的信息。在新闻生产方面,相比网络媒体"碎片化"的内容传播,传统主流媒体的新闻呈现更具专业性和权威性,尤其体现在重大新闻和突发事件报道上。传统主流媒体有更为可靠的信息来源、更为严谨的编辑刊发过程,以及更能凸显新闻完整性的报道方式,能够为公众提供更加真实、客观、全面的传播内容,有效提高公众对各种信息的鉴别和判断能力。①

本次调查结果同样显示,在公信力排名前五的媒体中,以CCTV、《人民日报》为代表的主流媒体都位列其中,CCTV公信力得分远超其他媒体,且排名靠后的主流媒体之间的公信力得分差距甚微。这表明中国主流媒体公信力整体状态比较平稳。但是,与知名商业门户网站的强势崛起相比,省级人民广播电台的媒体公信力就明显不足。因为,调查结果还显示,网络媒体发展势头强劲,部分门户网站公信力的评价高于传统主流媒体。从媒介使用行为来看,无论是资讯获取还是事实验证,网络都已成为新闻信息传播的主要渠道。尽管本次调查中所涉及的几家知名商业门户网站并无新闻采访权,其登载的所有新闻报道内容均源自传统媒体,但网络新闻频道聚合功能的拓展、交互式新闻评论平台的开放和良好的阅听体验使其在公信力和影响力方面不容小觑。② 2018年工信部发布的《2017年中国网络媒体公信力调查报告》也表明,腾讯网和腾讯新闻客户端已进入网络媒体公信力评价的第一梯队。目前来看,虽然传统主流媒体公信力依然处于强势地位,但由于传统主流媒体的渠道优势日益式微、一些媒体专业精神缺失以及媒介使用族群的分化,主流媒体在年轻族群中公信力评价偏低,主流媒体公信力呈现下降趋势。

三 主流媒体影响力表现不理想

同公信力一样,主流媒体的长期发展积累了较为深厚的影响力。从调查结果来看,主流媒体的影响力整体上还是有些优势的。但问题在于人们对媒体影响力的高分评价高度集中在电视类主流媒体上,受众对不同类型

---

① 强月新,徐迪. 我国主流媒体的公信力现状考察——基于2015年问卷调查的实证研究[J]. 新闻记者,2016(8):50-58.
② 强月新,徐迪. 我国主流媒体的公信力现状考察——基于2015年问卷调查的实证研究[J]. 新闻记者,2016(8):50-58.

主流媒体影响力评价两极分化严重,表现为影响力最强的CCTV和影响力最弱的中央人民广播电台之间的分值相差44.62,这在很大程度上降低了传统主流媒体的整体影响力。① 再加上本次测量中腾讯网的影响力仅次于CCTV和省级卫视,尤其是在年轻受众中评价较高,相较之下,中国主流媒体影响力的表现其实并不理想。

新华社原总编辑南振中曾指出,当下中国客观上存在两个舆论场:一个是以党报党刊、国家电视台等主流媒体为代表的"官方舆论场";另一个是以互联网为基础,以民间意见领袖为代表的"民间舆论场"。后者给前者带来的最大冲击是争夺受众和话语权,近年来的一系列社会敏感事件,总会有"意见领袖"在影响民意和舆论。② 目前,中国网络舆论环境十分复杂,而一些主流媒体在定义舆论事件、引导舆论、凝聚共识方面的设置议程能力却表现不佳,很难在民间舆论场中与网络媒体的新兴意见领袖抗衡。《2018年中国媒体社会责任报告》指出,大部分主流媒体的影响力发展不足,舆论引导能力亟须提升。如新华社在网络舆情热点多发的情况下,存在回应社会关切不及时、不充分、不够有力的情况;《解放日报》存在原创内容竞争优势不够强,影响力提升还有很大空间等问题;《四川日报》对核心人群、重点受众的吸引力和影响力不够;等等。③

四 主流媒体"三力"整体发展不均衡

中国主流媒体"三力"的发展存在不均衡问题,整体上看,表现为以下三个方面。

第一,主流媒体传播力的重要性高于其公信力和影响力。由于传播力是媒体获得公信力、赢得影响力的前提和基础,如果主流媒体的传播力出现下降趋势,必然会导致其公信力和影响力出现下降问题。主流媒体"三

---

① 强月新,夏忠敏. 当前我国主流媒体影响力的调研与分析[J]. 新闻记者,2016(11):35-43.
② 谭健. 从重大主题宣传看传播力生成模式转变[J]. 军事记者,2012(12):4-6.
③ 【重磅】18家主流媒体"自曝"不足,句句戳中要害![EB/OL].(2019-06-03)[2021-08-23]. https://mp.weixin.qq.com/s?src=11&timestamp=1629705367&ver=3269&signature=wsLP9lTmepGcdNMcOzEmVIHHPD4C-LwpAgwPqN85a5UoBWfld2BsAvJEcnH4o2mMFNIqgqSnxVRZNDUpwEJk9150eedDvgMM3g3mhIoQElMK6fjJ4Ah-KN29DoefU2DN&new=1.

力"发展的不均衡还体现在媒体级别上。例如，中央级主流媒体"三力"一般都会高于地方主流媒体"三力"。CCTV无论是传播力、公信力还是影响力，都处于本次被调查媒体的第一方阵，且普遍存在中央级主流媒体优势明显的情况。在一定程度上，这是因为中央级主流媒体拥有的资源和平台优势使其相较于省级主流媒体在民众中的美誉度更高，权威地位难以撼动。

第二，主流媒体"三力"发展的不均衡性还体现在不同类型的主流媒体之间。虽然网络已成为信息传播的热门渠道，但就主流媒体的传播形式而言，电视类主流媒体的"三力"表现都较好，相对较差的是广播类主流媒体以及报纸类主流媒体。其中，听广播对于大多数受众而言虽然更加直观，但这种线性的信息传输方式以及其对收听终端的要求，不符合现代受众接收信息的行为习惯。而且，近年来市场的恶性竞争导致省级广播媒体医药类广告泛滥，内容低俗化现象也时有发生，易造成公众价值观念的偏差，[①]从而产生对媒体"三力"的负面评价。

第三，主流媒体"三力"发展的不均衡性也体现在不同地域之间。调查结果显示，从地域上看，主流媒体的影响力呈现西高东低的态势。主流媒体的影响力在经济发达的东部地区最弱，而在西部欠发达地区最强。[②]主流媒体传播力也体现同样特征，在经济发展有差别、人口规模与结构不同的地区，除腾讯网和CCTV作为传播力第一方阵、新浪网和省级卫视作为第二方阵的基本格局不变外，在广东和贵州两地，其省级卫视传播力都表现得十分强劲。但在湖北，省级卫视的传播力却表现得相对较弱。主流媒体"三力"发展的不均衡，很容易导致其"三力"功能发挥不均衡。

第二节　主流媒体 "三力" 提升过程中的困境

主流媒体发展过程中存在的问题，皆是主流媒体"三力"提升过程中所遇到的困境。只有正确辨析这一问题，才能完整全面、立体地帮助主流

[①] 强月新，徐迪. 我国主流媒体的公信力现状考察——基于2015年问卷调查的实证研究[J]. 新闻记者，2016（8）：50-58.
[②] 强月新，夏忠敏. 当前我国主流媒体影响力的调研与分析[J]. 新闻记者，2016（11）：35-43.

媒体提升"三力"并走出现实困境。因此,本节从主流媒体"三力"的制约因素出发,详细分析其陷入困境的具体原因。

一 理念与价值层面:认识不足

新兴媒体风起云涌、新媒体技术快速发展,已经完全超越传统媒体推进的步伐。当一种新的媒介形态产生之时,传统媒体甚至还沉浸在上一轮的博弈之中,完全没有意识到新挑战已经到来。所以,传统媒体和整个传媒业界对风云变幻的传媒业的认识一直停留在一个相对滞后的状态,这导致传媒学界对新媒体形态的研究也不够前沿。[1] 出现这些误区和这些困境的原因主要有三个方面:"庙堂高位"思维的禁锢、因循守旧新闻理念的束缚、新闻价值与宣传价值的偏差。

(一)"庙堂高位"思维的禁锢

与其他国家的主流媒体相比,中国主流媒体在国家政治资源、资本扶持、资源整合等方面具有得天独厚的优势。长期以来,利用这种先天的资源优势,中国主流媒体强势占据着新闻传播领域的中心,充分发挥着党的喉舌作用。在某种程度上,传统主流媒体在发展过程中难免会有一种与生俱来的优越感。

进入互联网时代后,人们获取新闻与信息的来源已经不局限于传统媒体,手段丰富、形态多样的新兴媒体开始为人们提供更加便捷和高效的信息渠道,人们甚至可以通过互联网自主传播信息。这些变化使传统主流媒体的地位受到了极大的冲击,"意见领袖""议程设置"等曾经拥有的优势被逐渐消解,传统媒体所把控的单一舆论场,已经变成较为复杂的"官方舆论场"和"民间舆论场",传统媒体的舆论引导能力大幅度减退,随着宣传工作和舆论引导任务的与日俱增,舆论调控及引导的难度亦日益增加,[2] 传统媒体逐渐失去原有的优势地位。

虽然媒介环境的日新月异给中国传媒格局带来了巨大变化,但传统主流媒体居高临下的姿态并没有发生改变。尽管传统主流媒体开始谈论改革

---

[1] 唐钦. 当代主流媒体融合实践过程中的困境与出路研究 [D]. 华南理工大学,2017:56.
[2] 唐远清. 新型主流媒体建设的困境与对策 [J]. 新闻爱好者,2015(7):19-22.

和融合，但其"庙堂高位"式思维却迟迟不能抛弃，这就导致传统主流媒体裹足不前。传统主流媒体如果一直沉浸在过去的权威性和垄断性中，就会引起心态失衡，在改革发展中进退失据。

传统媒体的"受众思维"与网络媒体的"用户思维"的差别就是很好的例证。在传统媒体的视野下，信息的接收者被统称为"受众"，这种"受众"思维不仅意味着信息的单向无互动的传播，也表明传统媒体在传播过程中所占据的绝对主导地位，信息接收者几乎无发言权可言，这一思维禁锢是由传统媒体原有定位和惯性思维所导致的。所以有学者直言，"传统媒体内容乏力的源头在于缺少以人民群众为中心的核心导向"[①]。

新兴媒体的崛起在一定程度上是对传统媒体这一缺陷的有力补充。新兴媒体出现之初就保持着一种谦逊的姿态，在它们的视野中，只有用户，没有受众，始终保持着用户至上的传播理念，将用户纳入信息生产者与消费者的行列，吸引大批黏性极高的忠实"粉丝"，在信息传播格局中取得巨大的进步和阶段性胜利。在受众资源有限的前提下，传统媒体如果依然沉浸在过去的妄自尊大中，那么，伴随新兴媒体抢占大批受众资源和话题优势，传统媒体的传播力自然日益下降，公信力和影响力自然也会受到影响。

（二）因循守旧新闻理念的束缚

就新闻改革而言，其深度与广度的拓展，在相当大的程度上有赖于新闻观念的深刻变革，[②] 但多数的传统媒体机构并没有认识到这一点。据不完全统计，在2018年1月1日停刊和休刊的报纸就有18家之多。[③] 当然，经营成本高、产出少等多种因素的相互作用是报业面临的主要困境，同时，在多重转型背景下受众的大量流失是报业面临的另一大困境。但追根溯源，皆是因循守旧的新闻理念束缚了以报纸为代表的传统媒体行业的发展。

传统媒体在长期发展过程中已形成自己的一套理念，其守旧的特点一直禁锢其在新时代的发展步伐。其寄希望于继续坚守阵地，理所应当地占

---

① 张显峰. 传统媒体最大危机是忘了"读者"[J]. 新闻与写作, 2016（3）：74-76.
② 喻国明. 喻国明自选集——别无选择：一个传媒学人的理论告白[M]. 上海：复旦大学出版社, 2004：101.
③ 陈国权. 2017中国报业发展报告[J]. 编辑之友, 2018（2）：28-36.

有原有的资源，纵然一些有超前思维的传统媒体提倡"互联网思维"和"融合理念"，但在实践过程中一直不能适应新形势的变化，"穿新鞋，走老路"就成为传统媒体发展的代名词。表面上看，其与新兴媒体的合作取得很多突破，但从深层次看，它们依旧貌合神离地坚守着自己的阵营。

比如，传统媒体尤其是地方传统媒体，大多数都跟随潮流响应号召开设"两微一端"，但它们的互联网项目的经营，也仅仅是作为一种开辟和尝试，因循守旧的理念并没有得到明显改观，故步自封带来的是发展越发艰难。在信息管控、新闻传播活动和舆论引导工作中，"以堵为主"的工作形式依然普遍存在。这种因循守旧、以堵为主的信息管控方式，在新媒体时代必然会出现负面效应。如果突发事件、舆论热点事件的信息不完善，就容易引发公众的疑虑及猜测。长此以往，会让公众丧失对主流媒体的基本信任，"塔西佗陷阱"现象会愈演愈烈，传统媒体的公信力必将受到极大影响。失去公信力的传统媒体就像无源之水、无本之木，会丧失立身之本，其传播力和影响力自然也会下降。

（三）新闻价值与宣传价值的偏差

2016年2月19日，习近平总书记在党的新闻舆论工作座谈会上强调，要切实提高党的新闻舆论传播力、引导力、影响力、公信力。[①] 不管是之前提出的"三力"，还是最新补充的"四力"，总书记所强调的媒体宣传价值的重要性都没有发生改变。主流媒体作为党和政府的喉舌，发挥着沟通桥梁的作用，习近平总书记也不止一次地指出，党和政府主办的媒体是党和政府的宣传阵地，必须姓党。[②] 这就从政策层面明确了中国主流媒体的属性应当是新闻价值与宣传价值并重，但在实际发展过程中，则会出现较大偏差。这种偏差会导致中国主流媒体"三力"下降。

第一种偏差是重宣传价值、轻新闻价值。这种情况在中国的传统媒体领域非常常见，甚至可以说是一个普遍问题。坚持新闻价值与宣传价值统一非常必要，但一些传统媒体片面理解宣传价值的内涵，认为宣传价值就是为国家权力服务。一方面，媒体积极地走上层路线，只做政策层面的解

[①] 习近平在党的新闻舆论工作座谈会上强调了什么？［EB/OL］．（2016-02-22）［2021-06-24］．http://www.xinhuanet.com/video/sjxw/2016-02/22/c_128739655.htm.

[②] 坚持党对新闻舆论工作的领导［EB/OL］．（2016-02-22）［2021-06-24］．http://www.xinhuanet.com/politics/2016-02/22/c_1118111228.htm.

读和国家大事报道,仅仅把媒体当作舆论宣传工具,忽略其传播信息、舆论监督的重要职能,远离基层百姓,媒体心里没有人民群众,人民群众心里自然也就没有这样的媒体。① 另一方面,在实现宣传价值时会失之偏颇,只做单方面消息的扩散,或以正面、歌功颂德式传播为主,过于担心负面信息的影响力而忽视受众的知情权和探索心理。例如,敏感事件一律采取缓报、少报甚至是最好不报的策略,会引发信息传播中的"禁果效应"②。从传播规律看,如果媒体宣传错过了澄清和说明一些带有争议及疑虑事件的最佳时机,受众从主流媒体得不到答案,自然会寻求其他方式获取更多信息,而这些不明确信息所产生的可信性会对受众产生认知上的影响和方向上的误导。长此以往,主流媒体既会流失大量受众,又会损害自身的传播力、公信力、影响力。这也与本书调查结论一致,网络媒体传播力已经远远超越传统媒体,主流媒体的传播力,除个别处于强势地位,其余大都处于相对弱或非常弱势的境地。

第二种偏差是重新闻价值、轻宣传价值。近年来,由于受到网络媒体的冲击,电视收视率、报纸发行量、广播收听率均出现大幅度下降,在新的舆论环境和传播格局下,主流媒体迎来了前所未有的挑战。传统媒体限于自身属性,在一些热点事件报道中无法与新媒体在时效性、趣味性等方面抗衡,于是纷纷开始寻求转型路径。但在探索出路的过程中,一些传统媒体出现了方向上的偏差,盲目追崇网络媒体,采用"标题党"方式吸引受众注意力,用哗众取宠的新闻替代严肃活泼的新闻。在新闻事件的选择上,过于关注阅读量、时效性及猎奇性,进而忽视宣传价值,甚至有些主流媒体为吸引注意力,提升影响力,以牺牲新闻真实性为代价,盲目地转发未经核实确认的虚假信息。在《新闻记者》评选的"2018年十大假新闻"③ 中,可以看到多家主流媒体由于过分追求传播效果,希望在新闻时效性上与新兴媒体一争高下,忽视了新闻的真实性,丧失了专业媒体的权威性。

本次调查数据显示,中国主流媒体传播力、影响力虽然受到新兴媒体

---

① 靖鸣,吴星星. 我国传统媒体新闻传播的困境与突围 [J]. 新闻爱好者,2016 (8):22-25.
② 禁果效应,也叫作"亚当与夏娃效应",越是禁止的东西,人们越要得到手。这种由单方面的禁止和掩饰造成的逆反现象,即心理学上的"禁果效应",这与人们的好奇心与逆反心理有关。
③ 年度虚假新闻研究课题组. 2018年虚假新闻研究报告 [J]. 新闻记者,2019 (1):4-14.

的冲击,但公信力作为传统主流媒体安身立命的根本,暂时还保持着与新兴媒体竞争的优势。一些拥有影响力的自媒体在真相反转之后,大都会发布致歉声明或是信息更正说明,然而相比之下,大多数的专业传统媒体则选择一删了之,这种不尊重新闻价值和宣传价值相统一的行为,必然会持续损耗传统媒体的公信力。

二 内容与渠道层面:创新乏力

中国传统媒体在长期的发展过程中,已经形成集采、编、发于一体的新闻内容生产流程。在这个流程中,既有专业的采写人员、严格的把关审核机制,也有独特的传播渠道。在新兴媒体出现之前,传统媒体的内容和渠道优势一直是传统媒体的特有资本。新兴媒体出现后,移动互联网彻底改变了这种媒介生态,传统媒体原有的内容和渠道优势被解构,学界和业界时常在内容与渠道的问题上争锋。传统媒体内容丧失吸引力、传播渠道不畅通直接导致其"三力"下降,也成为传统媒体发展中亟须解决的重要问题。

(一) 内容资源分配不尽合理

移动互联网在传媒领域的应用,缩短了信息传播的路径,提升了信息扩散的速度,拓宽了信息影响的范围,也给传统主流媒体的传播模式带来了严峻挑战。面对虚拟世界的无疆域性,原本精准的内容传播界限模糊失焦,传统媒体的大量内容信息如同泥牛入海,无法引起受众注意。原有的以传统媒体为中心的媒介格局被打破,信息源数量多但质量偏低,传统媒体的"三力"明显下降。为改变这一现状,选择走向媒体融合之路的传统媒体与日俱增,在传统业务的基础上积极搭建全新的传播模式,试图建立融网站、微信、微博、客户端等于一体的立体传播矩阵。原本的蛋糕只有传统媒体一家独享,现在有限的内容资源要被多个主体分享共用,新闻资源合理分配、首发权归属、独家信息发布等问题,都成为传统媒体在内容资源分配层面面临的新难题。

所谓"内容",就是经过采编加工制作后,以文字、图片、音频、视频等方式在媒体上发布的新闻报道。[1] 内容作为媒体的重要资源是有限的,

---

[1] 冯桢. 融媒体时代"内容为王"还是"渠道为王"? [J]. 新媒体研究, 2018 (8): 108 - 109.

媒体需要通过团队的协同合作，配合完善的生产机制才能最终打造出高质量的内容产品。在本次调查中，中央级主流媒体传播力较知名商业门户网站弱，省级主流媒体传播力较当地区域门户网站强，都在不同程度上反映出内容资源分配的重要性。以中国电视类主流媒体为例，中央级电视媒体和地方级电视媒体在内容资源的获取上有很大的差异。由于内容资源的匮乏，一些地方电视台大幅度缩减自主内容生产，甚至某些频道只剩下电视剧和广告轮播来维持运营现状。[①] 从短期来看，这种内容模式可能会对提高电视台的收视率和广告收入有直接的作用，但从电视台的长远发展来看，实则对塑造品牌影响力、扩大传播力、树立公信力都非常不利。

此外，中国传统媒体都在如火如荼地创办、开发新的媒介形式或移动终端，但在内容资源的分配上，却依然是保守而谨慎的。从中央到地方，许多传统媒体的新媒介形式都是依托于传统媒体的内容资源生存，一些媒体在实践媒体融合时，都仅仅是把报纸、电视等传统媒体上的内容原样照搬到新媒介形式上。传统媒体的新媒介形式在内容资源的分配上所占优势不大，即使有一部分传统媒体创建的新媒体有自己的采编团队，但也受制于传统媒体制度，在内容资源的取舍上存在很大的局限性。

在漫长的媒介发展史上，无论技术如何进步、环境如何变迁，内容作为媒体核心竞争力的地位从未发生改变。不管是传统媒体还是新兴媒体，优质的内容都是保障强大传播力、树立良好公信力、发挥持久影响力的根本所在，更是媒体安身立命的关键所在。谁占据更多的内容资源，谁就掌握媒体的制高点，谁就拥有强大的传播力、公信力和影响力。中国传统媒体在内容资源上的分配不合理极大地阻碍了传统媒体转型发展的步伐，从宏观和长远来看，缺少优质内容资源的支撑，传统媒体的"三力"势必持续下降。

（二）内容生产创新与突破不够

传统媒体是通过新闻采访权实现大量第一手资料获取的。长期以来，其作为主流内容生产商的地位难以撼动，内容生产一直是传统媒体的核心优势所在。但随着新媒体的兴起，一些网络媒体开始拥有采访权，进而进

---

① 王昕，陈晓. 主流媒体融合发展的战略与策略——基于新媒体发展基本问题的观察与思考[J]. 新闻战线，2018（23）：64-66.

行独立的内容生产，传统媒体的核心优势受到挑战。与一些自媒体的具有趣味性和可读性的内容产品相比，中国传统媒体的内容产品显得乏味、陈旧，缺乏吸引力，并在形态和质量上略低一筹，导致传播力不高。在本书考察的12家主流媒体中，被访者对其中4家的接触频率不容乐观。至少有一半被访者表示，从来不看、不听中央人民广播电台（CNR）、《湖北日报》、广东人民广播电台、湖北人民广播电台。[1]

在新媒体技术与传播渠道效能不断提高的智能传媒时代，内容生产成为被忽视的领域，传统媒体被唱衰的原因在很大程度上是其内容生产创新与突破不够。中国传统媒体的新闻报道方式一直被人诟病，"党八股"的写作手法占据大量媒体版面，"播报式"的宣传说教在传统媒体中依然常见，"同质化"制约了传统媒体对核心竞争力的培育。在受众看来，"严肃""呆板""陈旧"甚至成为传统媒体内容的代名词。尽管现在大多传统媒体都开始做出新的尝试，例如开通官网和客户端，推出官方微博和公众号等，但也仅仅是在媒介形式上的增加和改变，内容上的创新和突破非常有限。换句话说，传统媒体仅仅是将新兴媒体作为扩大阵营、跑马圈地的手段和方式，这种融合发展只是停留在表面的物理现象，却无任何实质的化学反应，只是增加新产品，没有将原有优势发挥出来。[2]

内容生产的创新和突破不够，还体现在盲目跟风上。例如，在2018年"两会"期间，《人民日报》创立的"中央厨房"模式表现十分出色，在内容生产的创新方面做出了一定成绩，取得了突破。一些地方性的媒体集团开始以此为范例，完全复制中央级主流媒体的路径，投入大量的财力、物力、人力，对原有采编团队进行技术升级和平台再造，结果却不尽如人意。究其原因，则是对自己的定位不清，盲目追求"大而全"，忽视自身的发展局限性。因为并不是所有的媒体集团都适用同一种内容生产模式，打造"中央厨房"并不是目的，通过信息的共享和集中处置优化内容生产，真正实现内容的创新与突破才是目的。

不管是传统媒体还是新兴媒体，媒介都只是从信息到受众的中间介质。不管是纸张、电视等传统媒介形式，还是网络、可穿戴设备等新媒介

---

[1] 强月新，陈星，张明新. 我国主流媒体的传播力现状考察——基于对广东、湖北、贵州三省民众的问卷调查[J]. 新闻记者，2016（5）：16-26.
[2] 周钢. 困境与裂变：省级党报集团融合发展战略研究[D]. 华中科技大学，2016.

形式，都只是传播载体，不同的传播载体的确会对受众媒介接触行为产生影响，但媒介所承载的传播内容才是吸引受众的核心所在，优质的内容才是保障媒体脱颖而出的关键，更是媒体保持强大生命力，发挥传播力、影响力和公信力作用的基石。整体来看，现阶段中国主流媒体缺乏内容上的创新和突破，"新瓶装旧酒"情况频出使其"三力"提升受到明显的制约。

（三）原有渠道优势减弱，新渠道尚未全面打通

互联网引发了新的媒介革命，这种新的传播渠道以其超越想象的速度、海量的信息内容、实时互动反馈等优势，使传统媒体难以企及和超越。新媒介技术在传媒领域的全方位运用，不断冲击原有的传媒生态，受众面临的信源广而全，同样的内容可以通过不同的渠道在不同的终端呈现出来。第47次《中国互联网络发展状况统计报告》指出，中国国民获取信息的主要方式早已转向移动端和互联网。传统媒体的渠道优势不像从前那样强势明显，受众已经不再局限于传统媒体来选择信息，而是以自己的兴趣喜好为出发点，按照个人习惯、亲疏程度、信任高低来构建自己的接收渠道，在浩瀚的信息海洋中选取自己需求的信息。

目前，很多传统媒体已经意识到渠道优势逐渐减弱的问题，开始做出改变以应对由此引发的传播力下降的严峻局面。但问题是，传统媒体在新渠道开发应用方面尚处于初级探索阶段。一方面，存在生硬嫁接、简单移植的弊病，如何使内容产品完美地嵌入新建渠道，尚未得到妥善解决。在媒体发展程度不高的地区，诸如云南等地，大部分主流媒体都创办了官方网站和移动App，但由于互联网普及率和技术所限，其下载量低和浏览量低的问题长期存在。一些网站因为缺乏专业人员的维护，甚至长期处于不更新或打不开的状态。另一方面，传统媒体在面临多元化的传播渠道选择时，存在媒体定位不够精准、盲目性强、忽略渠道与传播内容的匹配性等问题。比如，一些传统主流媒体与微博、微信的合作，多数都是在微博、微信平台上开通官方账号，试图借助渠道的影响力提升自身传播力。有目共睹的是，除《人民日报》和中央电视台等一些中央级的主流媒体能够拥有几千万的粉丝外，大部分传统主流媒体在微博上的粉丝寥寥无几，受众对其官方微信公众号的关注度也很低，并没有真正实现通过新渠道提升自身传播力、影响力和公信力的目标。

除此之外，由于原有渠道优势减弱，传统媒体不重视维护传统传播渠

道，也是其"三力"提升过程中所面临的重要问题。本书在对主流媒体传播力进行影响因素回归分析时发现，传统传播渠道依旧与相应类型的主流媒体传播力显著正相关。这说明传统传播渠道在当前媒介生态中依然具有价值。虽然在历史上，纸质媒介、广播媒介、电视媒介都经历了传播力和影响力逐渐衰落的过程，但在漫长的媒介发展过程中，没有任何一种旧媒介会因新媒介的出现而完全消失，新旧传播渠道依旧会共存于同一个媒体空间之中，发挥各自的功能和作用。课题组认为，上网这种媒介接触行为并不影响主流媒体的传播力。[1] 这就意味着传统媒体的渠道价值虽然被新媒体削弱，但依旧存在。所以，传统主流媒体不能忽视其原有渠道的维护，盲目地拓展新渠道。建立全方位、立体化的传播渠道体系，是主流媒体转型发展和提升"三力"的根本路径。至于如何建构这一体系，则是下一步应该关注和探讨的问题。

三 经营与管理层面：沉疴宿疾

近年来，新兴媒体的崛起给传统媒体的生存带来了巨大挑战。《中国传媒产业发展报告（2018）》指出，十年前传媒产业结构还可以说是四分天下，即纸质媒体、电波媒体、互联网媒体、手机移动媒体等，如今传统媒体加起来也就只占到整个传媒市场的1/5左右。[2] 再加上经营层面、管理层面的短板，曾经的传统媒体逐渐沦落为新兴媒体的内容供应商，市场份额进一步下降，落后的经营管理模式成为传统媒体改革发展，继续发挥"三力"效能的阻碍，具体表现在经营分散和人治盛行两个方面。

（一）经营分散，尚未形成规模化发展

中国是一个历史悠久、幅员辽阔的国家，辽阔的地域环境衍生出差异较大的地域文化。传媒产业作为中国市场经济的重要组成部分，深受自然条件、经济社会发展水平、人文历史背景等地域差别的影响，经营在地域上相对分散，这一现象导致传统媒体势单力薄。正如前述，从中国主流媒

---

[1] 强月新，陈星.当前我国媒体传播力的影响因素研究：以受众为视角［J］.新闻大学，2017（4）：73-80，149.

[2] 崔保国.中国传媒产业发展报告（2018）［M］.北京：社会科学文献出版社，2018：12-13.

体的现实发展状况来看，其传播力在地域上呈现西高东低的特点。主流媒体传播力高低不均，公信力和影响力状况也不尽如人意，且经营分散，无法形成合力与新兴媒体竞争，更无法保障其"三力"的提升。

除外部环境外，内部因素也是中国主流媒体经营分散的重要原因。中国坚持党报姓党的原则。从中央到地方，各级行政机构也基本实现了党台、党报和党刊的全覆盖。一方面，这些党办媒体是企业化经营的媒体集团，和其他商业媒体共同参与市场竞争；另一方面，其在行政机构上又隶属于相应的党委，属于党领导下的国家机构的一部分，再加上行业之间的垂直管理，"井"字形的管理格局就此形成。对于各地方主流媒体而言，这种管理模式在一定程度上限制了同级主流媒体之间、上下级主流媒体之间的经营合作。比如，以中国市一级的行政区为例，每个市都有自己的广播电台、电视台和报纸，市下面的县也有自己的广播电台、电视台。媒体资源分布整体上处于"小而全""低而散""内容重复率高"的格局，呈现机构臃肿、资源配置低下、结构松散、管理粗放的局面。

媒体融合进程开启之后，虽然不同地区的报社、广播电台、电视台等传统媒体都积极往智能化方向转型，部分媒体已取得长足发展，但由于外部环境和内部因素的双重作用，传统媒体经营比较分散，尚未形成规模化发展的现状并未得到很好的改变。同时，与其他产业在发展过程中也会遇到的地方保护和行业壁垒相比，传媒行业还具有一定的特殊性，跨地区、跨行业经营的难题在短期内还难以找到有效的解决途径。[①]

（二）重视"个人意志"的管理模式有待改进

当制度并不完善时，媒体高层管理人员的个人意志和经营理念便显得比较重要。一旦个人意志高于组织制度，其组织机构的合理、科学、有效、良性运行就无法保障，并且会直接影响到媒体"三力"的提升效果。近年来，中国各行各业的政策规制都在日益细化，但在传媒领域，尤其是传统媒体领域，把上级部门的行政指令作为行事准则的惯常做法依然存在。媒体管理在很大程度上依然取决于主管人员的个人意志，带有较强的

[①] 吴昊天. 中国传媒产业发展研究——基于产业融合的视角［D］. 西南财经大学，2014.

主观性，效果评估同样如此，这样就难以完成依法治媒的有效改变。①

同时，过于重视管理人员的"个人意志"，也会影响其管理的规划性、稳定性和延续性，使得媒体管理随意性较强，严重阻碍传统媒体的良性发展，制约传统媒体的竞争力，阻碍传统媒体的传播力、公信力、影响力的提升。除此之外，在现有管理体制中，行政化流动在传统媒体行业十分常见，主管人员的离职和职务变动也会对媒体发展造成巨大的困扰。一旦领导人变动，过去制定的发展路线和改革节奏就会受到不同程度的影响，导致媒体的发展出现断层现象。

四 体制与机制层面：削足适履

在中国媒体发展进程中，传统媒体作为主流媒体的生力军，一直在努力自我完善，"打造新型主流媒体""建设融媒体集团"等，都是传统媒体在应对新兴媒体冲击时探寻的转型路径。其中，革新体制机制成为保障传统主流媒体成功转型的关键。中国传统媒体现有的体制机制虽然也在不断优化更新，但仍然存在市场化进程迟缓、利益壁垒难以突破、缺乏成熟健全的规制约束和政策指导等问题。

（一）市场化进程迟缓，不能适应新的时代要求

新闻传媒事业是中国共产党领导下的社会主义事业的重要组成部分，肩负建设精神文明、传递主流声音、讲好中国故事的重要职责。同时，新闻传媒事业也需要遵循市场经济规律，实现自负盈亏。过去，传统媒体尚可以依靠政治资源优势和垄断优势来维持经营和保障发展，但随着新兴媒体的迅猛发展，中国传统媒体的市场化转型却相对迟缓，一些媒体无力支撑自身的发展，不能适应新时代的要求。在改革开放之初，传统媒体主要解决的是"如何进入市场"的问题，而今天，传统媒体则需要解决"品牌价值如何提升""如何与新兴媒体竞争合作"等新问题。传统媒体在投身市场化的进程中，付出许多努力，开展了丰富而生动的探索，但相较于迅猛发展的新兴媒体，其市场化依然不够彻底。

改革开放以来，传统媒体发展坚持市场化导向，市场化能力越强的传统媒

---

① 唐远清. 新型主流媒体建设的困境与对策［J］. 新闻爱好者，2015（7）：19-22.

体，其发展状态越好，比如南方报业传媒集团、广州日报报业集团等。① 如果忽视市场化导向，媒体的市场化能力就会越来越弱，媒体要么依赖各类补贴生存，要么干脆从寄养走向衰亡。以传统媒体最具代表性的报纸行业为例，其经营环境越发恶劣。2017 年，报刊的广告和发行出现持续"双降"的局面，其整体市场下滑 14.8%，其中报纸广告市场的跌幅更是超过 30%，市场整体规模不足 150 亿元。② 有学者预测，报业广告似乎已接近"触底"。媒体的传播力、公信力、影响力是广告商投放广告的重要依据，广告收入的持续下降也是该类媒体"三力"下降的明显标志。

央视市场研究执行董事、总经理徐立军在"2018 中国传媒趋势论坛"上的演讲中说，党媒回归财政是一个非常不切实际的幻想，是一条死路。③ 回归财政无疑是传统媒体产业的历史性倒退，不回归财政，传统媒体就只有全身心投身于市场的洪流，经历大浪淘沙的考验。目前，中国传统媒体的市场化进程迟缓这一现状，主要是由竞争机制的匮乏和顽固陈腐的体制所导致的，这离建立现代企业制度，实现市场资源配置，冲破体制障碍，实现媒体"三力"的提升，还有很长的路要走。

（二）盈利模式单一，利益壁垒难以突破

法国学者贝尔纳·瓦耶纳指出："新闻工业是一种以收集、制作、装潢、散播各种消息以及一切有关材料为目的的综合工业。"他认为，传媒产业只有在充分实现社会整合功能的基础上才能实现利润的最大化。④ 但在中国传媒产业中，尤其是在传统媒体的发展过程中，其盈利模式却相当单一。无论集团多么庞大，产业链如何丰富，中国的传统媒体经营始终以广告盈利为支撑点。近年来，由于新兴媒体的冲击，传统媒体广告收入大幅下滑，过去以"内容—受众—广告"为架构的基本盈利模式遭遇挑战，一些传统媒体开始积极寻求新的利润增长点，尝试多元化经营，但赢利却十分艰难。

---

① 郭全中. 传统媒体转型的五大逻辑之五：市场逻辑 [EB/OL]. (2017 - 05 - 16) [2020 - 06 - 27]. http://www.sohu.com/a/141067505_481352.
② 崔保国. 中国传媒产业发展报告 (2018) [M]. 北京：社会科学文献出版社，2018：11.
③ 徐立军：中国媒体融合的核心问题单 [EB/OL]. (2018 - 09 - 28) [2020 - 06 - 30]. http://www.sohu.com/a/256718928_650612.
④ 瓦耶纳. 当代新闻学 [M]. 丁雪英，连燕堂，译. 北京：新华出版社，1986：39.

此外，传统媒体所探索的"两微一端"和短视频客户端等新媒介形式，其商业模式也非常单一，还处于探索发展阶段，并不成熟也不明朗。从目前来看，传统媒体的新媒介形态的盈利方式主要包括流量变现和粉丝打赏，或是以前置和后置的广告为主。随着移动互联网的发展，用户获取信息的方式和途径不再局限于过去的报纸、广播、电视，而是转移到各类新媒体平台上。在传播格局发生改变的今天，传统媒体要提升其"三力"，与拥有庞大用户数量和高黏性用户群体的商业平台合作是一个重要途径。但目前传统媒体与其新媒介形态之间的利益壁垒尚难以突破，这使得媒体"三力"的提升收效甚微。

这种壁垒主要表现在两个方面。一是利益分割的壁垒，尽管传统媒体及其新媒介形态在理念价值上具有高度一致性，但首发权、资源配置等都牵扯到利益的分割问题。因此，二者"相对独立"及"山头主义"阻碍着两者之间的真正整合。二是利益的分歧，在新媒介形态发展之初，传统媒体全力以赴贡献其资源支持新媒介形态的发展，但随着传统媒体新媒介形态羽翼渐丰，二者独占利益的格局开始形成。在利益层面的分歧没有解决时，传统媒体的转型融合之路是不会太顺利的。总的来说，传统媒体盈利模式单一、利益壁垒难以突破，非常不利于其在市场竞争中与新兴媒体的抗衡和其"三力"的提升。

（三）缺乏成熟健全的规制约束和政策指导

一个行业或者领域，拥有健全的政策和完善的法律法规，是该行业或领域相对成熟的重要标志。[①] 一套自成体系的发展规制是传统媒体能够进步的政策支撑，也是避免走弯路的重要保障，但在中国的传统媒体发展进程中，行政化手段的过度干预、领导个人意志的权威作用都阻碍着中国传统媒体形成健全规制的步伐。缺乏完善健全的规制约束和政策指导，成为传统媒体转型发展、提升"三力"的绊脚石。尤其是在传统媒体多种媒介形态百花齐放的当下，统筹管理媒介资源、配置人才和机构设施，都需要明晰的规章制度和政策作为前提保障，而中国主流媒体行业明显缺乏一套完整有效的规制体系。

除细化的规章制度和政策，中国主流媒体行业还缺乏具有国家高度

---

① 唐钦. 当代主流媒体融合实践过程中的困境与出路研究 [D]. 华南理工大学, 2017: 23.

的基本法。在中国的传媒领域，长期以来都是各种类型的条例、规定和管理办法在发挥作用，而且大多是在发展过程中出现问题之后才发布，多属于事后的补救而非事前的预防。正是因为缺乏一部具有国家法高度的专门法，管理上出现随意性与主观性的可能性与频率更高，更谈不上进行科学有效系统的规制。[①] 在新兴媒体如雨后春笋般出现的今天，传统媒体原有的机制体制受到极大的挑战，专门法的缺失、政策的不确定性、各级标准的不统一，都让传统媒体在激烈的市场竞争中处于劣势地位，生存越发艰难，原本强大的传播力、公信力、影响力得不到有效体现。

由于缺乏专门法的保障，当前中国主流媒体版权保护的问题一直得不到有效解决。2019年1月11日，微信公众号"呦呦鹿鸣"发布《甘柴劣火》一文，该文章在朋友圈刷屏的同时，还引发了一场关于自媒体的"洗稿"之争。先是财新网记者王和岩公开指责"呦呦鹿鸣"涉嫌抄袭，而后多位知名媒体人就此事发表观点，一场关于传统媒体和自媒体的权属之争在网络上展开。近年来，随着自媒体的蓬勃发展，关于自媒体"洗稿"、传统媒体被侵权的事件时有发生。"洗稿"定义如何、如何区别于抄袭、是否合规、是否构成侵权等问题，并没有一个统一制度作为评判标准。即使构成侵权，暂时也没有专门的法律条文作为维权的依据，这些问题都需要加以解决。

目前，中国传统媒体在提升"三力"的过程中，由于缺乏完善健全的制度约束和科学有效的政策指导，"摸着石头过河""各自为战"的情况普遍存在。纵观中国传统媒体的发展，过去存在的行业割据、地域差异、媒介形态固化等困境越发突出，在政策层面的监管规制相对滞后，这些问题都成为传统媒体发挥"三力"的重大阻碍。近年来，国家出台《关于推动传统媒体和新兴媒体融合发展的指导意见》等文件，在一定程度上为传统媒体转型发展提供了方向性指导，但整体来看，中国依然缺乏细化的、专业的传媒行业法律法规和政策来保障传统媒体的转型发展和"三力"的提升。

五 受众与人才层面：流失严重

人才是保障主流媒体生产优质内容、实现畅通传播、保持正常运营的

---

① 吴昊天. 中国传媒产业发展研究——基于产业融合的视角 [D]. 西南财经大学，2014：37.

基本要素；受众是主流媒体检验其传播力、公信力、影响力的主要标准。人才与受众作为传播过程中两个重要环节的核心部分，在实现传播行为、保障传播效果的层面有举足轻重的作用。但是，在中国主流媒体的发展过程中，受众结构老龄化，新生力量不足，人才配置不合理，无法才尽其用，受众与人才流失情况严重等问题极大地阻碍了主流媒体传播力的发挥、公信力的建立和影响力的延伸。

（一）受众结构老龄化，新生力量不足

在当下的媒介市场中，信息资源、传播载体及受众注意力都非常有限，概言之，媒体传播力的竞争，说到底就是对受众资源的争夺。[1] 无论多么完美的平台、优质的内容和五花八门的传播渠道，如果信息不能实现从传者到受者的传播，那么，信息的传递就是无效的。新兴媒体的崛起虽然模糊了传受边界，改变了传统主流媒体信息传播的固有格局，但受众数量的多寡、受众结构的合理与否、受众对媒体的使用黏性强弱等，依然是媒体传播力强弱的重要判定标准之一。

目前，中国主流媒体普遍面临受众结构老龄化的问题。本次调查数据显示，在不同受众群体中，主流媒体的传播力呈现明显的不均衡性。[2] 这种不均衡性除体现在性别、收入水平、学历等层面，最重要的体现就是年龄结构上的老龄化趋势严重。换句话说，在不同年龄段的被访者中，主流媒体在年龄较大的人群中的传播力远远强于年龄层次低的人群。公信力状况同样如此。已有的研究样本显示，以报社、广播电台和电视台为代表的传统主流媒体的受众呈现老龄化趋势，年轻受众流失严重，媒介使用族群的分化，直接导致主流媒体在年轻族群中公信力评价偏低。在不同年龄段的受众群体中，年龄越大对主流媒体公信力的评价越高。[3] 影响力状况如出一辙。调查数据显示，主流媒体在年长者中影响力较强，传统主流媒体依然是年长者的选择，而新兴媒体对年轻群体的影响力较大，新媒体影响

---

[1] 强月新，陈星. 当前我国媒体传播力的影响因素研究：以受众为视角［J］. 新闻大学，2017（4）：73-80，149.
[2] 强月新，陈星，张明新. 我国主流媒体的传播力现状考察——基于对广东、湖北、贵州三省民众的问卷调查［J］. 新闻记者，2016（5）：16-26.
[3] 强月新，徐迪. 我国主流媒体的公信力现状考察——基于2015年问卷调查的实证研究［J］. 新闻记者，2016（8）：50-58.

力正在向低龄受众群渗透。① 总体来看，中国主流媒体受众结构老龄化已经是一个显性问题。

除了受众结构老龄化，主流媒体还面临受众新生力量不足的问题。以报刊媒体业为例，因为受众新生力量不足，大量报刊停刊合并，上海报业集团旗下的子报子刊已从2013年的32家缩减为2018年的21家，仍有继续关停态势。湖南的《快乐老人报》首创"邮报媒体营销平台"的商业模式，② 将受众精准定位为老年人，通过"文化+养老"的模式开辟专业报纸的新局面，也从侧面反映报刊业的主要受众群体以老人居多，年轻受众群体严重不足。年轻受众群体代表着朝气蓬勃的生命力和可持续发展的动力，不管是对于传统媒体还是新兴媒体，年轻受众的注意力和关注度都是稀缺资源。主流媒体相对严肃的定位和略显古板的表达方式使其在这场注意力博弈中长期处于被动地位。本书的调查结果显示，相对于传统主流媒体，年轻受众群体更愿意接触新兴媒体。主流媒体还承担着重大的社会责任，需要帮助青年一代树立正确的价值观、传播正能量、正确引导舆论，而年轻受众群体的流失不利于主流媒体履行其社会责任，全面发挥其影响力。

（二）人才配置不合理，无法才尽其用

人才是新闻传媒事业发展的基石。在中国传统主流媒体兴盛时期，主流媒体依靠其"正统地位""事业属性"吸引了大批优秀媒体人才。20世纪90年代，电视媒体与报纸和广播媒体相比，在业务形态上更具先进性，在体制机制上更具灵活性，在薪资待遇上更具吸引力，因此吸引了大量优秀人才为电视媒体机构创造价值。但随着新兴媒体的快速发展，各大传统媒体包括电视媒体都逐渐失去比较优势，体制机制及人才配置等方面的诸多问题日益显现，直接影响了媒体机构的运行发展。

中国传统主流媒体大都属于"事业性质、企业管理"的二元属性事业单位，这种管理机制在一定程度上使传统媒体人力资源管理形成鲜明特征，即使一些有实力的传统媒体引入现代化的企业管理制度，在人力资源

---

① 强月新，夏忠敏．当前我国主流媒体影响力的调研与分析［J］．新闻记者，2016（11）：35–43．
② 陈国权．2018中国报业发展报告［J］．编辑之友，2019（2）：46–53．

管理上也依旧存在问题。具体表现在劳动分化严重、晋升渠道有限、激励措施缺乏、付出与收入不成正比等方面，媒体内部的人才配置不合理，无法才尽其用，直接导致媒体面临举步维艰、后继乏力的发展困境。

以河南传统媒体人才流失情况为例，抛开新媒体的冲击，传统媒体人才离职大多是因为薪酬待遇没有竞争力、身份和编制问题无法解决、职业尊严和新闻理想不能实现等人才资源配置不合理问题。[1] 有学者对传统媒体人离职告白文本进行分析后发现，在近年来传统媒体人离职原因中，"体制禁锢"排在首位。[2] 因此，建立合理的人才制度，做好人才资源的管理、应用和培养，才能真正实现才尽其用，为提升传统主流媒体的传播力、公信力、影响力发挥作用。

（三）受众与人才流失情况严重

新兴媒体一方面为传统媒体的转型升级提供体制、模式上的借鉴和渠道、平台方面的更多可能性，另一方面也挤压着传统媒体的生存环境，让原本宽松的媒体市场竞争变得日趋激烈，这种竞争在很大程度上就是受众资源与人才资源的竞争。在新兴媒体行业，雄厚的资本支撑着媒体内容的高产和优秀人才的培养，宽松的机制能使其创造出更具吸引力的媒体作品，吸引大量受众。换句话说，新兴媒体基于较好的待遇、良好的职业发展前景和宽松的工作氛围，在各类人才中更受青睐，也因其活泼多变的内容、灵活多元的渠道吸引更多受众的注意。在新兴媒体发展过程中，媒体从业人才与受众之间形成一个隐形的良性循环，助推其阔步向前。

在新兴媒体的冲击下，传统媒体广告收入持续走低、经营乏力、受众流失、市场份额丧失等一系列发展难题，使其逐步失去过去所有的体制优势、地位优势，逐渐导致其受众与人才流失问题严重恶化。此外，与新兴媒体相比，传统媒体在时效性、选择性、互动性上优势明显不足，尽管近年来传统媒体在内容和渠道上也做出许多突破和改变，但大部分的受众资源还是被一些能够提供个性化、智能化推送的新兴媒体抢占。一些受众尤其是年轻受众认为，传统媒体作为政府权威的代表，其内容表达刻板生

---

[1] 高金光，张靖，施宇，等. 失衡与重建——河南传统媒体人才流失状况调研报告 [J]. 新闻爱好者，2018（11）：8-12.

[2] 陈敏，张晓纯. 告别"黄金时代"：——对52位传统媒体人离职告白的内容分析 [J]. 新闻记者，2016（2）：16-28.

硬。受众长时间未看到传统媒体做出明显改变，久而久之便丧失了期待，不会再去接触该类媒体。

人才的合理流动有利于激发行业活力，为媒体的吐故纳新注入新生力量，但目前中国传统媒体优秀人才的流失情况已相当严峻，这从深层次反映出传统媒体行业困境和人力资源管理问题。央视王利芬离职创办优米网，《南方都市报》傅剑锋跳槽腾讯，之后又有张泉灵、郎永淳等知名媒体人相继离开传统媒体。这些媒体人伴随传统媒体的发展而成长，几十年躬耕于媒体业务发展，在行业经验和技能上都有过人之处，是传统媒体发展的核心竞争力，他们的离职必定会影响传统媒体的改革发展，进而影响其"三力"的提升。

六 媒介技术层面：未实现效益最大化

以社交媒体和聚合类新闻平台为代表的新兴媒体的出现，改变了过去由传统媒体掌握中心话语权、作为社会议程设置者的情况，媒介生态和市场格局被重构。以微信为代表的社交媒体成为"千禧一代"获取新闻资讯的主要途径，各类短视频和直播平台作为一种全新的传播形态迅速崛起。身处智媒时代浪潮下的传统媒体，由于对媒介技术的运用不到位，陷入集体失语或边缘化的窘迫境地，其传播力、公信力、影响力已经不如从前，其原有的"主流"地位正在滑坡和遭遇新的挑战。

造纸术的发明，让文字永久留存成为可能。印刷术的普及，让报纸、图书成为最早的大众传播媒介。进入电子媒介时代之后，电影、广播和电视利用其全新的视听感受赢得大批受众，并迅速跻身于主流媒体行列。互联网则重构了传媒格局。媒介技术的每一次发展进步，都会导致传播方式发生革命性变化，改变主流媒体的生存环境。互联网的迅猛发展是技术进步到一定程度的必然结果，进入21世纪以后，从全媒体到大数据、人工智能引领的智媒体，再到虚拟/增强现实（VR/AR）技术引领的浸媒体，新闻传媒业的组织文化乃至整个人类传播生态都出现了"古登堡革命"以来几百年未有之大变局，[1] 新兴媒体登上历史舞台，传统媒体自然就会开始衰落。

---

[1] 史安斌，王沛楠. 智媒时代传统主流媒体的品牌重塑［J］. 电视研究，2018（7）：7-9.

第七章 ｜ 主流媒体"三力"提升中的问题分析

技术落后是传统媒体"三力"下降的原因之一，也是其目前发展中遇到的重大难题。因此，传统主流媒体为适应技术发展新趋势，都在不断加大技术投入、搭建技术平台、引进技术人才等。其中就存在一个问题，即媒体机构对技术的投入成本与对技术的使用效率并不对等，未能实现效益的最大化。以《华西都市报》为建设主体的封面传媒，采用全高清拍摄设备，以高速网络信号发射器为支撑，自主开发私有云播放技术，拥有高清视频拍摄设备超过50台、信号发射装置10组、云导播终端3台，并且建立了自己的"中央厨房"系统——封巢[①]，用新技术创新内容生产流程，但其资本对媒体发展的支撑力还是不够强，运用技术后的产品转化率与高资本投入不成正比，在媒介技术的合理应用和效益提升上尚有较大空间。

本书的研究结果显示，被访者的新媒体优势特征，诸如"信息便捷丰富""社交双向互动"的认知对网络媒体传播力有显著正向影响。新兴媒体善于利用媒体新技术，将新技术充分融入新媒体产品之中，依靠强大的技术支持，实现如"个性化推送""信息检索""直播体验"等全新的信息接收方式，让受众拥有更优质的体验、更迅速的接收速度。而一些传统媒体即使开拓了新兴传播渠道，但由于技术手段缺乏先进性，在用户体验、操作适配性、功能设计上还是会有一定缺陷。比如，有些传统媒体的新闻客户端常会出现无法分享、打不开等问题。也有传统媒体在微信公众号的推送中出现新闻视频嵌入不合理、设计排版粗糙等影响用户体验的问题。传媒业包含大型信息处理系统，与高新技术应用有直接相关性，可以说，现代科学技术对于传媒业的生存和发展至关重要，要想满足受众更高层次的需求，获得更大的社会效益和经济效益，必须发展技术，在一定程度上，传媒之间的竞争即是传播技术的竞争。[②]

以上问题与传统媒体普遍重视技术的研发和投入，却忽视技术投入之后的使用效率和实现技术效益的最大化有密切的关系。当前，中国传统主流媒体普遍选择的方式是入驻新兴媒体平台，以将技术研发外包给科技公司为主要手段，对先进媒体技术进行嫁接，但因媒体自身受限于资金和人

[①] 张洪忠，姜文琪，丁磊. 人工智能时代打造新型主流媒体的路径探索——封面新闻调研报告[J]. 中国记者，2018（9）：33-36.
[②] 张辉锋. 传媒经济学[M]. 广州：南方日报出版社，2006：279.

才，又缺乏科技创新的动力，不能实现新技术的高效转化。当传统媒体对媒介技术的应用不合理不科学的时候，再优质的内容也难以找到适合的方式去表达，这就导致无法实现传统媒体传播力的提升，也谈不上建立持久的公信力，更不会对受众产生影响力。

第三节　影响主流媒体"三力"提升的原因

当前，中国主流媒体存在的理念与价值的认识不足、内容与渠道的创新乏力、经营与管理的沉疴宿疾、体制与机制的削足适履、受众与人才的流失严重、媒介技术运用不充分等问题，都在影响着主流媒体"三力"的提升。要解决上述问题，首先应当正确认识产生这些问题的根源所在。本节从社会转型时期的大背景、媒体自身建设的困境、媒体未尊重受众个体差异及特征等三个方面切入，具体揭示影响主流媒体"三力"提升的根本原因。

一　宏观环境：社会转型期的矛盾凸显

在人类漫长的历史进程中，一切社会活动都离不开环境的影响。主流媒体是中国传媒产业发展的重要组成部分，其运行和发展都会受到宏观环境影响。通常情况下，人们一般将能够对主流媒体产生影响的外部环境统称为传媒宏观环境，有学者对此做出了具体的概念叙述，认为传媒宏观环境是指给传媒组织带来市场机会和造成环境影响的社会力量，包括政治环境、法律环境、经济环境、人口环境、自然环境、科学技术环境、社会文化环境。[①] 上述这些不可控制的社会因素对传媒行业的运营和发展会产生巨大影响，尤其是在主流媒体领域，宏观环境的作用尤为突出。

本书将着重关注影响主流媒体发展的宏观环境，即政策法规环境、经济环境、文化环境以及技术环境。这些外部宏观环境影响着主流媒体的内部发展，最终会直接制约主流媒体传播力、公信力、影响力的发挥。

---

① 谭云明. 传媒经营管理新论：第二版 [M]. 北京：北京大学出版社，2014：46.

(一) 政策法规环境相对滞后

政策法规环境，就是能够对主流媒体产生约束力的国家立法和普遍遵循的行业规制。近年来，主流媒体与新兴媒体之间的竞争日趋激烈，受众资源与注意力资源的争夺趋向白热化，健康完善的政策法规环境对保障媒体良性竞争和维护媒体合法权益至关重要。一方面，法律法规作为国家意志的强制体现，对保障主流媒体的权益、规范主流媒体发展会产生直接的作用；另一方面，法律法规与主流媒体之间相辅相成，主流媒体是普及法律知识、宣传法律常识的最佳渠道，法律法规又为主流媒体保驾护航，营造健全的发展环境。

从政策法规环境看，目前中国在新闻传播立法方面还不完善，尤其是对媒体行业还缺少专业化、系统化的监督和限制性规定，这使得媒介规制难以做到有法可依。近年来，随着智能媒体的蓬勃发展，侵犯版权、隐私权等一系列问题层出不穷，传统媒体与自媒体的"洗稿之争""边界之争"等争议不绝于耳，国家立法和行业规制多是事后的弥补，而非事前的约束。缺乏法律依据和政策保障，势必影响主流媒体的健康良性发展，也会对主流媒体的传播力、公信力和影响力产生一定的威胁。

(二) 经济环境复杂多变

经济环境不仅与一个国家或地区的经济制度、经济结构、经济发展水平、经济政策、经济走势和社会购买力密切相关，对主流媒体发展也有较大影响，不同国家或地区的经济条件、经济特征或经济联系等客观因素均会影响传媒行业发展。例如，宏观经济政策决定管理部门对主流媒体的经济政策，经济发展情况与主流媒体行业效益息息相关，经济发展水平更会直接影响主流媒体的生产制作水平和经营发展状况。中国主流媒体虽有政治属性，但依然在市场经济体制内运营发展，经济环境的变迁对主流媒体"三力"有较大的影响。因此，要考察主流媒体"三力"提升过程中的问题，分析其所处的经济环境至关重要。

改革开放前，中国遵循计划经济体制，媒介资源分配具有较强的一元性和行政色彩，并无主流媒体和其他媒体之分，媒体资源的相对开放也只存在于行政体制内。改革开放后，随着中国经济体制的改革，多种所有制并存打破了一元化经济格局，以行政权力配置媒体资源的行政性垄断壁垒开始消融。中国媒体机构有了走向市场的机会，开始自上而下进行全面改革，一时间大批具有鲜明特色的晚报、都市报如雨后春笋般涌现。随着市场化程度不断加深，一些拥有雄厚资本的商业公司利用技术和资金优势涉足媒体行业，自建媒体机构，在媒体平台上与传统主流媒体展开竞争。至此，传统主流媒体迎来较大挑战，以往强势的传播地位被逐渐打破。

市场经济大潮下，主流媒体传统渠道和资源优势逐渐减弱，如何在竞争激烈的媒体市场中占有一席之地并获得一定的经济效益，是主流媒体迫切需要解决的现实问题。在媒体市场化不断成熟的今天，经济收益已成为保障主流媒体生存发展的关键因素，强大的传播力、公信力、影响力正是主流媒体获取经济效益的重要基础。然而，主流媒体在追求商业利益时，并不意味着放弃自身的喉舌功能和社会职责，更不意味着在世俗化的消费主义浪潮中迷失自我。如果主流媒体仅一味追求经济效益，一定程度上会弱化自身的社会责任意识，疏于对主流价值观的引导，进而导致大众不再关心主流媒体的话语表达，致使主流媒体话语权进一步减弱，主流媒体与大众之间关系弱化，最终形成恶性循环。

（三）文化环境中的多元冲突

文化环境是指在一种社会形态下所形成的信念、价值观念、宗教信仰、道德规范、审美观念以及世代相传的风俗习惯等，是被社会所公认的各种行为规范的总称。[1] 文化环境所蕴含的主要因素包括社会阶层、家庭结构、风俗习惯、宗教信仰、价值观念、消费习俗、审美观念等。在主流媒体面临的诸多环境中，文化环境不像其他环境因素一样，产生的作用显而易见又易于理解，其对主流媒体"三力"建设的影响是间接、隐晦的，但却是持久的。

主流媒体是在一定社会文化背景下进行日常运作的，其受到的文化影响主要体现在三个方面。一是中介性。主流媒体大都承载着宣扬社会文明的历史责任，在一定程度上，其是文明传承和文化传播的中介，其自身也是社会文化的一部分。二是趋同性。主流媒体的传播方式、传播内容和语言风格等都必须以尊重当地社会信仰、风俗习惯和价值观念为准则，包括媒体从业人员的思维价值观念和内容的取舍等都要与当地的文化环境相契

---

[1] 冯俊华. 企业管理概论[M]. 北京：化学工业出版社，2006：73.

合。只有这样,主流媒体所传递的信息才能拥有强大的传播力、公信力、影响力,进而被公众所广泛接受和认可。三是延展性。社会文化的影响力是巨大的,不仅可以实现同向的共享,还可以完成纵向的传递,在共享和传递的过程中,主流媒体发挥着助推剂的作用,让社会文化的形式、内容和要义都更加丰富,从而形成多元的文化价值体系。

现代传播技术的不断发展和传播载体的日渐多样化,为信息的多渠道快速流转提供了可能性。在智媒时代,传播不再局限于以报纸、广播、电视为代表的传统媒介,电脑、手机、可穿戴的一切设备都可以成为新兴的大众媒介。现阶段,媒介市场的高度开放带来了多元文化冲突,形成了媒介文化百花齐放的局面,同时也引发了当前文化产品参差不齐、非主流文化盛行等一系列问题。这些问题正在影响受众,并使负面的文化价值观在受众中尤其是在年轻的受众群体中蔓延开来。此外,在当下多元文化冲突的复杂背景中,普通受众更倾向接受契合自身经验的信息,对信息环境中的西方多种反动思潮观念缺乏判别能力。这就需要主流媒体对正确积极的文化观念进行强有力的引导,这无疑对主流媒体提高传播力、公信力、影响力和引导力提出更大挑战。

(四)技术环境的双刃剑影响

对于主流媒体来说,技术环境指社会技术的整体水平,其中可应用到传媒领域的技术发展可能会给主流媒体带来较大的影响。在不同的历史阶段,每一种新媒介形式的诞生都是技术作用的结果,所以,主流媒体是在技术不断完善中发展进步的,也是在技术的优胜劣汰中出现"三力"危机的。

纵观媒介发展历史,口头传播、文字传播分别成就了各自时代的主流媒介,随着造纸术的发明和普及,文字作为主流媒介传播载体的地位进一步巩固。印刷技术的发展和成熟使得信息第一次得以在无损耗的状态下进行存储、复制和扩散,书籍和报刊成为当时人类社会的主流媒介。随后,电子技术的飞跃让广播、电视登上大众传播媒介舞台,并凭借其独特的形态优势、前所未有的感官吸引力和突破空间局限的现场感和交流感迅速跻身于主流媒介队伍。在人类社会的任何一个时期,要想使主流媒体"三力"发挥更好的效能,都必须懂得不同技术支持下的媒介形态特征。

科学技术是一把"双刃剑",对主流媒体的影响也是双向的。一方面,技术的发展进步、革新不断催生出新的媒介形态，给主流媒体带来新的发展机遇，为从业人员提供更广阔的创作空间，最终推动整个传媒业向前发展。另一方面，新技术的变迁注定导致旧技术被淘汰，这对主流媒体从业人员掌握新技术的能力提出了更高的要求，同时也对主流媒体使用好技术这把"双刃剑"，正确使用技术资源提出了挑战。

二　媒体自身：媒体内部建设中的制约因素

主流媒体作为社会系统的一部分，其"三力"的提升不仅受到宏观环境的影响，与内在组织机构的运行也有紧密的关系。主流媒体的内部环境会直接影响其发展方向。当外部宏观环境带来不利影响时，如经济下行、政局动荡等，主流媒体就应该及时调整内部运营来适应外部宏观环境。在前一部分，以宏观层面为出发点，着重分析了主流媒体所面临的外部环境，叙述了可能影响主流媒体"三力"提升的外部要素。本部分将从媒体自身出发，把分析的重点放在主流媒体的内部，对媒体自身建设中遇到的困境做详尽的分析，从内部环境寻找主流媒体"三力"下降的主要原因，为后文提出对策奠定基础。

（一）体制机制对媒体改革的制约

关于媒体体制机制的界定，本书认为，可以将体制理解为国家对整个主流媒体组织的管理体制，将机制理解为主流媒体机构内部的管理机制。前者属于国家与具体类型传媒组织之间的管理，这种类型的管理一般通过国家设立专门机构来实现，比如在澳大利亚有三个专门机构对国内的广播电视系统进行管理：澳大利亚广播公司管理国内主流媒体和国际电视台，澳大利亚广播事业局分管商业性的电台和社区广播，澳大利亚特别节目广播事业局主管民族类的媒体。后者是主流媒体机构内部的具体权力分配，包括上下级之间的从属关系及各部门之间的商业运作模式，比如英国广播公司（BBC）和日本广播协会（NHK）属于主流媒体的社会化运作模式，就中国主流媒体发展情况而言，大都采用国有基础上的市场化运作模式。

在新兴媒体对主流媒体造成颠覆性的巨大冲击后，传统主流媒体纷纷开始探寻改革发展之路，就目前中国媒体转型发展的案例来看，总体成效不大，深究其原因，主要是体制机制对媒体改革的制约影响。中国的主流媒体大都属于国有媒体，省（自治区、直辖市）一级的新闻出版和广电单位既受国家新闻出版署和国家广电总局领导，同时也受该省的省委宣传部和该省人民政府的双重领导，市、县一级的主流媒体机构参照省级主流媒体机构的管理模式，受上级部门和当地党委宣传部门及人民政府的共同领导。其人员编制、财政拨款和政策指导等方面受其对应的政府部门领导，一些具体的新闻业务、技术规范和发展规划等受上级新闻出版及广电部门领导。再加上行业中存在垂直管理（下级媒体部门受上级媒体部门管理）、平行式结构（不同媒体类型之间相对独立）和倾斜式布局（地域之间媒介资源分布不均）等，这种条块式管理在一定程度上制约了主流媒体改革发展和"三力"的提升。

（二）思维方式与媒体实践的冲突

所谓思维方式是指某些主导因素、出发点、运行依据、路线、解决问题的形式、方法及其体现形式等相互配合的总和所形成的特定思考样式。[1] 思维方式影响着人或组织的所有社会活动及发展轨迹，主流媒体整体"三力"下降，其思维方式出现偏差是重要原因，尤其是在当下，为应对挑战、谋取发展，主流媒体尝试了多种类型的实践。如新闻网站和两微一端的建设、"中央厨房"的开辟、"爆款"新闻产品的挖掘等，但媒体思维方式的更新并没有跟上实践落地的步伐。特别是当思维方式与媒体实践发生冲突时，会极大地阻碍主流媒体"三力"的提升。主流媒体思维方式与媒体实践的冲突主要体现在以下三个层面。

从新闻理念看，体现为"内容为王"与"渠道为王"的冲突。在新兴媒体异军突起的大背景下，传统主流媒体曾试图以拓展传播渠道来提升传播力、公信力、影响力，甚至一度遵循"渠道为王"的新闻理念，认为媒介平台比内容本身更加重要，于是一哄而上地在开辟新渠道上下足了功夫。人民网研究院发布的《2018年全国党报融合传播指数报告》显示，377家党报中有259家党报在新浪微博开通了官方微博账号，开通率达68.7%；在微信平台，有288家党报开设了微信公众号，开通率为76.4%。[2] 但在具

---

[1] 苗启明. 论事实本位的思维方式：实证思维 [J]. 昆明师范高等专科学校学报，1999（1）：14-18，49.
[2] 人民网研究院. 2018年全国党报融合传播指数报告 [J]. 新闻与写作，2018（7）：36-40.

体的实践中，受众对新闻来自哪个平台并不关心，最终能够对受众产生影响的依然是以内容取胜的新闻产品，即不管媒体渠道如何多元、媒介生态怎样变迁，对受众有绝对吸引力的还是拥有优质内容的新闻产品。这种冲突在一定程度上使主流媒体在新闻理念坚守上有所偏颇，最终直接影响了新闻的发展方向，对"三力"提升产生了不利影响。

从转型理念看，体现为融合发展与各自为战的冲突。2014年8月18日，习近平在中央全面深化改革领导小组第四次会议上的讲话强调，"要着力打造一批形态多样、手段先进、具有竞争力的新型主流媒体"[1]。近年来，在国家的鼓励、引导和支持下，融合发展理念在新闻界盛行。传统主流媒体希望通过融合的手段实现传统媒体与新兴媒体的共存，改变传统媒体传播力、公信力、影响力日渐式微的现状。但在实际操作中，由于政治背景不同、经济利益分割冲突、文化差异等多种因素的共同影响，大多数主流媒体的融合都是各自为战，停留在简单的"嫁接移植"和"修修补补"的层面，并没有实现多领域、全方位的融合。转型理念与实践的冲突，导致主流媒体融合流于表面，效果不佳，对传统媒体"三力"的提升并无太大作用。

从发展理念看，体现为品牌思维的缺失与互联网发展之间的冲突。技术的发展和普及引起传媒生态环境产生巨变，中国主流媒体已经基本实现全面互联网化，从中央级媒体到省级媒体，再到市、县级媒体，都普遍以互联网为传播工具，实现信息传播、舆论引导和价值观传递，并与众多的新兴媒体一起参与市场竞争。但主流媒体在全面互联网化的布局中，明显缺乏品牌思维，具体表现为一些主流媒体为了抢夺受众注意力，盲目跟风，出现了娱乐化、低俗化的苗头，标题党、假新闻层出不穷。上述主流媒体忘记了其行政赋权的特殊性，忽视了其权威性、公信力和影响力这些新兴媒体所不具备的优势。在新闻信息的选择和取舍上，在具体议题的设置和处理上，都缺乏维护和巩固主流媒体形象的品牌思维，缺少巩固和打造主流形象的品牌意识，盲目地迎合互联网化的信息需求。于是，主流媒体的权威性被逐渐消解，主流的声音无法发出，"三力"遭受了严重的威胁。

---

[1] 习近平：着力打造一批具有竞争力的新型主流媒体［EB/OL］.（2014 - 08 - 18）［2021 - 08 - 24］. http://cpc. people. com. cn/n/2014/0818/c64094 - 25489714. html.

(三) 资金技术对媒体发展的限制

新中国成立后，中国媒体百废待兴，宣传任务重，报纸发行量急剧增加，主流媒体的运营主要依靠国家财政补贴。党的十一届三中全会后，中国经济体制改革正式拉开序幕，国家对主流媒体的财政补贴逐步削减，面对巨大经济压力和生存压力的主流媒体不得不转型发展，寻求出路。事业单位、企业化经营的尝试，多元化经营的涉足，集团化发展的实现，在一定时期都给主流媒体带来了经济效益和辉煌发展，使中国主流媒体的盈利水平稳步提升，广告收入成为媒体的主要经济来源，主流媒体基本摆脱了过去依靠政府补贴艰难度日的局面。

经济逻辑是中国新闻传播事业历史进程中一个十分重要的发展逻辑，即围绕如何争取新闻消费者、建立自由的媒介市场而展开的新闻实践和新闻观念的表述，追求在广阔的市场中进行新闻传播，实现其最大的新闻传播效果。[①] 多年来，中国主流媒体的市场化日益向纵深发展，并取得了一系列成就，以《人民日报》、CCTV 为代表的中央级主流媒体依靠其强大的传播力、公信力、影响力，成为占据广告市场份额最多的媒体，以南方报业传媒集团为代表的区域性主流媒体广泛参与市场竞争，实现了迈向新高度的重要飞跃，取得了辉煌成就。在维持媒体收支平衡且还有富余的情况下，主流媒体才能加大技术投入，提高传播水平。这样看来，经济与技术之间是相辅相成的关系，只有经济基础足够雄厚，才能够保障技术投入；同样，只有技术水平保持先进，才能够保障经济收入的可持续。

在计划经济时代，主流媒体尚可以通过政府的"供血"来维持发展，但在媒介经济市场化比较成熟的今天，主流媒体已卷入市场洪流之中，基本自负盈亏。尤其是一些地方性的主流媒体，传播力低、影响力差将导致其经营不善、经济窘迫，更谈不上什么技术发展，技术和资金的短板会导致其在市场竞争中处于劣势地位。没有技术和资金，主流媒体就像无源之水、无本之木，不仅无法实现资本的保值增值，甚至还会使其一度辉煌的传播力、公信力、影响力下降。

新兴媒体多是在雄厚的资本支撑和强大的技术支持下发展起来的媒体，如腾讯新闻、抖音等都是互联网公司多元发展的衍生产物。资金和技

---

① 单波. 20世纪中国新闻学与传播学·应用新闻学卷 [M]. 上海：复旦大学出版社, 2001: 10.

术为公司带来了巨大的商业效益，商业效益又应用于技术开发，良性循环保持了其在技术和资金领域的先天优势。显然，与新兴媒体先天的技术和资金优势相比，主流媒体在技术和资金层面存在明显的短板，这成为其"三力"提升的主要障碍。目前，主流媒体兴建的一系列新媒体，盈利模式尚在探索之中，还处于"烧钱"的时期，这无疑也加剧了主流媒体"三力"下降的速度。

三 受众角度：忽视受众个体特征及需求

目前来看，不管是学界还是业界，关于媒体"三力"影响因素的讨论大多聚焦于新闻生产环节和信息传递过程，而忽视了传播过程中的另一个重要主体——受众。对于任何一家媒体来说，受众都是检验其传播力、评价其公信力、证明其影响力的重要主体。如果信息最终不能到达受众，谈论主流媒体的"三力"将毫无意义。

传统媒体在发展进程中，由于传播范式和媒介技术的局限，一直缺乏"用户思维"。然而，随着智能传媒时代来临，受众已成为主流媒体"三力"评价的重要因素，主流媒体若想提升"三力"，就必须重视受众的各类特征，必须坚持"用户思维"。探讨主流媒体"三力"的影响因素，需要考察其传播客体即受众的各项特征。因此，本书认为，受众的人口统计学特征差异、媒介使用偏好和媒介素养水平这三个方面会影响受众对主流媒体"三力"的评价，同时这也是主流媒体容易忽视的问题。

（一）忽视受众人口统计学特征差异

人口统计学特征通常指在一定地区一定时点条件下，人口的总量规模、性别结构、年龄结构、行业与职业结构、文化结构和民族结构等所显示的人口现象的数量特征。但人口统计学特征并不是孤立地去描述这些人口现象的数量特征，而是进一步去探明这些人口现象的各种内在联系，以揭示某一人口的性质与特点。[①] 本书在问卷设计中同样也涉及了被访者的人口统计学特征，并且调查结果表明：不同性别、年龄、职业、文化背景的被访者对主流媒体的选择和评价有不同表现，反映出主流媒体的"三

---

① 吴忠观. 人口科学辞典 [M]. 成都：西南财经大学出版社，1997：35.

力"评价因"人"而异的情况。例如,课题组发现,中国主流媒体"三力"在不同地域分布不均,呈现同中有异的现象,即西部欠发达地区由于基础设施限制、网络普及率和收入水平较低等,网络媒体使用情况不如传统媒体,传统媒体的"三力"在西部地区较网络媒体更强。此外,主流媒体"三力"在年龄较大的受众群体中更强,在男性群体中较在女性群体中强,等等。过去,关于主流媒体"三力"的调查中,研究者大多忽视了用户的个性与特征这一影响因素。例如在收视调查中,通常会以收视率、开机率、市场份额等数据为基本元素,分析规模化和同一性用户的数据,这种方式忽视了用户作为独立个体的体验。总的来说,不管是地域分布不均,还是不同媒体表现不同,人口统计学特征差异都是重要原因之一。比如,"三力"在落后地区或较发达地区表现有差别,实质上是受众内部差异造成的。只有正确认识人口统计学特征差异,才能为主流媒体提升"三力"提出因地制宜的解决方案。

(二)违背受众媒介使用偏好

受众的媒介选择行为具有高度的自主性,受众的媒介使用偏好往往从单一性走向复合化。因为受众可以完全根据自己的信息需求、认知态度和个人意志来选择接收信息的渠道。在信息化社会,报纸的读者可以是电视的观众,也可以是互联网的网民;广播的听众既可以是报纸的读者,也可以成为互联网的使用者。对于受众来说,这就意味着获取信息的渠道是多种多样的,受众不会只从一个传播渠道或一种媒介获得信息。尤其是在媒介技术飞速发展的今天,受众在媒介使用上展现出前所未有的自由。受众的不同媒介使用偏好,也就成为影响媒体"三力"的关键因素。因此,主流媒体提升"三力",除了需要关注传播者的内容生产质量之外,还应该关注受众的心理需求及反应。从受众的媒介使用偏好出发,把握好受众的心理变化过程和反应规律,对于调整传播行为和提升媒体"三力"十分重要。

有关受众媒介使用偏好的调查数据显示,新闻移动端产品的用户通常会在晚上10点到凌晨1点阅读新闻,但一些传统媒体的移动端的新闻更新时间却不在这个时间段,导致信息更新速度和频率不能满足用户的使用需求。数据表明,传统媒体新闻产品在"晚上9点"和"凌晨0点"更新的比例只占42.6%和33.5%。相比之下,新兴媒体产品的更新比例均超过一半。[①] 此外，某些主流媒体还存在固守传统内容生产方式和风格、忽视受众的个性化体验、缺乏对受众行为数据的深入研究等问题。这些违背受众媒介使用偏好的行为都会导致主流媒体"三力"下降。

（三）忽视受众媒介素养教育

美国媒介素养教育中心认为，媒介素养是指人们面对媒介各种信息时的选择能力、理解能力、质疑能力、评估能力、创造和生产能力以及思辨的反应能力。[②] 在中国，有一种共识是，媒介素养指媒介受众对各种媒介信息的解读批判能力，以及使媒介信息为个人生活、社会发展所应用的能力。[③] 在智媒时代，媒介素养不仅包括使用操作媒介的能力，更应当包括对海量信息的甄别筛选能力、对相关技术合理合法的使用能力等。

无论媒介素养的内涵构成如何变化，不可否认的是，在互联网时代，受众的媒介素养会直接影响到他们对某一媒体"三力"的评价。在这一过程中，媒体不仅是受众评价的对象，同时更是受众媒介素养形成过程中起作用的重要主体，媒体的主动性和积极性会直接影响受众媒介素养的形成与提高。[④] 一方面，随着移动互联网和社交媒体的快速发展，公众获取信息的渠道更多，参与讨论也更加便利，主流媒体在一定程度上满足了公众在新时代对信息的大量需求。另一方面，主流媒体在信息生产、传播过程中忽视受众媒介素养教育，将自身职业道德抛诸脑后，为吸引受众眼球而渲染个人享乐主义、拜金主义等内容，会衍生出碎片化阅读、娱乐化倾向、虚假新闻泛滥等多种现象，进而会引发"信息茧房""网络暴力"等一系列社会问题。长此以往，就会影响受众的心理状态和社会责任感。

本章小结

本书认为，主流媒体发展中存在的问题皆是媒体"三力"发挥强大效

[①] 张德君，徐园，张宇宜. 传统媒体 App 应用的问题与方向 [J]. 中国记者，2012（9）：114 – 115.

[②] 张玲. 媒介素养教育——一个亟待研究与发展的领域 [J]. 现代传播（中国传媒大学学报），2004（4）：101 – 102.

[③] 胡莹，项国雄. 传者素养：媒介素养教育的根本 [J]. 传媒观察，2005（8）：42 – 43.

[④] 杜伶俐. 受众媒介素养提升中的媒体作用 [J]. 新闻世界，2012（4）：32 – 33.

能的制约因素，要正确认识主流媒体"三力"存在的问题，需要与主流媒体发展过程中的问题相结合，需要将主流媒体置于宏观的社会大环境下进行讨论，并从媒体自身发展和受众层面追本溯源。因此，本章依据上述逻辑主线，全面展开论述。

在第一节总述主流媒体"三力"发展过程中的问题基础上，本章第二节提出主流媒体"三力"提升过程中存在六大困境：一是理念与价值层面认识不足；二是内容与渠道层面创新乏力；三是经营与管理层面沉疴宿疾；四是体制与机制层面削足适履；五是受众与人才层面流失严重；六是媒介技术层面未实现效益最大化。上述六大困境皆对主流媒体发挥传播力、树立公信力、扩大影响力产生了不良影响，是制约主流媒体发挥"三力"的关键所在。本章第三节主要阐释了影响主流媒体"三力"提升的根本原因。从宏观层面看，在社会转型时期的大背景下，政策法规环境、经济环境、文化环境和技术环境都对主流媒体"三力"产生不同程度的影响；从媒体自身看，主流媒体建设中的困境皆是"三力"下降的原因所在，具体体现在体制机制对媒体改革的制约、思维方式与媒体实践的冲突和资金技术对媒体发展的限制三个方面；从受众角度看，受众长期不受重视、用户思维匮乏是主流媒体"三力"下降的重要原因。

总的来说，本章以文献资料和媒体实践为基础，将媒体"三力"作为一个整体进行系统考察，深入探究影响主流媒体"三力"的核心要素，挖掘问题出现的主要原因，为后文提出针对性、现实性和可操作性的对策建议提供背景参照及探寻思路。

第八章 主流媒体提升"三力"的对策建议

技术变革不断推动媒介生态的重构进程，不管是主流媒体内部的价值观念、组织架构与内容生产，还是其外部的平台驱动、政策制度与竞争环境，都会因技术发展而发生颠覆式的改变。因此，主流媒体传播力、公信力、影响力的提升，并不是一蹴而就的结果，而是一个在摸索中不断深入、逐步修正的过程。因此，本章重点从转变发展理念、重视内容、智能先行、推进变革、用户为本、全面融合六个方面，深入论述提升主流媒体传播力、公信力、影响力的具体对策建议。

第一节 转变发展理念，坚守核心价值

技术发展推动媒体变革，转变发展理念是媒体适应技术发展的必然要求。在中国传媒业的发展进程中，坚持党办媒体的基本原则，弘扬社会主义核心价值观，应是主流媒体最为基本的发展理念和价值追求。

一 坚定理想信念，坚持为人民服务、为社会主义服务

在这个技术日新月异、创意层出不穷的时代，价值应当扮演奠定各种演进和变迁基础的中流砥柱的角色。[①] 主流媒体之所以被称为"主流"，正是因为其传播的价值观念和理想信念是主流的。主流媒体所开展的传播活动必须始终坚持为人民服务、为社会主义服务的信念，弘扬社会主义核心

---

① 常江. 新型主流媒体内涵辨析 [J]. 青年记者, 2015 (28): 16-17.

价值观,这样才能指引国家、社会和人民走在最正确的道路上。理想信念是主流媒体的价值追求,也是其提升传播力、公信力、影响力的根本保障,忽略了理想信念的塑造,不仅不利于提升"三力",而且还可能带来一些不良倾向。

(一) 为人民服务,以人民利益为中心

《中华人民共和国宪法》第二十二条规定:"国家发展为人民服务、为社会主义服务的文学艺术事业、新闻广播电视事业、出版发行事业、图书馆博物馆文化馆和其他文化事业,开展群众性的文化活动。"可见,为人民服务、为社会主义服务是中国新闻传播活动的根本方针。为人民服务,是对新闻传播活动主体及其权利的规定,也是对中国新闻传播事业的义务性规范。主流媒体必须在坚定理想信念的前提下,转变过去"庙堂高位"的思维模式和工作作风,坚持为人民服务,以人民利益为中心的新闻理念,用心走基层,用情写群众,不断提高新闻报道水平,满足人民群众多层次、多方面的信息需求,反映人民群众的愿望和要求,不断提升媒体的传播力、影响力和公信力。在面对一些重大突发事件及舆论热点时,主流媒体要切实担负起引导社会舆论的重大社会责任,既要快速反应抢占话语权,又要保障信息的真实、全面和客观,表达事情、事态、事件的真实面貌,回应社会关切,牢牢掌握消息发布和舆论引导的主动权。

(二) 为社会主义服务,发挥社会平衡器作用

为社会主义服务是中国新闻事业的政治性质,也是新闻传播活动的指导思想。主流媒体在开展新闻传播活动时,必须坚持为社会主义服务,用客观真实的报道在政府信息服务和民众切身需求之间寻求平衡,发挥社会平衡器作用,倡导社会主义核心价值观,不断提升其传播力、公信力和影响力。例如,人民日报客户端自上线以来,坚持在第一线发布最权威的新闻信息,相继推出了服务民众的问政平台、政务平台、公益平台、服务平台,主动承担起主流媒体应有的社会责任,在民众和政府之间架起了沟通了解的桥梁。同时,在多次重大事件的解读、谎言澄清和观点矛盾化解中起到了关键作用,避免了一些矛盾激化和群体极化的危机,被用户称为"为老百姓办事的客户端",在第三方机构评选的新闻客户端前十强中,人

民日报客户端是唯一一个由传统媒体创办的客户端。① 人民日报社作为中国最具代表性的传统主流媒体，积极转变发展思维，适应新媒体技术的变革，坚定理想信念，树立为人民服务、为社会主义服务的价值理念，扎扎实实地不断提高自身的传播力、公信力、影响力。

二 坚持正确的方向，深化互联网思维

在提升主流媒体传播力、公信力、影响力的实践中，主流媒体作为社会文化和价值观的引导者，必须坚持正确的政治方向与舆论导向，抓住历史机遇，勇于担当、敢于改革。同时，还要在运营发展过程中深化互联网思维，坚持改革创新，不断强化自身原有的地位和优势。

（一）坚持正确的政治方向和舆论导向

主流媒体提升"三力"过程中，一要坚持正确的政治方向。坚持正确的政治方向，就是要坚持党的领导，坚持党性和人民性的高度统一，明确党的新闻媒体的阵地属性、喉舌定位以及为党和国家大局服务的工作宗旨。二是要坚持正确的舆论导向。引导舆论是中国主流媒体的突出特征和必然要求。主流媒体在开展新闻传播活动时，其各个方面、各个环节都要坚持正确的舆论导向，不论是各级党报党刊、电台电视台，还是都市类报刊等，都要坚持和发挥舆论引导功能，以正面宣传为主，以传播正能量为主，努力构建公民与社会、政府交流互动的舆论平台。

（二）以互联网思维推动媒体创新发展

在坚持正确方向的前提下，主流媒体要充分挖掘自身优势，推动媒体发展创新，而推动创新的关键就在于理论创新，其核心是培养互联网思维。② 深化互联网思维，适应媒介技术发展趋势，主动创新和变革，与新兴媒体优势互补，是主流媒体提升传播力、公信力、影响力的必由之路。

"互联网思维"是根植于网络社会发展的复合概念，是用互联网传播

---

① 丁伟：重塑优势 坚守主流［EB/OL］.（2016－07－26）［2020－06－27］. http://finance.people.com.cn/n1/2016/0726/c1004－28586553.html.
② 黄楚新，王丹，任芳言. 试论习近平的新媒体观［J］. 新闻与传播研究，2016（3）：7－17，126.

规律去思考解决问题的一种思维方式。喻国明等认为互联网思维的核心逻辑是"互联互通"。① 石长顺等人认为,对新型主流媒体来说,互联网思维以服务用户、开放平台和产品迭代为主要特征。② 具体而言,网络技术开放、去中心化的特征,决定了互联网思维的非线性和共享性,而网络技术带来的互联互动,则增强了人与信息、信息与信息、人与人之间的联系,也突出了用户这一节点在网络中的重要地位。因此,互联网思维必须重视用户需求,整合各类资源为用户体验服务。这种互联网思维模式,使得越来越多的传统媒体意识到要提升自身传播力、公信力和影响力,就必须深化媒体自身的互联网思维,以"造船出海"的勇气,建设由其主导主控的新媒体项目,如建设移动客户端、"中央厨房"、媒体云平台等,抑或采用"借船出海"的方式,依托自身内容生产优势,与现有新媒体平台合作,入驻平台开设账号。

进入万物互联的智媒时代,培养和强化主流媒体的互联网思维显得更加重要。例如,人民日报社自开展媒体融合以来,不断挖掘自身优势,推动自身发展与创新,以其强大的内容生产能力和无可比拟的公信力为基础,以互联网思维为指引,擘画了一幅"以加速互联网化为融合方向,以全面一体化为融合目标"③ 的发展宏图,相继设立人民日报客户端,开通微博和微信公众号,入驻今日头条等影响力较大的聚合类平台,用丰富多彩的形态全面拥抱互联网,建立了阵容强大的全媒体矩阵,在提升传播力、巩固公信力、扩大影响力等方面做出了很好的尝试。

三 坚守新闻价值和宣传价值统一原则

主流媒体必须遵循新闻自身的运行规律,坚持正确的价值取向,坚守新闻价值和宣传价值相统一的原则,不断提升自身的传播力、公信力、影响力,努力强化对舆论的引导力。

(一) 坚守新闻价值

坚守新闻价值,要求主流媒体防止忽视新闻规则和价值的行为,坚决

---

① 喻国明,姚飞. 强化互联网思维推进媒介融合发展 [J]. 前线,2014 (10):54-56,58.
② 石长顺,梁媛媛. 互联网思维下的新型主流媒体建构 [J]. 编辑之友,2015 (1):5-10.
③ 戴晓晓. 大数据为融合发展提供底层支撑 [N]. 南方日报,2016-08-23.

摒弃"标题党""博眼球"等错误做法。无论是重大事件的集中报道、新闻热点的跟踪报道，还是舆论监督行为，都要立足于坚守新闻价值、弘扬正能量这一出发点。比如，正面报道要提供多元的信息和观点，不可盲目铺陈同类报道；舆论监督不应当局限于批评或曝光，更应该展现出媒体的责任与担当，不断提升对舆论的引导能力，优化对舆论的引导水平，把对新闻价值的坚守具化在媒体报道中，体现出主流媒体应有的大局观念，要站位高、立意深，积极开展贴近基层、百姓、民生，塑造社会共识，具有新闻价值的新闻传播活动。

（二）重视宣传价值

主流媒体要善于运用宣传艺术，深入把握社会转型时期舆论场的变化情况，掌握多元文化思潮影响下社会思想意识变化规律，研究新闻传播、舆论引导的优化方法，在社会大变动的背景下，积极探索宣传思想工作的全新路径。同时，还要紧跟中国特色社会主义的实践步伐，从日新月异的社会变动中寻找方法，在波澜壮阔的现实生活中开拓新格局，准确把握人民群众思想文化新需求，进一步改进思想宣传工作，用群众喜闻乐见的方式潜移默化地传达政治主张和核心观念，让主流媒体传播力、公信力、影响力的效能实现最优化。

《人民日报》在2018年港珠澳大桥开通事件报道中很好地秉持了新闻价值与宣传价值统一的报道原则。一方面，这一报道发布了一系列具有时效性的信息，满足了群众对新闻讯息的大量需求，如其官方微博视频《壮观！120秒航拍，带你俯瞰港珠澳大桥》及侠客岛公众号推文《说起来，这是今天最重大的新闻》，对港珠澳大桥的"前世今生"、构筑原理、工程难度等具有新闻价值的讯息都进行了深入挖掘报道。另一方面，《人民日报》还刊登了《一桥越沧海——写在港珠澳大桥开通之际》《巨龙，腾飞在伶仃洋上——港珠澳大桥开通仪式侧记》《激扬勇创世界一流的民族志气》等文章，用建设者们"大桥通车，白海豚不搬家"的承诺，回应了关于环保问题的指责，用严密的管理制度和过硬的工程质量展现了港珠澳大桥的"钢筋铁骨"，正面展示了"中国道路成就美好梦想，中国力量铸就海上奇迹，中国智慧催生广阔前景"的国家精神和国家形象，抓住了港珠澳大桥开通这一契机，提升了民族自信，展示了国家实力，最终实现了新闻的宣传价值。

第二节　内容至上，保持渠道畅通

在媒介发展研究中，关于"内容为王"还是"渠道为王"的争论从未停止过。本书认为，媒介只是一种传播载体，无论是报纸、广播、电视，还是互联网，都只是外在的传播工具，内容才是最终抵达受众的核心要素，是媒体发展的关键所在。尤其是对传统主流媒体来说，高品质的内容是其安身立命的根本所在。一个内容乏善可陈的媒体，即使渠道再畅通，也不会受到受众的欢迎，更不会拥有强大的影响力。

主流媒体必须坚持"内容为王"的核心战略，在优化内容资源配置、加强内容创新等层面做出改变，同时重视渠道的强大作用，借助新渠道、新技术，丰富报道形式、拓宽报道渠道，使优质的内容能够适应多种渠道的传播。在生产优质内容的前提下，让渠道和技术发挥更高的价值，将传统主流媒体的权威性、公信力与新兴媒体的鲜活性、可读性结合起来，进一步提升主流媒体的传播力、公信力、影响力。

一　优化内容资源配置，发挥主流品牌优势

传统媒体的核心竞争力在于品牌和内容优势。[1] 在20世纪，主流媒体集内容生产和分发于一体，拥有绝对的中心话语权，但21世纪新兴媒体的快速发展打破了这种格局，动摇了主流媒体的中心地位。即便如此，从内容资源的占用、获取和品牌的影响力上看，主流媒体依然拥有得天独厚的优势。因此，提升主流媒体"三力"，应该扬长避短，进一步优化内容资源配置，发挥其主流品牌优势。

（一）优化内容资源配置

主流媒体应当把目光聚焦在内容资源的分配上，平衡传统媒体业务和新媒体业务。从实际状况来看，除了中央级主流媒体在其新媒体形式上投

---

[1] 刘志."互联网+"时代传统媒体如何重构渠道和内容［J］.安徽理工大学学报（社会科学版），2016（3）：81-85.

入了大量的人力、物力、财力外，地市级及县域主流媒体大多只是在形式上建立了一些网站、微博、微信公众号和移动客户端，对新媒体业务的运营并不重视。一些地方的主流媒体实质上并没有把有重大新闻价值和宣传价值的新闻内容往新媒体业务倾斜。主流媒体应当对传统媒体业务与新媒体业务一视同仁，在新媒体发展初期，还要进行适当的资源倾斜，让专业的人做专业的事，将一些突发的、紧迫的重大事件快速地在新媒体上发布，以抢占发布先机，提升媒体的传播力；对于需要调查取证的、复杂的新闻事件，则通过传统媒体的解读满足用户深度阅读的需求，进而树立公信力和扩大影响力。

（二）发挥主流品牌优势

品牌优势是主流媒体传播力、公信力、影响力的重要保障，主流媒体应当坚守原有的品牌优势、打造新的品牌优势，不断整合各种资源，通过顶层设计进行精准定位，满足用户对主流媒体的期待，打造用户心目中的主流媒体品牌。比如，在品牌塑造中，人们一说到时政新闻，就会想起"澎湃"；提到视频新闻，就会联想到"封面"；谈到党报，第一反应就是《人民日报》。这就是品牌效应。再如，财新传媒是以专业财经资讯为内容的专业媒体，财经新闻就是它的"品牌"，其借助品牌优势，可以将线下会议和培训转化成媒体品牌成果，实现媒体价值的变现。所以，主流媒体品牌优势发挥得越好，就越能增强用户群体的黏性，扩大媒体的知名度，使用户养成条件反射和惯性反应，以此提升其传播力、公信力、影响力。

二 加强内容产品创新，构建内容生态体系

在媒体变革的时代，要保持主流媒体强大的传播力、公信力、影响力，就必须加强内容生产创新和提高原创作品的产出，以用户需求为导向，推出有思想、有见地、有视野、有格局的精品报道，努力改革媒体的传播形式及方式，构建"视、听、读、聊"一体化的内容生态体系。

（一）拓展内容产品广度

目前，在与新兴媒体的竞争中，主流媒体在内容生产的广度上还远远不够。在开放互动的传播环境已经形成的背景下，民众对媒体的常规性报

道或突发事件报道的需求空前旺盛。主流媒体要提升其传播力、公信力、影响力，就应当不断拓展内容报道的广度，坚持以人为本的原则，面向人民群众的需求来设置内容和话题。2017年，北京市主流媒体关于"雾霾"的报道，就很好地体现了以人为本设置内容的原则。当雾霾事件成为全国关注的热点话题时，主流媒体不仅通过环保部、国家卫计委、北京市气象局等政府部门的新闻发布会解答群众疑惑，还在《北京日报》、"北京发布"微信公众号等多个媒体平台进行了持续不断的内容发布，拓展报道了"雾霾治理""法规颁布""应急管理"等多个方面的内容，做到了传播内容的广泛化和全面化。

（二）挖掘内容产品深度

深度报道是内容创新的重要手段之一。完整深入地报道事件、讲好中国故事，不仅是一种叙事能力，更是主流媒体提升传播力、公信力、影响力的"尚方宝剑"。在多元开放的媒体时代，主流媒体不仅应该告诉公民发生了什么，还应当由表及里、由此及彼地挖掘事件的"前世今生"，进行深度解读。具有强大传播力、公信力、影响力的内容报道，必须建立在对事实充分掌握和深度挖掘的基础之上。2018年轰动一时的"王凤雅小朋友之死"新闻事件，就展现了对报道内容进行深度挖掘的重要性。事件的公开源于某自媒体公众号发布的一篇文章，由此引起了"虐待""重男轻女""诈捐"等自带流量的争议话题，一时间让王凤雅家属遭遇了全民攻击。随后，CCTV、《人民日报》等主流媒体参与报道，对该新闻事件持续跟进。这些媒体通过对太康县警方、嫣然天使基金等多个相关部门的深入采访，最终还原了事件的真相，迅速引起舆论的反转，矛头指向了别有用心的炒作者。《新京报》和澎湃网分别发表了《王凤雅事件，任何社会都不需要"造谣式慈善"》[1] 《王凤雅事件：锱铢必较的爱心走向了刻薄》[2] 等深度报道。主流媒体的这一寻根问底、对内容深度挖掘的报道，有助于提升其传播力、公信力、影响力。

---

[1] 西坡. 王凤雅事件，任何社会都不需要"造谣式慈善"［N］. 新京报，2018-05-27.
[2] 与归. 王凤雅事件：锱铢必较的爱心走向了刻薄［EB/OL］.（2018-05-28）［2021-06-24］. https://www.thepaper.cn/newsDetail_forward_2157301.

（三）创新内容产品形式

主流媒体不仅要从内容的广度和深度上加强内容产品的创新，还应从丰富内容产品的表达形式等层面加强自身建设。CCTV 在创新内容产品方面善用新技术和新应用，很好地丰富了内容产品的表达。2019 年元旦，CCTV 发布了《总书记的新春贺词》短视频，并在微信、微博上同步更新，该视频的总播放量超过 3 亿人次。又如《人民日报》在 2018 年"两会"期间持续推出 H5 新闻，运用交互融媒体技术报道"两会"，采取图文报道、视频报道、信息长图、全景图、一镜到底、问答型、游戏型、创意新闻等类型的融合报道方式，内容表达形式可谓应有尽有，为人们献上了一场精彩的视听盛宴。其中一篇题为《重返这五年》的报道，用户阅读作品时可以回看 5 年来中国取得的成就，其丰富的情节设计让内容的展示方式精彩纷呈。

三 把握时代脉搏，寻求渠道突破

传播"渠道失灵"也是当下主流媒体在提升"三力"时面临的重要问题。信息技术在媒体领域的应用不仅重构了传统的传播方式，而且改变了过去传统媒体对渠道的垄断局面。因此，主流媒体应该把握时代脉搏，主动寻找新渠道，实现传播力、公信力、影响力的新突破。

（一）维护传统传播渠道

传统主流媒体要维护好原有的传播渠道。当前，传统媒体由于失去了大量传统传播渠道，在生存和发展的压力之下，开始借用互联网这一传播载体，运用新媒体的传播渠道，如两微一端、电子报、网站等开展传播活动。但这些做法出现了矫枉过正的问题，即过于看重新渠道的开发，而忽视了自身原有渠道的维护。比如，报纸媒体本身存在一大部分黏性极强的老年受众群体，广播媒体对出租车司机这类职业用户而言也是一种刚性需求，电视媒体对儿童等一些特殊群体的吸引力依然很大。因此，在传播渠道多元化的环境下，传统主流媒体也应当建设和维护好自身原有的渠道，而不是顾此失彼，一股脑集体转向互联网渠道建设。因为新渠道与老渠道之间应该是共赢的合作关系，而不是有你无我的敌对关系。《成都商报》

之所以在传媒业大转型的时代还能实现收入和利润双增,与其坚守原渠道和创新传播方式是分不开的。该媒体虽然开辟了"红星新闻"等一系列新渠道产品,但对纸媒传播渠道仍然没有放松要求,以"立足纸媒"为转型原则,坚守着专业主义和人文精神,坚守着"办一张网络时代有阅读价值的报纸"的信念,因此其纸媒仍然在《成都商报》系媒体中发挥着积极作用,拥有强大的公信力和影响力。

(二)开辟新渠道

传统主流媒体还应积极开辟新的传播渠道。2017年5月18日,国家新闻出版广电总局发布了《关于深化新闻出版业数字化转型升级工作的通知》,明确要求新闻出版企业形成数字化转型升级工作模式,探索数字化转型升级路径,推动新闻出版企业加快完成数字化转型升级,初步建成支撑新闻出版业数字化转型升级的行业服务体系。[①] 所谓数字化转型升级,其核心要义即是转换内容方式,探索多渠道的分发模式。因此,辩证地看,主流媒体也不能固守原有渠道,还要积极开辟多种传播渠道,打通到达受众的最后一公里。例如,湖北广播电视台建设的长江云平台将媒体平台与政务相连接,积极开辟客户端作为新的渠道,一改过去发布政务信息依靠电视、报纸或广播等传统媒体的方式,创新性地将政务信息数字化,打造"移动政务新平台",按照一地一端的原则在全省各市建设了新媒体客户端,在渠道的扩展上实现了全方位和全覆盖,有效提升了湖北省主流媒体的传播力、公信力、影响力。

第三节 智能先行,推进成果转化

随着新华社"AI主播"、腾讯"Dreamwriter"写稿机器人等一系列智媒产品的应用和不断优化,中国传媒业开始迈入智能驱动新时代,由此也诞生了一个全新的业态——智能传媒产业。简单来说,智能传媒产业即是传统传媒产业运用智能化技术进行智能化升级之后的新兴产业。国内有学

---

① 关于深化新闻出版业数字化转型升级工作的通知 [EB/OL]. (2017-05-18) [2020-06-30]. http://www.nppa.gov.cn/nppa/contents/279/1486.shtml.

者认为智能传媒产业的概念有广义与狭义之分。所谓狭义的智能传媒产业，主要包含利用人工智能技术进行内容的生产和分发、提供智能服务的组织机构，以及智能媒体的内容和服务供应商；广义的智能传媒产业包括智能技术的研发主体以及为上述智能媒体组织机构提供载体的终端制造商和打通渠道的电信运营商。[①]

传媒市场边界的模糊为更多新兴媒体的涌现创造了条件，传媒产业内部及与其他产业之间的相互交叉渗透成为常态，参与竞争的主体不断增多，主流媒体的地位也遭受前所未有的挑战。人工智能技术在传媒领域的应用正在助推中国传媒业进入一个全新的时代，大数据、物联网、虚拟现实等人工智能技术解构了传媒业的原有格局，成为中国传统传媒业完成转型、提升"三力"的关键要素。主流媒体如果想在激烈的市场竞争中保持优势，进一步提升"三力"，就必须倾斜重心，智能先行，推进智媒产品成果的转化。

一　适应产业环境，完善智能布局

中国智能传媒产业发展势头强劲，但主要集中于新兴媒体。目前，阿里巴巴、今日头条、百度、腾讯等几家互联网巨头，占据着智能传媒产业的大部分市场份额，主流媒体中仅有新华社真正将智能媒体平台建设提上了发展日程。智能技术已经成为主流媒体提升"三力"的关键要素。但是，中国主流媒体行业对智能技术的开发和应用，一直处于一个比较初级的阶段，要切实提升"三力"，在智能媒体市场与新兴媒体进行竞争，须从以下两个方面付出努力。

（一）实施战略化布局

在人工智能技术飞速发展的时代，与人工智能相关的所有产业，包括传统媒体产业在内，其发展呈现巨大的变革、转型和融合趋势。这些变化带来的是产业秩序被重构，过去纵向的发展逐渐转向多层级化的横向聚合，具体体现在以下三个方面。

---

① 韩晓宁，郭玮琪. 智能传媒产业特征及国际竞争力提升对策 [J]. 当代传播，2019（2）：69-72.

一是信息的闭环被打开。过去报纸对应出版业,广播电视对应通信业,信息形态的不同和终端的不同让信息的流通在一个相对封闭的圆环内进行,但进入智媒时代之后,所有的信息都可以经过网络进行传输转换,闭环被彻底打开。二是市场价值链条无限拓展。过去传媒产业的市场价值链条相对单一,其能拓展的长度和宽度都非常有限,但在智媒时代,产业的市场价值链条不仅实现了纵向的延伸,更有横向的交集。三是竞争日趋激烈。在媒体产业融合的过程中,除了纵向的产业链,还延伸出内容、包装、传输、操作和终端等五个横向的市场,[①] 各个市场中的竞争不仅仅局限于传统媒体与新兴媒体之间,甚至还存在于普通民众与专业机构之间。主流媒体必须适应当前的传媒产业环境,积极进行智能化建设布局。

当前,虽然中国已经出台《"互联网+"人工智能三年行动实施方案》等一系列推进人工智能发展的政策性文件,但与欧美、日韩等国家和地区在人工智能领域的积极战略布局相比,还缺乏明晰规划和高度重视,如美国设立了专职部门负责人工智能产业的发展和传媒产品的开发[②]。一方面,在未来的中国智能传媒产业发展过程中,政府应进一步细化人工智能产业在传媒领域的政策文件,为主流媒体的智能化发展提供方向性指导,助推其提升"三力"。另一方面,在智能传媒产业的整体布局中,政府应有意识地对传统主流媒体进行资金扶持、政策倾斜,充分发挥财政资本在产业发展中的重要作用。

(二)进行集群化发展

放眼全球传媒业,具有强大传播力、公信力、影响力的主流媒体无一不是"跨界经营",走集群化的发展路线。尤其是在智能传媒时代,集群化有利于达到智能技术的使用效能最优、辐射范围最广、投入成本最低的效果,最大限度地提升主流媒体的"三力"。由此看来,跨媒体、跨区域集群化发展是中国主流媒体行业未来发展的大势所趋,也是其提升传播力、公信力、影响力的重要途径之一。

2001年8月,国家新闻出版总署发布了《关于深化新闻出版广播影视

---

① 张磊. 产业融合与互联网管制 [M]. 上海:上海财经大学出版社,2001:25.
② 美国国家人工智能研究和发展战略计划人工智能研究 [EB/OL]. (2016-11-12) [2021-08-25]. https://www.sohu.com/a/118826997_483389.

业改革的若干意见》(中办发〔2001〕17号),文件提出"要以发展为主题,以结构调整为主线,以集团化建设为重点和突破口",并明确要求"广播影视集团实行多媒体兼营和跨地区经营,必须着眼于结构调整和资源优化配置"。① 至此,主流媒体在集群化发展层面有了政策性指导。

当然,由于各级主流媒体掌握话语权和利益分配问题的存在,短期内想要完全打破原有结构是非常困难的,但要进行集群化发展,进一步提升主流媒体"三力",可以从以下两个方面付出努力。一方面,开展内容付费、智能共享。比如,中央级主流媒体可以成为地方性主流媒体的内容供应商,使其通过借用中央级主流媒体的智能硬件设施和软件设备,进行与自己发展相匹配的内容生产,实现"三力"的提升。另一方面,注意优势互补、智媒运营,即不同地域的不同主流媒体之间展开合作,共享资源、共谋发展。如近年来湖南卫视和青海卫视的合作、南方报业传媒集团与云南出版集团的深度合作等,就是典型案例。

二 加强基础技术研究,推动智能孵化和应用

在历史发展的任何阶段,新技术都是推动整个传媒行业前进的强大动能。在智能技术的助力下,无论是传统主流媒体还是新兴媒体,利用智能技术手段进行新闻采集存储、播报分析、分享反馈的实践无处不在,人工智能已经内嵌到新闻传媒链条中的各个环节并持续发力。从现实状况来看,一方面,中国智能传媒领域有一部分技术已经具备国际顶尖水平。比如,今日头条推出的"抖音"短视频平台,其视频分析、美化和产品的运营与开发,已经在国际技术市场上占有一席之地。但是,在芯片、算法、大数据等核心技术领域,中国整体还处于模仿和引进的初级阶段,自主创新能力有待进一步提升。另一方面,中国主流媒体行业的整体智能技术,如5G、AI、VR/AR等一系列智能技术,在传媒领域的孵化和应用还有非常大的挖掘空间及发展潜力。

---

① 探索文化发展新道路 开创文化建设新局面——党的十六大以来我国文化体制改革成就综述[EB/OL].(2011-10-17)[2020-06-28]. http://www.zhangzhou.gov.cn/cms/siteresource/article.shtml?id=20224807543690004&siteId=60421715499190000.

（一）夯实基础技术力量的基石

截至 2017 年，中国拥有人工智能企业 592 家，占全球总数的 23%，仅次于美国的 1078 家，位居全球第二。但如果将人工智能产业细分为基础层、技术层和应用层，美国在基础层的实力和布局显然远高于中国，中国的人工智能产业对基础核心技术的关注明显不足，处于基础层的企业仅仅有 14 家，其余多为应用型。[①]

建构和提升中国主流媒体"三力"，需要以基础技术力量为坚强基石。所以，必须大力发展人工智能技术，把实现关键核心技术的突破置于主流媒体行业发展的重要位置。人工智能基础技术涉及计算机、数学等多个学科和领域，因此，一方面，政府要为人工智能技术发展打造政策支持、资本助力等外部条件，促进基础技术研发能力逐步提升，为整个人工智能行业腾飞提供保障；另一方面，主流媒体要加强行业智能技术人才的引进与培养，通过多种激励措施吸收储备新型智能媒体技术人才，扶持人工智能基础科学研究，积极促进传统媒体人学习智能新技术，掌握基础技术，尽快完成从传统媒体人到智能型媒体人的转变。中央广播电视总台在这方面已经做出表率。2018 年 12 月 28 日，中央广播电视总台与中国移动、中国联通和中国电信三大运营商及华为技术有限公司在北京签署了合作建设 5G 新媒体平台框架协议，启动建设中国第一个基于 5G 技术的国家级新媒体平台。[②]

（二）促进智能传媒的孵化和应用

中国传媒业正在从传统媒体时代迈向智能传媒时代。伴随技术的飞速发展，虚拟现实、人工智能、云传输、大屏互动、网络直播等新型技术已经成为媒体行业争先涉足的重点创新领域。传统主流媒体在全面开展媒体融合的进程中产生了显著的变化，取得了较大的进步。比如，新华社与搜狗共同研发的合成型新闻主播，正是人工智能技术与传媒相结合的产物，其复制出来的"分身"主播同样拥有新闻播报的能力，能够替代真人主播

[①] AI 泡沫前，我们怎么办？中美两国人工智能产业发展全面解读 [EB/OL]. (2017 - 08 - 02) [2020 - 06 - 28]. https://www.sohu.com/a/161709079_455313.

[②] 郑积梅. 智媒时代新技术应用模式及其传播效果分析——以 2019 年两会报道为例 [J]. 出版广角，2019 (9)：70 - 72.

进行工作。云南日报报业集团与华为技术有限公司签订了长期合作战略协议，致力于报业信息化方案的设计和优化，并在数据库和智能媒体发展等专业科学技术领域进行全方位合作，极大地提高了报业集团的效能。

智能技术在媒体行业的应用正经历着一个不断深入的过程，从最初的对海量信息的初级智能处理，到如今的全面智能化内容生产，如封面新闻的"小封"、浙江卫视的"小蓝"等，智能传媒产品日渐丰富。人工智能技术已经像图文识别、音频辨别一样逐渐成为主流媒体发展必须掌握的基础技能。但值得强调的是，传统主流媒体如何将人工智能技术全面孵化和应用，如何将已经出现的智能技术和未来可能会出现的智能技术用于提升自身"三力"，并借助这些技术在媒体市场与新兴媒体抗衡，依然是目前摆在主流媒体行业面前的难题。

智能技术五花八门，主流媒体应当着力于促进智能产品的孵化和应用，这样才能有效提升自身"三力"。一方面，要善用优势，加强合作。《人民日报》在2019年"两会"报道中，使用讯飞语音转写工具——听见"M1"转写助手作为现场采访辅助设备，现场记者只需要与App进行连接，就可以在最短时间内将语音采访资料转换为文字资料，并瞬时上传至报社的新闻业务系统，完成全流程自动快速发稿，在发稿先机上占据优势，有效地保障了"三力"的提升。另一方面，要完善自我，开发产品。新华社在AI智能孵化和应用方面表现得十分卓越。以2019年"两会"报道为例，新华社打造的全球首个AI合成女主播"新小萌"正式亮相，以其声情并茂的播报和丰富多元的素材，成为"两会"报道中一道亮丽的风景线。"新小萌上两会"一时间成为热点话题，极大地提升了新华社的传播力、公信力、影响力。

三 防御技术风险，智媒协同发展

智能技术在传媒领域的应用，的确有助于提升内容生产的效率、分发的精准度和受众的体验感，在一定程度上甚至重塑了传媒生态。但在这个过程中，技术风险同样不可忽视，比如数据伦理问题、算法黑箱风险、信息茧房隐忧、隐私侵权争议等一系列现实问题。要真正推进智能技术与现代媒体的协同发展，需要对智能技术应用保持一定的理性，守好基本的伦理边界，只有这样，才能减少风险，真正利用智能技术提升主流媒体"三力",推动传媒生态向良性健康方向发展。

(一)人机共生,正确使用技术

将人工智能技术应用于新闻生产过程,其初衷是效率优先和节省人力,避免人为错误影响新闻的客观真实性。但从实践上看,智能算法的引入让本该呈现严肃性与客观性的数据可能会出现偏差,造成不可挽回的错误。一方面,智能加工技术为文字、图片、视频的造假提供了更多的可能性;另一方面,源头数据如果有瑕疵,智能算法的后续过程就会出现偏差,如果人力没有及时地干预和修正,则会带来严重的后果。美国《纽约时报》2014年就因此出现了重大新闻事件,其发布的《NBA球员球星被找到》被"维基百科实时监测机器人"(Wikipedia live monitor)利用固定算法抓取,并迅速通过推特转发出去,导致了错误报道的广泛传播。

在智能传媒时代,专职记者有了智能手段的辅助,可以从烦琐的重复劳动中解放出来,去从事更有创造力的内容生产。但同时也只有人机共生,各取所长,才能正确使用技术并切实提升主流媒体"三力"。新华社在AR新闻机器人的使用上就注意到了这一问题,将视频、图集等多样形态融为一体,为受众带来更直观和沉浸的体验,同时又安排专职记者负责播报稿件的判断、分析、筛选、润色和趋势预测,通过人机合作完成复合型的新闻产品,这样既有效规避了算法和机器可能出现的瑕疵,又保障了质量和效率。在未来的智能传媒发展过程中,人机共生、各司其职、相得益彰,应该是主流媒体发展智能媒体最理想的场景。

(二)守好边界,优化智能资源配置

随着全球媒体行业全面进入智媒时代,智能技术所带来的风险和负面效应也会不断涌现。对于媒体行业来说,大数据、云计算等一系列智能技术使传媒产业的边界日益模糊,多样化的链条也逐渐逾越伦理边界,比如数据伦理问题带来的媒体信任危机。2018年3月,剑桥分析公司被爆出在美国大选中干预民意,事件一出,舆论哗然。近年来,关于人工智能伦理问题的讨论层出不穷,各个领域的专家都在寻找解决方案,希望进一步优化智能资源配置。

首先,政府应该建设完善智能传媒领域的政策法律体系,从风险防范的角度来规范开发者和使用者。2017年,国务院印发《新一代人工智能发

展规划》，要求建立追溯和问责制度来保障人工智能健康发展。国家互联网信息办公室 2017 年颁布《互联网新闻信息服务管理规定》，国家新闻出版广电总局于 2018 年发布《关于进一步规范网络视听节目传播秩序的通知》，逐渐加大对传媒行业的宏观管理力度，从法律法规的层面规范主流媒体在经营发展过程中需要注意的问题。其次，行业应当制定一套符合算法新闻发展的有针对性地解决问题的规章制度，达到行业自律和政府监管同步到位的效果，这样才能削弱信息茧房的消极影响，助推新闻行业和社会的长远发展。最后，技术开发者和应用者应当守好技术伦理边界，在运营过程中加强自律；用户也要提升自身的媒介素养，在智媒时代的算法框架内提高自我认知能力，避免陷入"算法囚徒"和"信息茧房"的牢笼。

第四节　推进变革，创新体制机制

体制机制障碍是中国主流媒体发展遇到的主要困难之一，体制改革是主流媒体塑造核心竞争力的基础，[①] 也是主流媒体提升传播力、公信力、影响力的必由之路。在中国主流媒体现行的体制机制下，其"事业性质、企业管理"的二元属性，一方面，使其具有得天独厚的垄断优势，在政治、军事、体育等讯息的获取上让新兴媒体望尘莫及；另一方面，又让其处于既不能完全靠国家财政补贴，也不能彻底参与市场化竞争的尴尬处境。在现行体制下，行政力量的主导和制度的变革，对主流媒体发展具有强大的推动力，要提升主流媒体"三力"，党委和政府应当把创新媒体管理体制机制作为工作重点。

一　引进资本，激活市场

在市场经济背景下，只有在资本充足的前提下，各生产要素才能被最大限度地激活，进而迸发出强大的创造力，新闻传媒业也不例外。时任《人民日报》副总编辑的卢新宁在"2016 媒体融合与资本市场高峰论坛"致辞时指出，用好资本平台是推动媒体融合发展的重要途径。多元资本是媒体集群

---

① 丁和根. 中国传媒制度绩效研究 [M] 广州：南方日报出版社，2007：140.

化发展趋势，也是传统主流媒体转型成为新型主流媒体的必由之路。多元资本的有力支撑是提升传统主流媒体传播力、公信力、影响力的重要保障，也是主流媒体持续发展的强大后劲。引进资本，激活市场，让主流媒体处于发展的良性循环之中，方可保障其传播力、公信力、影响力的发挥。

澎湃新闻是上海报业集团优秀的改革成果，它脱胎于《东方早报》，是一个专注于时政和思想的新闻平台。自2014年上线发展至今，大体经历了两个发展阶段。第一阶段是积累实力阶段，在《东方早报》原有的组织架构下进行有力的资源整合和流程再造，积累了一定的口碑和影响力，为后续发展奠定了坚实基础。第二阶段是引入资本阶段，发挥国资优势，全面创新内容生产平台架构，上线形态丰富的视听产品，更加彻底地进行媒体融合和转型。2016年12月28日，上海国资战略入股澎湃新闻签约仪式在上海报业集团举行，上海久事投资管理有限公司等六家国有独资或全资企业对澎湃新闻网运营主体——上海东方报业有限公司实施战略入股，增资总额为6.1亿元。同时，上海报业集团决定，从2017年1月1日起《东方早报》休刊，《东方早报》原有的新闻报道、舆论引导功能，全部转移到澎湃新闻网。[1]

从《东方早报》休刊，到引进大量国有资本，澎湃新闻始终致力于传统媒体的深化改革，积极提升自身传播力、公信力、影响力。在大量资本的支持下，澎湃新闻近年来的传播力、公信力、影响力大幅提升，取得的成绩有目共睹。新闻客户端下载量超6000万，日活用户达500万，不仅成为"全国第一个由传统媒体成建制整体转型的互联网新兴媒体"[2]，而且迅速跻身国内新闻客户端的第一阵营。有了资本的注入，澎湃新闻展现出前所未有的发展势头，开辟出聚焦于数据新闻的"美数课"、贴近百姓民生的"温度计"、基于VR高端智能技术的"全景现场"等一系列栏目。有雄厚的财力做支撑，主流媒体行业"三力"江河日下的情况就会得到极大的改观，正如澎湃新闻总编辑刘永钢所言，"我们的传媒业，从来没有像现在这么强大"[3]。

---

[1] 东方早报整体转型，澎湃新闻引进6.1亿国有战略投资［EB/OL］.（2016-12-28）［2020-06-27］. https://m.thepaper.cn/newsDetail_forward_1588957.
[2] 黄杨. 互联网新型主流媒体提升传播力的路径分析——以澎湃新闻为例［J］. 新闻与写作, 2018（11）: 17-23.
[3] 林颖颖. "澎湃新闻"的灵魂是主流价值观——专访澎湃新闻总编辑刘永钢［J］. 新闻与写作, 2018（10）: 82-85.

二 实现多元经营，展开媒体合作

单一的盈利模式是限制主流媒体长期发展的主要瓶颈之一。当前，中国大多数传统主流媒体依然以广告收益作为主要的收入来源，这种盈利模式本身就蕴藏巨大风险，一旦有限的广告市场份额被新兴媒体抢占，传统主流媒体就会面临生死存亡的巨大危机。虽然也有一些传统主流媒体在行业格局的倒逼下，开辟了一些新的业务，但如"打赏""付费阅读"等诸多创新模式都还处于市场检验过程，并没有带来实质性的收益，也没有在主流媒体"三力"的提升中有显著贡献。

（一）实现多元经营

当下主流媒体要创新传统的盈利模式，应该根据自身的优势和外部机遇，实现多元经营，创造更多的盈利平台，以此来应对广告收入下降带来的连锁反应。传媒的竞争即注意力的竞争，注意力的竞争即传播力、公信力、影响力的竞争，如今的传媒市场竞争已趋于白热化，主流媒体要提升"三力"并在市场竞争中处于优势地位，必须跨出多元经营的步伐。

在地方党报集团中，浙江日报报业集团（以下简称"浙报集团"）在多元经营中表现较为突出。自 2000 年成立以来，浙报集团就一直从事传媒及传媒相关产业，不仅拥有《浙江日报》《钱江晚报》等 38 家传统主流媒体及浙江在线新闻网站、客户端等多个新兴媒体，还将经营的触角伸向其他领域，如成立了浙报传媒梦工场，并购了边锋、浩方网络平台，同时大力开拓互联网业务，成立数字出版公司，拓展图书音像业务，组建体育文化公司和演艺公司，成功打造成一个多元产业布局的媒体集团，大大提升了传播力、公信力、影响力。在传统媒体行业收入整体下降的形势下，浙报集团保持了营收和利润的持续稳步增长，荣获"2014 年度最受投资者尊重的上市公司百强奖"，入选"2017 中国应用新闻传播十大创新案例"[①]。

---

① 2017 中国应用新闻传播领域十大创新案例出炉 [EB/OL]. (2017 - 10 - 29) [2020 - 06 - 27]. http://www.xinhuanet.com//politics/2017 - 10/29/c_1121872103.htm.

（二）建立合作机制

从产业发展的视角评估，主流媒体的多种新媒介形态是否能成功转化为竞争力，并不以媒体形态变化为标准，能否建立起媒体区间内的竞合机制并得到传媒市场的认可才是重要评判标准。[①] 范围经济理论认为，如果同一企业同时生产两种或两种以上性质相关联的产品，其平均成本将低于分别生产每一种产品。[②] 媒体行业是一个与其他行业及同类型行业关联性很高的特殊行业，新兴媒体就是靠与信息产业的强大关联性迅速发展起来的。因此，主流媒体应当学习新兴媒体与上下游产业之间的合作共赢模式，将多种市场信息和生产要素集聚在一起，发挥自身的资源和品牌优势，寻求更广阔的发展空间，切实提升传播力、公信力、影响力。

CCTV 在拓宽传播渠道、开展媒体合作方面的举措值得其他主流媒体学习。除了开通两微一端、入驻短视频聚合平台、借力新兴媒体扩大传播力影响力之外，从 2015 年开始，其就与微信合作，推出央视春晚"摇一摇"，成为互动峰值高达每分钟 8.1 亿次的现象级传播事件，也被业界公认为是传统主流媒体与新兴媒体展开全方位合作、进行深度融合的典型案例。这一改革进一步提升了其传播力、公信力、影响力。

三 深化体制改革，加强正确引导

改革开放以后，中国主流媒体经历了一系列改革。先是双重属性产生的市场压力所带来的被动应对，之后是面临经济腾飞积极谋求发展的主动调整。新时代面临新问题，在媒介技术突飞猛进、媒介环境发生巨变的当下，主流媒体仍需进一步深化体制改革，以掌握话语权，巩固主流媒体地位，提升主流媒体传播力、公信力、影响力。

（一）改变管理重心

深化主流媒体体制改革的关键在于政府管理重心的改变。随着社会的

[①] 严三九. 中国传统媒体与新兴媒体产业融合发展研究 [J]. 新闻大学，2017（2）：93 - 101，151.

[②] 许丹旸. 新传媒环境下报业的发展对策研究 [J]. 现代传播（中国传媒大学学报），2012（8）：164 - 165.

高度开放和市场经济的快速发展,一个有序统一、竞争开放的传媒市场正在形成,体制机制不完善是阻碍主流媒体发展的重要因素,因此,政府对媒体行业的管理重心需要进行一定的改变。具体来说,政府的管理重心应该由过程管理向宏观管理与效果管理倾斜,逐步建立以结果为导向的管理体制。[1] 这样做的意义在于让政府与主流媒体各归其位、各司其职。一方面,政府要从烦琐的事务和缺乏科学性的业务指导中抽离出来,更加关注顶层设计和方向性的指导。另一方面,政府要给予主流媒体更多的自主性和主动权,尊重新闻规律,以受众为导向,让主流媒体在市场竞争的浪潮中大显身手,脱颖而出,不断提升其传播力、公信力、影响力。

(二)以转企改制为核心

深化主流媒体体制改革的核心在于主流媒体的转企改制。在遭受了新兴媒体颠覆式冲击之后,传统主流媒体为了提升"三力",纷纷开始改革或转型,但大多数主流媒体的转型模式是简单粗暴地将纸媒向其他端口移植,只是转换了媒介形式,并没有从深层次进行改革转型。

主流媒体的体制机制改革应从以下几个方面进行。第一,改革管理体制,激发行业内部的生机与活力。第二,完善运行机制,更加合理有效地配置资源,推进所有制结构变革。第三,建立健全媒体管理的政策法规,以长效性机制来代替临时性政策,增强媒体产业管理的规范性、权威性和透明度。[2] 第四,创新人才激励管理办法,实现个人能力发挥最大化。以浙报集团为例,其在深化体制机制改革方面重点探索多元经营,创立了传媒梦工场,并将传媒梦工场作为独立的市场主体,使其组织结构相对独立,不受原有体制影响,这样就为传媒梦工场摆脱束缚、充分发挥创造性提供了条件。值得说明的是,浙报集团的人才激励办法是将一小部分的股权拿出来,让员工以资金或资源入股,这极大地激发了创业者的积极性,由此形成了内外合力,共同促进了集团的发展。

---

[1] 谢新洲. 我国媒体融合的困境与出路 [J]. 新闻与写作, 2017 (1): 32 – 35.
[2] 刘亮. 媒体内容融合的主要问题及研究对策 [J]. 现代传播(中国传媒大学学报), 2015 (11): 156 – 157.

第五节 用户为本，筑牢人才基石

2018年8月，习近平总书记在全国宣传思想工作会议上发表重要讲话时明确指出，宣传思想工作是做人的工作的，担负着育人的神圣使命，人在哪儿，重点就应该在哪儿。[①] 主流媒体提升传播力、公信力、影响力，必须以人为本。一方面，要树立正确的"用户观"，以用户为核心，聚集用户，增强用户黏性；另一方面，要重视人才的培养，注重人才专业化运作能力的提升，充分发挥人才价值，让人才在主流媒体机构能够才尽其用。

一 吸纳新生力量，增强用户黏性

在大众传媒时代，人们热衷于宣扬传统主流媒体的强大影响力，用"魔弹论"等观点来加以佐证，将传播对象认定为被动的接受者，称之为"受众"。进入智能传媒时代，"有限效果论""用户中心论"开始占据主要地位，以新兴媒体为代表的媒体业开始转变观点，将传播对象作为提供产品和服务的对象，称之为"用户"。互联网的兴起，丰富了传播渠道，同时也使传播对象的被动接收行为变成一种有选择、有互动的主观能动行为。因此，主流媒体要提升"三力"，捍卫中心话语权，需要学习新兴媒体的"用户观"。传统主流媒体从来都不缺少优质的内容，缺少的是对传播对象的精准把握，只有充分了解用户，主流媒体才能源源不断地吸纳新用户，增强用户黏性。具体可以从以下三个层面开展实践。

（一）善用智能媒介技术，提升用户阅读体验

在营销学中，对用户的精准定位是产生、接触、使用和消费产品的关键条件，新闻传媒业也不例外。在信息爆炸和过剩的当下，用户面对海量的信息一定会进行选择和取舍，如果信息内容与选择者没有任何的关联，

[①] 黄小希.守正道 创新局——党的十九大以来宣传思想文化工作述评[N].人民日报，2019-01-06.

自然会被冷落、淘汰,个性化推送和精准传播已经成为智能传媒时代信息传播的重要手段。用户根据自身个性和需求重新定义了传播模式,媒体既要通过信息技术和大数据进行精准推送以契合用户的需求,同时也要培养受众对该平台的依赖度和忠诚度。发展比较好的今日头条、一点资讯等聚合类媒体,采用个性化推送和定制新闻的方式,聚集了大批黏性极高的用户群体,这种善用技术和数据手段提升传播力的实践,值得主流媒体学习和借鉴。

(二)加强媒体与用户互动,提升用户的参与感

在智能传媒时代,主流媒体不仅要满足用户的信息需求,更要让用户参与信息内容的生产,让官方舆论场与民间舆论场之间形成良性的互动。一方面,这样做可以充分激发用户的创造性,在一些突发事件和重大事件的报道上,可以采用现场用户的第一手资料,从多个侧面丰富信息内容。比如新浪微博、快手直播等新兴媒体,在一些突发事件报道中,将用户纳入内容生产体系,使用户成为内容产品的主体,极大地提升了用户的参与感。另一方面,这样做也可以吸引用户参与一些重大新闻和社会新闻的讨论反馈,从而还原事件的真相,让各种讨论百花齐放。比如澎湃新闻在"东方之星沉船事件"中首次推出的"问吧"栏目,除了发布前方报道组的新闻讯息,还开辟了用户提问渠道,报道组就用户的疑虑和问题做出解答,这个你问我答的过程,就是信息良性互动和再生产再传播的过程。

(三)善用 UGC 模式,聚合强关系用户

技术优势给用户带来选择的主动性和多样性,这就决定了关系成为信息传播和价值实现的渠道的内核。[①] 关系本质上就是媒体与用户之间的黏性,提升主流媒体的传播力、公信力、影响力,就要以用户为核心,构筑坚实牢固的关系网。其中,主流媒体应该善用 UGC 模式来聚合强关系用户。UGC 模式可以借助用户的内容生产能力不断丰富媒体的内容资源库。一方面,UGC 模式可以帮助媒体降低采写编成本;另一方面,UGC 模式也可以鼓励用户积极参与新闻产品的生产,聚合强关系用户。在国外,传统

---

① 喻国明,焦建,张鑫,等. 从传媒"渠道失灵"的破局到"平台型媒体"的建构——兼论传统媒体转型的路径与关键[J]. 北方传媒研究,2017(4):4-13.

媒体也面临连年亏损的生存问题，但赫芬顿邮报（The Huffington Post）和 BuzzFeed 等 UGC 模式网站却发展势头强劲，占据了大量的市场份额。在国内，钛媒体、虎嗅等采用 UGC 模式开设的自主内容生产网站，成为一大批拥有科技信息背景的专职作者的集聚地，并在相互依托之中培养了网站的强关系用户，在媒体市场竞争中脱颖而出。

二 重视人才培养，发挥人才价值

不管是在传统主流媒体还是新兴媒体，人才资源都是核心竞争力，也是其提升传播力、公信力、影响力的关键要素。归根结底，媒体的竞争就是人才的竞争。[①] 传统主流媒体与新兴媒体竞争，短板就在于复合型人才的短缺，只要掌握了人才资源，传统主流媒体的"三力"自然会得到大幅提升。

2017 年 5 月 9 日，中宣部等 4 部门联合印发《关于深化中央主要新闻单位采编播管岗位人事管理制度改革的试行意见》，"要求既充分发挥事业体制凝聚人才的重要作用，又善于运用灵活用人机制激发新闻舆论工作队伍活力，探索新形势下吸引使用人才、评价激励人才、培养管理人才的有效措施，增强新闻舆论工作队伍事业心、归属感、忠诚度，为新闻事业长远健康发展提供坚实有力的人才支撑"[②]。此文件从国家层面提出了主流媒体人才建设的重要性。因此，主流媒体应当从以下两个方面着手构建自己的人才队伍。

（一）重视专业技术人才培养

要注重从业人员专业采编技能的培养，以此解决人才匮乏的问题。在传统媒体时代，会采访、会写稿、有一定文字功底的人即可完成这项专业化程度并不高的工作，其能力差异只是表现在稿件质量的高低方面。进入智能媒体时代，媒体的采编程序已经变得更加复杂，对技术的要求也更

[①] 刘亮．媒体内容融合的主要问题及研究对策 [J]．现代传播（中国传媒大学学报），2015（11）：156 – 157．
[②] 中宣部等 4 部门联合印发《关于深化中央主要新闻单位采编播管岗位人事管理制度改革的试行意见》[EB/OL]．（2017 – 05 – 09）[2021 – 08 – 25]．http://www.gov.cn/xinwen/2017 – 05/09/content_5192170.htm．

高。这就对主流媒体从业人员提出了更高的要求,他们需要在懂采编的基础上拥有熟练运用互联网的能力,对网络信息有一定的敏感性,还要学会使用多种技术手段开展采访和跟踪报道,用图、文、声、数等多种形式进行立体化、全面化的报道。普通从业人员如此,管理人员也不例外。管理层既要有专业的管理能力,又要有对新闻传播业正确方向的把控力和技术敏感性,既要有高超的传媒策划能力,又要有资本运作能力,否则就不能满足智媒时代对全能型媒体人才的需求。

总的来说,主流媒体要提升"三力",解决人才匮乏问题,可以从招聘专业技术人才、对现有员工进行专业化采编技能培训、与相关高校对口专业联合办学等几个方面入手。封面传媒就在人才培养方面成效显著。封面新闻不仅着力于培养传统意义上的文字记者,要求其拥有传统记者的采写能力,还对其进行直播技能培养,使其能够掌握图像语言,在新闻传播实践中能够进行即时有效的新闻直播。通过对人才的专业培养,封面新闻实现了全员皆可直播,整个泛直播团队有200余人。[①]

(二) 优化人才结构,实现才尽其用

要通过优化内部结构、发挥人才价值的改革,解决媒体人才流失严重的问题。由于中国主流媒体的特殊属性,其内部的人才结构一直存在不尽合理之处,如管理者并非科班出身的新闻从业人员,即外行领导内行;某些专业技术人才在后勤打杂,并没有发挥最大效能。要留住人才,就要优化内部的人才组织结构,将重点人才、重要资源用在重要角色、重大岗位上,给予主流媒体的新媒体业务充分的自主权和决策权,进一步激发活力和创造力。在人才选拔上,应任人唯贤,不拘一格,既要敢于起用新人,又要发挥老人中流砥柱的作用,建立科学有效的人才激励机制,激发从业者的最大潜力,充分发挥人才价值,切实提高主流媒体传播力、公信力、影响力。

人民日报社新媒体中心主任丁伟于2018年7月27日在中国记协新媒体专业委员会成立大会上的发言称,一些针对新媒体从业者的激励机制还没有跟上,容易导致新媒体从业人员职业荣誉感不强,影响事业心、归属

---

① 张洪忠,姜文琪,丁磊. 人工智能时代打造新型主流媒体的路径探索——封面新闻调研报告 [J]. 中国记者,2018 (9):33-36.

感,要从做好教育培训、规范好职业行为、用好新闻评奖、发挥好行业组织优势四个方面提升从业人员素养,推动新媒体行业的发展。①

第六节 全面融合,勇于进行传媒实践

近年来,在主流媒体传播力、公信力、影响力受到极大挑战的背景下,传统主流媒体在跨界平台合作、媒体产品交互等方面做出了一定努力,但在融合发展的道路上依然存在创新性不足、差异性不够、融合不均衡、法律界限模糊等问题。要解决上述问题和提升主流媒体"三力",需从以下两个方面入手。

一 注重平台合作,优先发展技术

随着短视频等新媒介产品的不断涌现,媒介技术以传统业务为中心迅速向四周扩散。报纸新闻可以通过数字化转型变成电子新闻,电视可以通过网络传输在电脑、手机等终端播放,技术的革新让各类媒介产品的界限迅速模糊,甚至日益消失。基于技术、平台、理念等多个层面的融合,已是传统媒体发展的大势所趋,也是其改变被动现状,提升传播力、公信力、影响力的重要途径。除了用更加灵活多变的方式与新兴媒体展开融合之外,传统主流媒体还应该注重平台的整合,优先发展智能媒体技术,既要注重自身发展,又要善于借用其他平台的优势,积极大胆地与已经拥有强大影响力的平台进行合作。

(一)全面展开平台合作

主流媒体要全面展开平台合作,打造舆论引导合力。长期以来,主流媒体一直是党开展宣传思想工作的主要阵地,把党和政府的主流声音精准地传播到群众中去,达到相应的传播效果,是其传播力建设的基本任务。在此基础上,主流媒体应把全面提升舆论引导力,获得良好的社会反应和

---

① 丁伟.提高新媒体从业者政治意识和业务素质[EB/OL].(2018-07-27)[2020-06-27]. http://k.sina.com.cn/article_2810373291_a782e4ab02000pcri.html.

引导效果作为最终目的。① 肩负舆论引导的社会责任，也是主流媒体区别于其他商业性媒体的重要特征之一。要提升主流媒体的传播力、公信力、影响力，就要集聚力量，与新媒体平台展开合作。在"2017媒体融合发展论坛"开幕式上，"全国党媒公共平台"建设正式启动。此平台以"百端千室一后台"为中心原则，与多个主流媒体部门携手合作，联通数百个客户端，孵化上千个融媒体工作室，将全国党媒在平台上进行整合，在人才、内容、技术、渠道、盈利等多个方面展开合作共建，实现了共赢，全方位提升了相互协同能力，形成了强大的舆论影响合力，建构了主流媒体融合发展提升传播力、公信力、影响力的新格局。

（二）善用新技术，打造前沿媒体产品

先进的技术是主流媒体融合发展的支撑，也是建设融媒体中心的关键所在。主流媒体应在新技术的开发和使用上具有一定的敏感性和预见性，既要积极地挖掘可以应用于媒体的新技术，更要扩大投入，积极研发能够直接推动传媒发展的采编新技术。尽可能地利用技术优势，开发出前沿媒体产品，这样才能在媒介竞争中抢占先机，在传播力、公信力、影响力建设中取得成效。

在2017年"两会"期间，《深圳特区报》推出了新一代新闻机器人"读特"。它能够依据相关指令到达指定区域，而后自主完成相应的采编任务，在"两会"期间引起了巨大反响。人民日报客户端在建军90周年时推出新媒体产品"快看呐！这是我的军装照"，通过这款产品，用户可以上传照片合成图像，然后发布在社交媒体。这款极具个性和互动性的产品一经推出，就引起巨大关注。据统计，自其发布之日起，短短4天时间，该产品页面总浏览量就达到8.2亿次。②

二 加强平台建设，推进深度融合

习近平总书记多次强调媒体融合的重要性，他指出："融合发展关键

---

① 强月新，陈星. 主流媒体传播力的理论研究、建设路径及本质思考 [J]. 新闻与写作，2018（11）：5-10.
② 人民日报客户端"军装照"刷屏 传播红色文化需创新 [EB/OL]. （2017-08-04）[2021-08-25]. http://media.people.com.cn/n1/2017/0804/c40606-29448807.html.

在融为一体、合而为一。"① 平台是融合发展的落脚点，也是基石所在。平台建设能够实现内容资源的共享和互动，全面释放内容生产潜力，进行多面向挖掘，实现新闻价值的最大化。但同时，主流媒体平台建设又是一项复杂的工程，需耗费大量的人力、物力、财力。2014年以来，各大党报集团、媒体集团融合发展步伐不断提速，平台建设作为媒体融合发展进程中的重要组成部分，越发受到人们关注，也成为传统主流媒体融合发展的压力与动力所在。

主流媒体的平台建设，要充分运用平台思维，立足资源共享和关系融通，集中力量打造有强大传播力、公信力、影响力的主流媒体集团，同时，又要兼顾均衡发展，着重帮扶县域主流媒体。其融合发展的基本目标是，以强大的内容生产能力为依托，以先进的技术能力为基础，以提升传播力、公信力、影响力为目标，以搭建媒体平台生态矩阵、完善行业规范为切入点，推动平台融合良性循环，促进主流媒体升级发展，进一步提升传播力、公信力、影响力。

（一）加快转型升级，构建融媒体平台生态系统

近年来，以"融合发展"为目标的顶层设计，促使传统媒体更加注重打造"内容生产+传播+经营"的生态矩阵。② 传统主流媒体以融媒体平台为基础，在提供新闻资讯的同时，更加注重为用户提供衣食住行等生活资讯服务，并不断地延伸覆盖到政治、经济、文化及社会民生等多个方面的内容。

2017年12月16日，"大河财立方财经全媒体平台"上线，在全国媒体业界引起了不小的反响。该平台以大河报财经新闻为内容依托，将河南日报报业集团、大河网络传媒集团等优质的财媒资源进行整合，并坚持移动优先的发展战略，构建了立体分发通道和传播生态。该全媒体平台中涵括7×24小时不间断推送的"财闻"、运用人工智能技术打造的"Xiaoming Bot"机器人新闻、企业家社区"豫先生"等多个栏目，并与今日头条、一点资讯、天天快报等一流第三方媒体深度融合，聚拢十多个新闻端口，贯穿移动端、PC端、纸媒端，建成了财经全媒体平台和投资运营平台相互

---

① 习近平谈媒体融合发展：关键在融为一体、合而为一［EB/OL］.（2018-08-22）［2020-06-30］. http://cpc.people.com.cn/n1/2018/0822/c164113-30242991.html.
② 黄楚新，彭韵佳. 2017年中国媒体融合发展报告［J］. 现代传播（中国传媒大学学报），2018（4）：9-15.

交融的立体化平台生态系统。青岛掌控传媒自主研发的"媒立方",也同样致力于媒体融合与全媒体内容管理发布一体化平台建设。该平台实现了多渠道线索管理、记者指挥调度与任务管理、全流程稿件采编、报纸版面签发、新媒体渠道发布、流程监控与考核管理等功能,生产与发布各个环节均得到了平台化技术支撑,原有传统媒体的采编流程得以再造,基本实现了稿件一次采集、多次生成、多元发布的格局。①

(二) 完善行业规范,保障平台生态系统良性循环

媒体融合搭建起新兴媒体与传统媒体之间合作共赢的桥梁,实现了多种资源的共享互通。但在这个过程中,诸如隐私安全、侵犯版权等问题也引起了人们的关注。这些问题在一定程度上也会阻碍主流媒体融合发展的步伐,不利于"三力"的提升。

2019年1月29日,一篇题为《一个出身寒门的状元之死》的文章在微信朋友圈引发大量关注,但因文章出现时间错乱、违背常识等问题,被质疑"造假杜撰",并被平台删除。随后,腾讯公司回应称,该内容违反《即时通信工具公众信息服务发展管理暂行规定》,发布的账号被禁言60天。② 当前,在大融合的传播背景下,文章的杜撰捏造、适度"改编"和新闻报道的相互"借鉴"等现象,已经成为媒体行业迫切需要治理的乱象。可见,促进网络版权保护、完善行业规范是十分必要的。

2018年7月,国家版权局、国家互联网信息办公室、工业和信息化部、公安部联合启动"剑网2018"专项行动,旨在打击网络侵权。③ 作为已经进行了14年的"剑网"专项行动,2018年的专项行动整治的重点对象是自媒体的"洗稿"行为和短视频平台。与此同时,国家互联网信息办公室也通过颁布《互联网新闻信息服务管理规定》等形式,有效遏制了融合中的乱象。建设完善的行业规范是一个长期的过程,尽管国家已经开始从多个层面对融合中出现的问题进行监管和治理,但仍然需要进一步完善相关制度、规定和细则。

---

① 融媒体中心解决方案 [EB/OL]. [2021-08-25]. http://www.qdzkcm.com/.
② "寒门状元之死"内容违规被删 账号被禁言60天 [EB/OL]. (2019-01-30) [2020-06-27]. http://www.bjnews.com.cn/news/2019/01/30/544180.html.
③ "剑网2018"专项行动启动 [EB/OL]. (2018-07-17) [2021-11-25]. http://www.gov.cn/xinwen/2018-07/17/content_5306954.htm.

本章小结

在当下媒体发展格局中，主流媒体与新兴媒体从博弈走向竞合，从分化走向融合，增强主流媒体的传播力、公信力、影响力，已经成为主流媒体新闻人共同努力的方向和目标。

本章重点论述了提升主流媒体传播力、公信力、影响力的对策与建议。第一，要从思维方式的角度转变发展理念，坚守核心价值，做到坚定理想信念、坚持正确导向、坚守新闻价值和宣传价值统一原则等。第二，要聚焦内容和渠道问题，坚持内容至上，保持渠道畅通，通过优化内容资源配置、加强内容产品创新、寻求渠道突破等方式进行完善。第三，要以智能先行为突破点，主动适应产业环境变化，加强基础技术研究并完善智能布局，推动智能技术孵化和应用来防御技术风险，实现智媒协同发展。第四，要以推进机制体制创新为抓手，积极引进资本，实现多元经营，深化体制改革。第五，要专注于用户和人才，以人为本，筑牢发展基石，从增强用户黏性、重视人才培养等方面付出努力。第六，要以媒体融合为契机，注重平台整合，加强平台建设。

主流媒体传播力、公信力、影响力的提升，是一个长期发展、不断修正和完善的过程。当前，中国传统主流媒体在转型改革中谋求融合发展，提升"三力"的实践已经取得显著成效，但未来发展过程中，提升"三力"的任务依然任重道远，需要不断整合学界、业界和各行业的力量，共同研究、共同实践、共同探索"三力"提升的科学路径和方法。

第九章 媒体提升"三力"的实践

本章选择中央级主流媒体人民日报社的新媒体中心、区域性主流媒体湖北广播电视台、新兴媒体腾讯为典型,通过参与式观察、深度访谈的方式,重点对其提升"三力"面临的问题及对策进行总结,为不同类型的主流媒体提供具有启发价值和实践意义的对策与建议。

第一节 人民日报社新媒体中心的 "三力" 建设

作为中国主流媒体的重要代表,《人民日报》早已由过去的一张报纸,发展成为拥有报、网、端、微、屏等十多种平台的媒体方阵,建成各类新媒体终端产品294个,综合覆盖受众达7.86亿人的传播矩阵。人民日报社新媒体中心凭借明确的功能定位、清晰的组织架构、高效的运行机制,助力人民日报社成为中国传统主流媒体建设新型主流媒体的标杆。本节以人民日报社新媒体中心为研究案例,考察其近年来实践探索所积累的经验,目的是为主流媒体提升"三力"并建成新型主流媒体提供有参考价值的建议。

一 典范:人民日报社新媒体中心

自20世纪90年代中期以来,人民日报社不断在新媒体领域推陈出新。1997年1月1日,《人民日报》网络版正式接入国际互联网;2000年8月21日,更名为人民网;2010年6月,人民网股份有限公司创立,并于2012年4月27日在上海证券交易所上市,成为中国第一家A股整体上市的新闻网站;2012年7月22日,人民日报开通法人微博;2013年1月1日,人民日报微信公众号投入运营;2014年6月,人民日报新闻客户端正式上线。

2014年底，人民日报社首次整体规划了媒体融合发展的路径，制定了《加快传统媒体与新兴媒体融合发展工作方案》，旨在实现打造"新型主流媒体"和"新型媒体集团"两大目标。人民日报推出法人微博、微信公众号和新闻客户端并取得成功之后，按此方案，于2015年10月成立人民日报社新媒体中心，目标是实现移动优先、媒体深度融合、人民系移动新媒体建设的发展战略，主要负责人民日报社各类移动媒体产品的运营。2018年6月，人民日报社推出全国移动新媒体聚合平台——"人民号"，也由人民日报社新媒体中心负责运营，该新媒体聚合平台直接面向全国媒体、党政机关、各类机构和优质自媒体进行运营。

（一）功能定位

人民日报社新媒体中心（以下简称"新媒体中心"）承担了报社传统媒体和新兴媒体从"相加"迈向"相融"的主体业务。具体而言，新媒体中心主要负责人民日报的法人微博、微信公众号、中英文新闻客户端以及"人民号"的建设和运营工作。

新媒体中心在移动传播领域把自有平台和社交平台打通运行，通过移动媒体首发报道、网络媒体多维聚焦、纸质媒体深度解读，多层次多频次立体传播，最终实现用户的广泛覆盖。新媒体中心会根据不同媒体产品的特征进行合适的功能定位。具体而言，人民日报新闻客户端侧重报道的纵向深度发掘，并进行立体化的信息传播；其法人微博因互动传播特征突出，更强调迅速反应；其微信公众号则以向受众提供信息服务为主。新媒体中心的建设目标是，努力打造以中英文新闻客户端为基础，以法人微博、微信公众号为辅翼，发挥协同传播优势，与各类互联网新闻平台互联互通的传播模式。

（二）组织架构

新媒体中心常设编制岗位有100余个，是目前人民日报社最年轻的部门，在岗员工平均年龄29岁，其中硕士及以上学历占比超过90%，男女比例为54∶46。[①] 除了中心主任和两位副主任外，下设总编室、产品技术工作室和运营推广工作室等机构。

---

① 资料来源：课题组访谈资料，数据截至2019年2月。

该中心总编室主要根据业务需求，针对重要节点、重大事件、热点话题，策划并组织实施相关产品的制作和传播，并统筹协调各方产品的优化和改进。总编室负责"两微""两端"各类内容的规划、策划、统筹、执行，并分管中文新闻客户端运营室（下设"人民号"运营室）、英文新闻客户端运营室、人民日报法人微博运营室、人民日报微信公众号运营室和视频制作室。

其产品技术工作室主要负责新媒体各类新闻资讯产品的前后端总体规划，结合产品发展、行业技术趋势、市场竞争格局，进行产品调研，分析行业内产品的发展趋势，适时推出迭代计划，制定技术路线，为用户提供更好的阅读体验，提高用户对产品的使用黏度，推动产品良性发展。

其运营推广工作室则主要负责新媒体用户推广的总体规划，包括前期吸引用户及后期接收处理用户反馈。例如周期内相关计划的策划与执行，对受众使用习惯、情感、体验感受以及使用需求的收集、挖掘和分析，密切配合集团内各业务线打造优质运营项目，共同达成运营目标。

（三）运行机制

2017年1月，人民日报全媒体平台"中央厨房"投入使用。在"中央厨房"这一运行新机制下，新媒体中心参与人民日报社总编调度中心的策、采、编、发等工作，其基本运行机制包括宣传任务统筹、重大选题策划、采访力量指挥等。

总编调度中心每天召开采前会和编前会，所有采访部门的选题和稿件都会进入采编联动平台的中央稿库。新媒体中心总编室会从中选取适用于不同平台的稿件，由各运营室直接使用，也可进行二次加工再发布。这些稿件经各运营室在社内各渠道发布之后，还会由新媒体中心旗下"人民号"完成社外推广。产品技术工作室在这个过程中将收集需求反馈进而优化产品阅读体验。为保证新闻客观真实且具有时效性，新媒体中心"两微""两端"运营室通常24小时运转，同时委托环球时报海外团队负责英文新闻客户端夜间新闻发布。新媒体中心的运行机制基本理顺了人民日报社内部传统媒体与新兴媒体共建、共融、共享的关系，符合当前媒体变局中的传播规律和过渡特征。①

---

① 据2018年9月20日人民日报社调研材料整理。

新媒体中心虽然是编辑部门，但随着媒体融合进程的不断深入，新媒体中心也开始承接各种重大活动、重要新闻采访、稿件写作、融媒体产品生产等任务。新媒体中心推出了"中国一点都不能少"图解新闻、"军装照"H5、"两会夜归人"短视频、"中国很赞"手指舞等一批广泛传播的现象级产品。

二 实践：主动改革创新，推动"三力"持续提升

从法人微博、微信公众号的先后开通，到中英文新闻客户端的上线，再到移动新媒体聚合平台"人民号"的推出，新媒体中心积极改革创新，将其纸媒优势全方位加速转向移动互联网，为传统主流媒体持续提升传播力、影响力和公信力做出了示范。

（一）提升传播力：创新运行机制，优化内容呈现

新媒体中心不断顺应移动传播社交化、个性化、视频化的新趋势，充分考虑受众接收信息的场景、习惯等因素，创新适应移动传播的采编流程，采用深受用户欢迎的表现方式和呈现手段，实现传播范围和频率的最大化。

1. 创新"中央厨房"机制，实现资源互通互融

2015年全国"两会"期间，人民日报社依托其母媒优势和新媒体矩阵，创新推出了"中央厨房"机制，建立采编联动平台，再造策采编发流程，推进"人力资源聚合、生产流程融合、采编力量整合、线上线下结合"，加速各部门记者与报纸、网站、两微、两端之间的高效对接。同时，新媒体中心将报社内各类报道资源聚合，实现"一次采集、多次利用、多元呈现"，并将报社内不同类型的新媒体账号联结起来，实现资源共享共用、账号互推互荐。

2. 优化聚合新闻呈现方式，丰富全媒语境表达

新媒体中心重视用户体验，强调产品形态的人性化和视觉化，一直致力于探索"互动新闻""微新闻""动新闻""可视化新闻""艺术化传播"等新兴的新闻传播方式，以增加新闻产品的趣味性、吸引力和二次传播价值。

2014年全国"两会"期间，新媒体中心制作并发布了《9张图帮你了

解 2014 年两会热点》《9 张图帮你了解"人大"》《9 张图告诉你 2014 年中央财政打算怎么花钱》等图解新闻，成为当年"两会"报道亮点。微信运营室则运用直播技术，推出场景模拟新闻，使用户极具参与感和临场感。2016 年全国"两会"期间，新媒体中心推出"傅莹邀请您加入群聊啦"新媒体作品，通过"邀请群聊"的新颖方式来推送新闻发布会内容，再现傅莹答记者问。2016 年 2 月 19 日，习近平到人民日报社新媒体中心调研，微博运营室策划推出"习近平总书记通过人民日报客户端送出元宵节祝福"这一融媒体产品，以"总书记来电"的创意 H5 形式呈现，由总书记本人现场录制音频。① 这条抓住受众心理需求的"云祝福"当天即获 2 亿多人次点击和转发。通过创新呈现方式，新媒体中心不断丰富全媒语境表达，完善用户体验，让用户和媒体进行更多实时互动。

（二）增强公信力：善用政府权威性资源，增强两个舆论场互动

相较其他新兴媒体而言，人民日报社作为传统主流媒体的重要代表，通常是"官方""权威""原创"的代表，公信力是人民日报社这一品牌长期积淀形成的核心竞争力。新媒体中心便依托母媒的公信力优势，善用政府权威性资源，进一步提升巩固自身的公信力。

1. 善用政府权威性资源

人民日报新闻客户端是信息、政务和生活"三位一体"的综合性资讯服务产品。其中，政务版块由新媒体中心与政府部门合作建成，该版块主要依托政府发布官方信息，由"政务大厅""机构推荐""政务服务"三部分组成。在"政务大厅"中，新媒体中心将政府权威性资源与媒体资源相结合，使用户不仅可以获取各地政策信息，通过政务服务实现生活一键式缴费，还会基于对官方权威信息及服务的满意和信任，提升对《人民日报》等媒体产品的公信力评价。此外，在内容信源中，新媒体中心也非常善用其他权威性资源，比如将其他国家重点新闻单位、各类政府部门、企事业单位的官方信息集中在人民日报社的新媒体平台上进行传播，以增强自身公信力。

---

① 快听！习近平通过人民日报客户端向你发来元宵节问候 [EB/OL]．（2017 - 05 - 19）[2021 - 06 - 24]．http://media.people.com.cn/n1/2017/0519/c412037 - 29287498.html．

2. 增强两个舆论场互动

在重大突发事件发生后，媒体失语、报道缺位会导致官方和民间两个舆论场之间信息不对称，极易引发人们对媒体的不信任，这就需要主流媒体及时引导舆论。新媒体中心就十分注重增强官方和民间两个舆论场的互动。例如，针对中国免除部分外债时出现的杂音、噪声，新媒体中心策划编写了原创报道《中国不是穷大方》，主动解疑释惑，被 200 多家媒体及 1000 多家微信公众号转载。[①] 还有近年来社会上流传的"高等教育区域歧视问题"，新媒体中心通过微信运营室推送文章《高考 700 分都上不了清华北大？这条谣言又来了》，从官方角度梳理、阐述、分析，为用户解析谣言本质，维护社会稳定和谐，同时也极大地提升了自身的公信力。

（三）深化影响力：传递正能量，强化议程设置

传统主流媒体要继续掌握、巩固并增强其话语权，核心要素就是拥有强大的影响力。人民日报社研究部主任崔士鑫曾这样描述衡量评价影响力的标准："受众是看了以后就走，还是停留深思，有没有回帖，态度有没有受到感染。"[②] 新媒体中心为深化影响力，在内容生产和传播过程中积极传递正能量，针对用户关注的公共议题强化议程设置。

1. 积极传递正能量

面对海量信息，新媒体中心一直在进行凝聚共识、传递正能量的探索，致力于将优质信息精准传递给用户，满足用户需求，不断提升其影响力。2012 年 7 月 25 日，人民日报法人微博以一则暖心语开启专题栏目"你好，明天"。

"'你好，明天'：也许我们无法回避灾难，但我们可以选择如何面对灾难。恩格斯说过：没有哪一次巨大的历史灾难，不是以社会进步为补偿的。记得，晚安。"[③]

"你好，明天"系列专题自开设至今，一直坚持传递正面、积极的价值观念，不断传播主旋律、释放正能量，潜移默化地影响用户的心态

[①] 新华社记者. 提升传播力公信力 壮大主流舆论阵地——党的十八大以来新闻传播创新成果综述 [N]. 经济日报，2016 - 09 - 01.
[②] 据 2018 年 9 月 19 日人民日报社调研材料整理。
[③] 董天策，梁辰曦，夏侯命波. 试论《人民日报》官方微博新闻评论的话语方式 [J]. 国际新闻界，2013（9）：81 - 91.

和行为。人民日报微信公众号同样以正能量为重要导向，以"青春""梦想""奋斗"等为主题的品牌栏目"夜读"，时常能够引起用户的情感共鸣。

2. 强化议程设置

通过设置公共议题，不断增强优质内容供给，引导体现主流价值的舆论，最终实现与用户有效互动，也是新媒体中心深化影响力的措施之一。这一措施在重大活动节点时尤为突出。例如，在抗战胜利70周年阅兵仪式中，新媒体中心发起话题"纪念抗战胜利阅兵"，直播报道阅兵全流程，重点刻画"老兵的故事""国旗护卫队"等细节，第一时间激发全国用户的强烈爱国情感。该话题阅读量达到7.8亿人次，讨论量达130.5万余条。2017年建军90周年前夕，新媒体中心推出新媒体产品"快看呐！这是我的军装照"，上线仅10天就有10亿人次参与，在这些照片中，不仅融合了"军与民"，更将新闻传播和传播"拥军"主流价值融为一体。

三 经验：坚守政治立场，更新发展思维

人民日报社自2012年开始拥抱移动互联网并探索新媒体的发展之路，其在建设"三力"上获得的成绩，主要得益于其在内容生产、技术、人才、体制机制和经营管理等方面探索了一系列成功的经验。

（一）提高政治站位，保证内容生产的特色

政治站位是公信力的基石，更是党和政府对媒体的基本要求。2016年2月19日、2019年1月25日，中共中央总书记习近平三年内先后两次到人民日报社考察，其新媒体中心的建设和产品形态是被考察的核心内容。作为"中国第一党媒"，人民日报社始终坚守正确的政治立场，为新媒体中心的内容生产提供了丰富的新闻信息资源。在中国，党媒能够优先接触、开发和利用与党政相关的信息资源，能够准确、全面、深入地传播党委政府的方针、政策、思想主张、观点意见以及重大新闻事件，能够对各级党委和政府的决策行为以及各级公务员进行有效监督。用户也可以通过新媒体中心的"两微""两端"等平台了解党和政府的政策走向、重要的政务动向，获得从其他媒体难以得到的信息和指导。

当前，由技术驱动引发的媒体变革表面上看是呈现形态、传播方式的变革，实质上是内容的革命。新媒体中心在互联网新语境中获得了竞争新优势。第一，它注重保持内容生产的底色，加强政治学习，强化党媒素养。第二，它在内容生产中一直强化用户意识，把吸引和集聚用户作为重要抓手，不断创新表达方式和呈现形式，努力提高新闻信息的采集能力和整合能力，积极探索交互式新闻、沉浸式新闻、微新闻等新的传播手段，勇于开发更多符合用户需求的个性化新闻产品。第三，它注重强化大数据运用，开发有独创性的信息产品和数据产品，在内容生产中保持党媒的特色。例如，新媒体中心重视会员注册制的推广，按会员分层推送精准服务，这样既有利于掌握用户的相关数据，也有利于增强用户的服务体验。

（二）紧跟技术演变，整合技术资源

技术是打造新型主流媒体的强大引擎，也是中国传统媒体亟待补齐的短板。回看21世纪媒体技术的演进，先是3G时代的PC互联网竞争，产生了初级形态的百度、阿里、腾讯以及各大门户网站；2010年前后，4G技术连同智能手机一起创造了移动互联网时代，涌现出今日头条、美团、滴滴等商业模式平台，同时也极大地升级了初级形态的百度、阿里、腾讯。人民日报社之所以能够获得较强的"三力"，其中一个重要原因便是紧跟技术演进，不断整合技术资源。

2014年3月，人民日报媒体技术股份有限公司成立。这是人民日报社下属的一级企业，注册资本1亿元人民币，其核心业务是打造媒体融合发展的空间平台、技术平台、运营平台、资本平台。这家公司成立的主旨就是培养自有技术骨干，为人民日报社包括新媒体中心在内的各个单位提供以技术为主的"物业服务"。此外，人民日报社还不断加强与外部技术力量的合作，及时有效地将新兴技术元素渗透到新闻生产、传播、互动的各个环节。2016年6月，人民日报社与腾讯签署了媒体融合发展创新战略合作协议，加快与互联网科技公司的合作步伐，新媒体中心正是双方合作成果的重要载体之一。新媒体中心联合百度、科大讯飞、快手、荣之联、凡闻科技等多家科技企业，开发出"人民日报创作大脑"平台，该平台运用人工智能等技术为媒体机构和内容创作者提供通用型创作工具，有效地提升了内容生产和分发效率，有力地推动了媒体的深度融合。

现阶段，新媒体中心正在着力打造自主可控的媒体融合产品，把单一

内容提供者转变为以内容为主的多媒体服务商。人民日报中英文新闻客户端和"人民号"已迈出第一步，其相关技术也不断加大研发和投入力度，建设目标是确保用户规模的稳定性与扩展性，并将自己独特的内容产品逐渐转化为可持续的经济效益。随着5G技术商用推广的扩大，新三网（移动互联网＋NGB[①]＋物联网）融合时代即将开启，新媒体中心正进一步整合报社内外的技术资源，紧跟技术演进路径，努力加强技术前沿合作，积极抢占新的发展机遇。

（三）深化体制机制改革，优化媒体人才结构

目前，人民日报社已搭建以总编调度中心为核心的"中央厨房"机制，新媒体中心与报社内其他平台联合作战指挥的格局日趋成熟。但需要注意的是，在现行媒介组织管理形势下，"中央厨房"机制下的内容共享比较适合重大报道活动，而在日常报道中如何实现联合作战、统一发声，亟待新媒体中心联合相关部门在体制机制上深入探索，全面推行既符合新闻传播规律又与互联网思维相适应的内容生产流程。在重大敏感时政话题上，新媒体中心各平台除了服从总编室统一指挥外，还要提高及时预警与风险把控的能力。如策划"手抄党章"活动，就应在引导文章中持续做出提醒，如"不鼓励单位强迫性组织，只鼓励自愿参与"或"不鼓励搞成形式，鼓励发自内心"。

同时，人民日报社还十分重视人才这一关键问题，强调人才的全面培养和发展，重视人才的政治辨识能力、工作推动能力、持续创新能力、自我提升能力等素养的培养，打造人才队伍良性循环的发展环境。例如，新媒体中心创新了内部利益分配机制，将考核评价体系进一步科学量化，在实际工作和绩效考核中更强调业绩导向，更注重效率，以此调动、激发工作人员的积极性、主动性、创造性。新媒体中心的人员岗位实行双轨制，针对某些岗位采取市场化高薪聘用方式，针对在编人员推行职位进步和获得感评价方式，以此不断优化人才队伍结构。

（四）坚持移动优先战略，拓宽衍生产品市场

目前，移动媒体已成为中国第一大上网终端。新媒体中心在提升传统

[①] NGB即中国下一代广播电视网。

主流媒体"三力"方面初获成效,其成功的原因除了重视政治站位、技术合作等因素之外,还在于整个报社全方位推行了"移动优先"的战略。人民日报社的日常新闻供给已经不再优先依靠报纸,而是依靠其"两微""两端""人民号"。与曾经倡导的"端网速度、纸媒深度"不同的是,新媒体中心的采编人员在内容生产兼顾速度和深度的同时,正逐步向全媒体记者转型,努力掌握多种业务技能,力争成为"提笔能写、对镜能讲、举机会拍"的多面手,不断提高生产优质内容的创造力。

此外,新媒体中心为了扩展自身成熟的业务链,还开发出系列书籍、游戏 PK 等衍生产品,在把新媒体品牌做大做强的同时,从服务用户角度,通过这些新的衍生产品形成自己完整的产业链,为生产高质量新闻产品打牢经济基础,并形成良性循环。当前,用户多样化的消费需求,就是取之不竭的媒体传播营销资源,新兴媒体正在改变过去传统媒体"发行 + 广告"的盈利模式和用户消费方式。新媒体中心正在利用这些资源与优势,积极探索和运用投融资机制,在媒体融合发展中创造提升"三力"新局面。

第二节 湖北广播电视台提升 "三力" 的探索

本节选择湖北广播电视台作为区域性主流媒体的典型,从政治、经济、技术环境、思维观念、机制体制、用户个体感知等角度,对其提升"三力"的实践与探索进行案例分析,目的是为其他区域性主流媒体的全媒体改革转型提供参考和借鉴。

一 湖北广播电视台:区域性主流媒体的典型

(一)湖北广播电视台基本情况

湖北位于中国中部,其经济总量、社会发展、人口规模等指标,在全国处于中游水平。原湖北省广播电视总台于 2011 年 10 月更名为湖北广播电视台,完成了宣传性事业和经营性产业协调发展的体系建构。旗下有湖北卫视、湖北综合、湖北经视、楚天交通广播等多个类型的频道、频率,还拥有电影、电视剧、新媒体、有线网络、报刊、湖北省广播电视信息网络股份有限公司、湖北长江文化传播有限公司等多种媒介和新媒体资源。

湖北广播电视台的整体实力在全国位于中游偏上水平，2016年，湖北广播电视台有5件作品获4项国际大奖，108件作品、12人次和6个集体获37项国内大奖。湖北卫视平均收视率在全国35城市组中连续五年跻身省级卫视前10名，湖北综合、湖北经视分别在湖北省网、武汉市网收视前列，楚天交通广播在全国省级广播行业排名领先。

目前，全国每个省（区、市）都有省级广播电视台，这些省级主流媒体是中国意识形态领域宣传的主阵地和主战场。课题组将这些省级广播电视台划入区域性主流媒体范围。从湖北广播电视台的区位优势、综合实力来看，无论是其理论发展、实践创新，还是其取得的社会效益与经济效益等，都具有作为典型案例研究的价值。尤其是近年来，湖北广播电视台积极推进融媒体发展，构建"长江云"新媒体平台，整合新闻报道与政务资讯资源，打造传统媒体与新媒体一体化发展模式，努力提升区域性主流媒体"三力"等做法，均值得各类主流媒体学习、借鉴和深入研究。

（二）湖北广播电视台的样本价值

从内容资源角度看，湖北广播电视台的内容资源十分丰富，为本书提供了详尽丰富的样本支持。根据2018年8月湖北广播电视台总编室的统计，目前湖北广播电视台拥有编辑、记者和相关人员750多人，自办新闻栏目20个，并通过"长江云"新媒体平台融合传播新闻信息，新闻栏目周播出量7312分钟，达122小时（见表9-1）。

表9-1 湖北广播电视台栏目

出品方	新闻栏目数量	周播时长（分钟）	栏目名称	栏目时长（分钟）	播出频道/播出时间
电视新闻中心（公共·新闻）	7	1321	湖北新闻	23	湖北卫视/每日18：30
			长江新闻号	30	湖北卫视/每日23：00
			荆楚廉政	20	公共·新闻频道/周六12：45

续表

出品方	新闻栏目 数量	新闻栏目 周播时长（分钟）	栏目名称	栏目时长（分钟）	播出频道/播出时间
电视新闻中心（公共·新闻）	7	1321	政协委员议政厅	20	公共·新闻频道/每月第二个周一 20：30
			新闻大摄汇	30	公共·新闻频道/每日 15：00
			新闻大视界	30	公共·新闻频道/每日 11：30
			问新闻	70	公共·新闻频道/每日 19：25
综合频道	3	840	新闻 360	35	综合频道/每日 17：40
			帮女郎在行动	55	综合频道/每日 18：15
			帮女郎在现场	30	综合频道/每日 10：30
湖北经视	2	1841	经视直播	(1) 113 (2) 80	湖北经视/每日 18：00
			经视一锅鲜	70	湖北经视/每日 11：50
垄上频道	1	490	垄上行	70	垄上频道/每日 20：00
新闻广播部	4	1680	湖北新闻	30	湖北之声/每日 7：00
			焦点时刻	90	湖北之声/每日 7：30
			直通 1046	60	湖北之声/每日 17：00
			湖北财金报道	60	湖北之声/每日 10：00
交通广播部	1	420	财富早高峰	60	经济广播/每日 7：00
	2	720	事事关心	60	楚天交通广播/每日 7：00
			927 社会调查组	60	楚天交通广播/周一至周五 21：30
新媒体新闻中心			长江云 App		
总计	20	7312			

从产品生态角度看，湖北广播电视台不仅拥有广播、电视等传统媒体资源，还拥有电影、电视剧、新媒体、有线网络、报刊、湖北省广播电视信息网络股份有限公司、湖北长江文化传播有限公司等多种媒介和新媒体资源。既拥有位于全国卫视排名前列的湖北卫视，又有在全国电视地面频道排名前列的湖北经视，也有在媒体融合创新上独树一帜的新媒体平台"长江云"。可见，作为省级主流媒体的湖北广播电视台的产品体系架构完善，已经构筑较为完整、良好的产品生态。

所以，作为样本，湖北广播电视台因其独特的区域代表性、优质丰富的内容资源、良好完备的产品生态等情况，符合案例研究的普适性要求，能够使本书从个体案例出发，对所研究问题进行普遍性提炼和归纳，有助于为区域性主流媒体提升"三力"探寻典型经验。

二 实践探索：湖北广播电视台"三力"的提升

法国学者阿尔都塞认为："主流媒体是意识形态国家机器的重要组成部分，是社会现存秩序的坚定拥护者。"[①] 我国主流媒体在社会主义精神文明建设中发挥着巨大作用。

（一）增强传播力：提高效能，优化内容，打通渠道

学者周志懿认为："所谓媒体传播力实际上就是指一个媒体通过各种传播方式的组合，将信息扩散，导致产生尽可能好的传播效果的能力。"[②] 传播力是指传播者对信息进行编码，并以最佳方式传递给受众，以取得最好传播效果的能力。[③] 从媒体传播力角度出发，影响传播力的三个因素分别为机构效能、内容品质和渠道畅通度。湖北广播电视台就是围绕这三个因素开展增强传播力实践的。

1. 打造融媒体新闻中心，提高机构效能

机构效能是影响传播力的第一要素，它是指人们在有目的、有组织的传播活动中所表现出来的效率和效果，反映了所开展活动目标选择的正确性及其实现的程度。[④] 对于湖北广播电视台而言，提高流程管理效力，就是在移动互联网时代对整个组织架构进行变革，对全部资源开展整体有效管理。2014年9月，湖北广播电视台将广播、电视、报纸、PC网站、手机网站、微博、微信、客户端等形态构建为一个完整的平台——"长江

---

① 路易·阿尔都塞. 意识形态和意识形态国家机器（续）[J]. 李讯，译. 当代电影，1987（4）：31-43.
② 周志懿. 媒体竞争：传播力制胜 [J]. 中国报业，2006（9）：45-47.
③ 强月新，刘莲莲. 对主流媒体传播力公信力影响力关系的思考 [J]. 新闻战线，2015（5）：46-47.
④ 肖焰，蔡晨. 新时代背景下我国农民企业家带富效能的双因素研究 [J]. 农业经济，2019（2）：54-56.

云"。它将湖北广播电视台所有频道频率、新闻部门和新媒体整合成一个融媒体新闻中心，进行一体化生产，实现多平台分发，以此提高媒体机构的效能。

2016年，湖北持续强降雨，湖北广播电视台在第一时间打通了湖北卫视、湖北之声等7个广播电视频道共20档新闻栏目以及"长江云"和"湖北网台"2个网络平台。在这次新闻报道中，湖北广播电视台运用SNG卫星直播、无人机拍摄、4G连线、手机网络视频、第三方直播、VR、直升机航拍等技术，进行台内横向跨部门融合，并首次实现纵向跨地区联通，将湖北省各市、县两级媒体的报道资源和力量进行整合，通过人力统一调度、报道统一策划、信息互通、资源共享，开启了湖北广播电视台史无前例的"迎战强降雨"全天候多平台大直播，短短20天就完成了8229分钟的电视直播。[1] 其中，湖北广播电视台10套广播频率并机推出特别直播"众志成城 迎战暴雨"，创下了湖北广播史上10套频率同时对同一事件直播时间最长的纪录。湖北广播电视台的这次实践，提高了机构间的合作效能，把用户之间的孤立关系变为互动关系，增加了信息传播中有效关系的数量。

2. 发挥视频生产制作优势，优化内容质量

传播内容的品质决定了传播力的广度、深度以及效果，其衡量指标通常有新闻性、时效性、事件性、贴近性，还有发行量、收听率、收视率、点击量、粉丝数、跟帖量等。在移动互联网时代，信息繁杂、用户选择多，但无论何时，优质内容对用户的注意力吸引都十分重要。作为机构媒体的湖北广播电视台，就是用这种优质内容来凝聚传播力资源的。

2018年，时任中央电视台副台长的孙玉胜在中国网络媒体论坛中指出，"视频是传播的最高形态"，"视觉因素一跃成为当代文化的核心要素，成为创造、表征和传递意义的重要手段"。[2] 湖北广播电视台全媒体内容质量的提升，便是发挥自身视频生产、制作优势的最佳体现。在2016年迎战暴风雨的系列直播中，湖北广播电视台及时、准确、客观的报道，使"视频内容+直播优势"彰显出强大的传播力。其中，湖北经视《经视直播特

---

[1] 湖北广播电视台. 打造以"长江云"为核心的智能化生态级媒体融合平台［J］. 传媒，2016（17）：22-24.

[2] 周宪. 视觉文化的转向［J］. 学术研究，2004（2）：110-115.

别节目：迎战暴风雨》收视率和市场占有率在武汉市所有落地电视频道节目中高居第一。在 2016 年 7 月 3 日 18：00 到 19：20 的时段，该节目创下了湖北经视开播以来最高市场占有率，份额达 33.92%，与收视率双双刷新本土（湖北省）电视新闻收视纪录。这些关于重大突发事件报道的视频内容优势在全媒体环境下也凸显出来，湖北经视微信公众号阅读量"10 万 +"的稿件有 10 多篇，其中《默哀！武汉再遭特大暴雨，围墙倒塌，8 人遇难，万人转移，江城挺住！》单篇阅读量达 211 万人次，点赞量达 8211。

3. 搭建五级全媒体传播矩阵，打通传播渠道

当然，内容质量再高，如果传播渠道不畅通，也难以进行有效传播。湖北广播电视台搭建了五级全媒体传播矩阵，打通了传播渠道，呈现出线上线下渠道全线开花、大屏小屏全屏共振的全新业态。这种创新和改革，将传统媒体传播中一对多的单项传播模式转变为多对多的网状传播模式，充分发挥了多平台传播的长尾效应，延长了新闻内容的生命周期，完成了新闻价值增值，有效提升了其传播力。

湖北广播电视台搭建的五级全媒体传播矩阵的架构是：湖北广电矩阵、央媒及重量级商业媒体矩阵、省级媒体矩阵、省内市州县媒体矩阵、海外媒体矩阵。湖北广电矩阵——节目生产的核心矩阵。在湖北广电融媒体新闻中心的指挥下，整合广播、电视、新媒体团队，形成核心报道矩阵。同时，在微博、微信、IPTV 等平台进行全面推广，最大范围覆盖目标受众。央媒及重量级商业媒体矩阵——湖北广播电视台与中央人民广播电台、中央电视台、新华社、《人民日报》、《光明日报》等中央级主流媒体以及腾讯、今日头条等商业媒体，实现了同步直播以及内容推送分享，开展多屏传播互动报道。省级媒体矩阵——联合湖南、河南等多家省级媒体开展联动报道。省内市州县媒体矩阵——电视新闻中心联合市州县电视媒体、"长江云"，依托"长江云"平台联合全省市州县区各级媒体开展联动报道。海外媒体矩阵——通过海外社交账号和跨境媒体[①]，包括 YouTube、Facebook、海外 OTT 等渠道，向美国、加拿大、英国、法国、韩国、澳大利亚等 160 多个国家和地区的媒体多语种"讲述湖北故事"，更好地履行党媒"联结中外、沟通世界"的职责使命。

---

① 王俊健，孙俊. 湖北广播电视台两会报道的创新实践［J］. 中国广播，2018（4）：8 – 10.

(二) 提高公信力：聚集政务资源，加强舆论监督

丁柏铨认为："新闻媒体的公信力是需要在传播对象那里得到验证和确认的一种特殊之力。"① 公信力是媒体的一种无形资源和软实力，已成为一家媒体价值的重要识别标志，也就是受众对主流媒体的公共形象和媒体产品的公共认可度。② 湖北广播电视台通过聚集政务资源、强化舆论监督，增强了专业性和权威性，提高了自身公信力。

1. 聚集政务资源

作为区域性主流媒体，湖北广播电视台在集聚政务资源方面有新突破，推出了若干媒体问政品牌。湖北广播电视台制作的问政大直播"2017湖北媒体问政"，问政12个厅局及其下辖行政部门，为人民群众提供透明的政务信息。该节目通过举行大型直播活动搭建了开放理性的官民互动渠道，构筑起百姓与官员直接对话、平等交流的公共空间，最终实现媒体监督、群众监督与行政监督的有机结合，体现了政府依法治理、阳光执政的精神风貌。时任湖北省委常委、常务副省长的黄楚平给予高度评价："媒体问政倒逼解决问题，促进部门正确履职、担当作为，把媒体的监督和群众的监督结合起来，传递的是社会正能量。"

2. 强化舆论监督

舆论监督是新闻媒体的公共职能，是媒体社会责任感的自觉体现，是构建和谐社会的积极推手，也是打造公信力的重要途径。只有从社会公平、党和政府需要的角度，做好建设性舆论监督，媒体才能有效提高公信力。

湖北广播电视台与湖北省纪委监察厅主办的常态化问政品牌节目《党风政风前哨》，每月末连续5天全省主流媒体联动推出。《党风政风前哨》是湖北广播电视台运用舆论的独特力量，帮助公众了解政府事务、社会事务和一切涉及公共利益的事务的一档节目。该节目在内容上沿着法治和社会生活公共准则的方向进行运营。时任湖北省委常委、省纪委书记的王立山两次就《党风政风前哨》做出重要批示。媒体本身的公信力是新闻媒体

---

① 丁柏铨. 论新闻舆论传播力、引导力、影响力、公信力 [J]. 新闻爱好者, 2018 (1): 4-8.
② 强月新, 刘莲莲. 对主流媒体传播力公信力影响力关系的思考 [J]. 新闻战线, 2015 (5): 46-47.

实现舆论监督功能的一个关键因素，公信力较高的主流媒体往往可以借助新闻舆论监督功能实现民众舆论声音的反馈，也可以反过来通过公众对媒体社会角色的感知和认同提升自身的公信力。受众对媒体的信任和忠诚不是一蹴而就的，既需要培养也需要维护，区域性主流媒体一定要根据新时代受众的需求，集中优势、打造王牌，不断提升品牌的构建能力。

（三）提升影响力：把握时度效，强化议题设置

媒体影响力的本质特征是媒体作为资讯传播渠道，对其受众的社会认知、社会判断、社会决策和社会行为打上属于自己的"烙印"。媒体影响力的盛与衰都与受众有密切的联系。湖北广播电视台就是通过把握时度效和强化议题设置来满足受众的需求，最终影响受众的认知、态度和行为，以此提升其影响力的。

1. 把握时度效

在传播渠道发生深刻变革的今天，面对重大突发新闻，传统主流媒体要想提高影响力就必须迅速出动、积极响应，把握好时度效，抢抓危机事件信息发布的主导权，让时度效优势发挥得淋漓尽致。"时"要求快，强调首发效应；"度"要求因事制宜、因时制宜；"效"就是群众口碑好、社会共识强。

2015年6月2日凌晨，湖北广播电视台接到载有456人的"东方之星"号客轮在湖北监利附近长江江面翻沉的消息线索，立即启动突发事件快速反应机制，一系列新闻部署随即展开。2：30，湖北广播电视台电视新闻中心派出记者赶赴现场，一个小时后两台卫星车集结到位。4点，再派出五路记者奔赴监利，5点航拍团队出发，6点电视新闻中心记者率先抵达沉船地点，在距离沉船只有几百米的地方，拍摄了多张照片和多段视频，第一时间通过微信公众号向外界进行现场情况报道。当时，由于救援部门对江面进行了封锁，后续赶到的记者在事发当天已经无法近距离拍摄到沉船，湖北广播电视台的这一组视频和照片，就成为当天最权威的现场报道素材。湖北之声记者独家获得官东水下救人的珍贵影像，在腾讯网头条上推送后，数小时内点击量超过200万。对于这起重大突发事件，湖北广播电视台把握住"时"和"度"，取得了较好的传播效果，实现了较强的社会影响。

2. 强化议题设置

重大突发事件发生的时候，主动设置议题进行科学有力的舆论引导，犹如社会的"稳压器"。澄清谬误，让受众明辨是非，是党媒的重要职责使命，也是体现媒体影响力的重要指标。报道的权威性和舆情引导的关键在于抓住先机，核心在于主动，在重大突发事件中有多个声音出现时，媒体就需要主动设置议题。

设置议题可以分为三个层次。第一个层次是事发现场新闻的及时准确发布，权威信息可以满足受众对时效性的需求。对于"东方之星"翻船报道，湖北广播电视台除了及时播发新闻，还争取到公共信号的电视转播权，以电视直播的方式报道现场指挥部举行的新闻发布会和官方发布的权威信息，用权威声音回应社会关切，有效化解了可能产生的"舆论次生灾害"，迅速抢占了舆论的制高点。第二个层次是通过设置议题聚焦新闻所包含的正确价值。对于"东方之星"翻船报道，湖北广播电视台把报道的着力点紧紧聚焦到军队、武警、公安消防和政府的积极救援上，报道及时、准确、公开、透明，彰显了党和政府"生命至上"的救援理念，突出了中国强大的救援动员能力和高效率，传递了正能量。第三个层次是拨开迷雾，正确引导舆论。通过设置媒介议程来影响公众议程，进而使公众议程与媒介议程尽可能同构，最终实现有效的舆论引导。[①] 在"东方之星"翻船事件中，社会上出现一些质疑的声音，如"翻沉事件是否由龙卷风引起""救援工作是否高效""船体切割后是否还要焊接"等。面对质疑，湖北卫视、湖北经视等频道频率第一时间邀请专家从专业角度解析救人难点和救援方案的科学性、合理性；同时，协助主办方设置每场会议的议题议程，请专业人员正面回应社会和大众质疑，请救援人员现场动情讲述救援细节和感人故事。[②]

三 问题分析：湖北广播电视台"三力"提升的局限

在数字化、移动化的新闻浪潮中，湖北广播电视台也在积极转型，并

[①] 喻国明，等.中国大众媒介的传播效果与公信力研究[M].北京：经济科学出版社，2009：125.

[②] 王彬，尚政民，洪燕，等.媒体危机传播的角色反思与规律新探[J].新闻前哨，2015（12）：13–18.

朝着移动化方向发展。但从湖北广播电视台各移动产品的使用情况来看，用户使用率较低。这导致湖北广播电视台自有移动端的传播力薄弱，进而导致影响力和公信力整体偏弱。

（一）自有新媒体品牌投入不足

目前，湖北广播电视台正在大力建设以"长江云"为核心的移动传播平台，确保信息第一时间在长江云App、微信公众号发布。"长江云"汇集了新媒体的一切优势，采用H5、图文、视频等多种传播手段，通过"两微一端"进行社交化传播，提高和扩大了主题宣传的接受度和传播面，做到了"多、快、好、深"。但是，湖北广播电视台拥有10个电视频道、10套广播频率，栏目众多，其在重视新媒体发展的同时，忽略了传统频道频率以及品牌化栏目的新媒体发展。各频道频率由于日常播出任务较重，即使在移动优先的口号下，也很少主动倾斜人力、物力、财力大力发展新媒体。区域性主流媒体大屏小屏都要提升传播力、公信力和影响力在目前状况下是有一定难度的。这就导致湖北广播电视台新媒体建设虽然具有内容优势，但当前各频道投入新媒体的建设力量相对薄弱制约了新媒体的发展步伐。

实际上，湖北广播电视台拥有丰富的资源，可以打造诸多强大的新媒体平台，如湖北经视的微信公众号，就基于中国新闻名专栏《经视直播》等品牌栏目的内容优势，连年居于广电类新媒体公众号传播力、影响力排名的前列。湖北广播电视台需要依托频道资源，真正实现全广电的融媒体传播，建设更多类似湖北经视微信公众号的微信公众号，从而建立强大的多媒体矩阵。

（二）人才流失严重影响内容产品创新

媒体竞争的关键是人才的竞争，优质内容生产离不开优秀的人才。近几年来，由于新媒体的冲击，区域性主流媒体的广告吸附能力逐渐降低，广告收入逐年下降。同时，由于区域性主流媒体在媒体融合转型过程中路径不明朗，薪酬不具有吸引力，媒体优秀人才流失严重。近几年湖北广播电视台人才培养出现两个现象。一是离职人员数量呈逐年攀升趋势，离职人员中采编类人才较多，年龄在30岁左右，大多为硕士学历，拥有媒体从业经验。根据课题组成员所在单位的人事部门统计，辞职的年轻记者一部分去了各大企事业单位的宣传部门，另外一部分则去了新媒体的公关或宣传部门，其实工作属性基本与区域性主流媒体无太大差异。二是复合型人才引进困难。尤其是各单位的新媒体部门，由于薪资与市场上的新媒体公司相比没有优势，对懂技术的全媒体人才没有吸引力，高质量的人才引进有一定困难。

（三）公信力和影响力开始下降

目前湖北广播电视台的各类电视栏目较多，如《长江新闻号》《新闻360》《经视直播》等，但无论从收视率还是观众口碑看，既叫好又叫座的品牌栏目数量仍然偏少，公信力较强的品牌栏目以播出较长时间的新闻栏目为主，其他品牌栏目建设后续乏力，导致媒体已有栏目的公信力也开始下降。同时，由于创收压力导致这些年来电视和广播的广告质量也参差不齐，受众的个体感知出现认同危机，公众的社会体验较差，对其价值评价越来越低，影响了受众对主流媒体的信任，致使湖北广播电视台新媒体平台缺少知名品牌，也造成了媒体公信力的下降。虽然湖北广播电视台这些年在提升传播力、公信力和影响力方面的创新实践很多，但生产的全媒体爆款较少，并未形成常态化传播，难以满足受众的需求。加上目前受众对时政、突发信息的获取首选互联网，对电视的选择率明显下降，传统媒体自建的新媒体平台很难有足够强大的竞争力以抗衡内容海量且早已攒足人气的互联网平台。如《湖北新闻》《经视直播》等栏目虽拥有较高的知名度，但各自的受众类型化明显，《湖北新闻》以党政企事业机关的受众为主，而《经视直播》45岁以上的中老年受众更多，两大品牌栏目年轻用户黏性和忠诚度均不高，对年轻受众的影响力不断降低。

四 对策与建议：打造区域性主流媒体发展标杆

数字革命让全球媒体都站在同一起跑线上，区域性主流媒体正面临日益激烈的竞争。区域性主流媒体只有顺应信息时代的要求，从思想观念上做好转型准备，解决认识误区，才能提升其传播力、公信力和影响力。

（一）坚持内容改革：提高全媒体"爆款"产品的制作能力

在移动互联网时代，只有根据用户需求不断创新内容，才能留住用户。① 衡量媒体影响力的标准之一就是全媒体"爆款"产品的制作。湖北广播电视台的节目制作应该在这一方面加强引领作用，在对同一主题进行策划报道时，要针对广播电视与移动端的差异性进行分别设计，不能将电视播出版本直接放在移动端。同时，移动端的内容制作既要借助电视、广播端的既有品牌对节目进行二次创作、包装和编辑，又要坚持原创，在节目制作之初就要根据目标观众、传播范围制作多个版本，并且针对移动端进行可视化设计。此外，还要适应当前信息碎片化、互动化的传播习惯，努力策划制作全媒体"爆款"产品，除了要具有内容的可读性，还要具备深度上的互动性。

（二）坚持技术改革：加大研发资金投入

区域性主流媒体必须在技术上做出相应的改变，因为技术是移动互联网时代创新、发展的根基，每一项新技术的产生与运用都将极大地提高媒体的传播能力。② 在全媒体时代，湖北广播电视台首先要加强对新技术手段的学习，掌握数字化技术、计算机技术，以适应新媒体传播环境的变化；其次，要将实时直播与网络直播结合起来，善于运用卫星直播、4G直播、手机直播等多种方式实现传播渠道的多元化；最后，要在大屏小屏两个平台上持续推动技术的发展，不断加大技术研发资金的投入，逐步实行技术公司服务化、技术服务和采购一体化的发展模式，通过多种形式引入技术人才和资本，以保障媒体平台良性持续发展。

（三）坚持人才改革：锻造"三力"建设的中坚力量

传媒业是智力密集型产业，提高"三力"的根本是人力资源的转型和提高人才的综合能力。区域性主流媒体要敢于打破现有管理体制和机制，在人才使用和管理上大胆改革，做到"事业用人、能力用人"和"待遇留人"。湖北广播电视台应该敢为人先，勇于打破按资排辈用人惯例，为年轻骨干营造良好的工作环境，让其看到希望。同时，也要促进骨干人才向全媒体人才转型，通过改革绩效考核制度，倒逼各频道、栏目的编辑记者

---

① 中央人民广播电台提升中国互联网国际传播力课题组. 传统媒体和新兴媒体融合发展的愿景与路径——以提升中国互联网国际传播力为例 [M]. 北京：社会科学文献出版社，2014：279.

② 周志懿. 媒体竞争：传播力制胜 [J]. 中国报业，2006（9）：45–47.

快速转型，吸引传统主流媒体优秀记者转入新媒体部门工作。此外，还要以激励手段打破舒适区，让核心员工有更多的获得感，吸引优秀人才成为融媒体改革的中坚力量，用股份分红、高薪酬、期权分红等政策杠杆吸引优秀复合型人才加入湖北广播电视台这个大家庭，这样才能为区域性主流媒体传播力、公信力和影响力的提升获取强有力的人才支持。

（四）坚持品牌改革：用优质内容打造品牌 IP

区域性主流媒体要保持品牌效应，必须从三个方面重塑"三力"。第一，要坚持做到"顶天立地"。"顶天"就是站在党和国家的高度及时、准确、全面地传播来自高层的权威信息；"立地"就是接地气，从维护人民群众切身利益的角度解读这些来自党和国家层面的重要信息，及时反映基层群众的意愿和诉求。第二，要用优质内容打造品牌 IP。移动互联网时代，传统主流媒体优质品牌栏目的辨识度、公信力下降已成为不争的事实，新媒体平台需要创新内容生产，保持优秀栏目产出优质内容。这就要求湖北广播电视台树立全网品牌意识，建设优秀品牌栏目，不仅要在传统媒体上做好宣传和推广，更要在移动互联网频道做好导流和推介。树立品牌口碑、强化品牌建设，是区域性主流媒体树立公信力的最好途径。过去，湖北广播电视台拥有不少优秀品牌栏目，如湖北经视的《经视直播》曾获得第 21 届中国新闻奖新闻名专栏奖，实现了湖北电视界零的突破，在融媒体时代更需要做好内容生产和打造优秀品牌。第三，要持续做好社会和人文关怀方面的报道和宣传。例如要针对政府和大众诉求的契合点以及公共利益，做好栏目品牌和内容生产建设，做好媒体公益活动和行动的组织与策划，这是当前媒体拓展自身功能、提升品牌影响力的利器。

第三节　腾讯媒体业务的"三力"提升实践

与传统媒体相比，网络媒体在信息传播速度、可转载性和互动性等方面已凸显绝对优势，网络媒体的"三力"提升同样是中国舆论生态建设中不可忽视的重要环节。腾讯作为全球市值规模前十的上市公司之一，依赖其社交基因不断发展壮大，掌握着数十亿用户的使用数据，拥有自建的媒体业务体系。从"三力"建设的角度来看,腾讯媒体业务长期以来都有较强的传播力与影响力,其公信力也在不断提升。本节将以腾讯为典型个案,深入探析其"三力"提升实践,为主流媒体"三力"的提升提供经验参考和借鉴。

一 腾讯的核心媒体业务

从本质上来说,腾讯其实是一家互联网科技企业,其媒体业务只是众多业务中的一种,但其"连接一切"的企业战略,却与媒介的连接职能具有高度的一致性。腾讯开发了一系列媒体业务,包括多款媒介产品的开发,这些媒体业务分散于腾讯不同的团队架构之中,例如腾讯新闻、腾讯视频、微信订阅号、腾讯文学、天天快报等。

腾讯将内部架构划分为技术、平台、内容和工具四个部分。从传播逻辑来看,通常依托传播技术使优质内容能够借助平台准确地到达各大应用工具的使用者,即用户。腾讯媒体业务同样不脱离这一逻辑。在经历最近一次的集团架构调整之后,腾讯将平台与内容合二为一,组建了平台与内容事业群,基本涵盖了腾讯所涉及的媒体业务,并以不同产品形式的呈现为用户提供更好的内容服务。

为便于研究,本节将腾讯相对核心的媒体业务及产品从腾讯体系中暂时抽离出来进行独立分析,但仍按照平台与内容事业群的划分理解它们的功能与目标。这样做有助于人们更好地理解腾讯媒体业务的优势,也便于研究者挖掘其优势背后的深层原因。为此,本节选择腾讯新闻、微信订阅号、腾讯视频作为腾讯媒体业务的典型,研究其提升传播力、公信力和影响力的实践。因为它们不仅具有内容生产和传播分发的功能,同时也对支撑起腾讯平台与内容事业群有极为重要的作用,更是建构腾讯媒体业务"三力"的标杆。

(一)腾讯新闻

对标传统主流媒体的专业新闻资讯产品,腾讯新闻自2000年以来便开始精心打造门户网站,并在2010年以后完成移动端转型,成为深受用户喜爱的专业新闻生产平台。迄今为止,腾讯新闻已成为用户数量最多、最受欢迎、装机量最高的专业新闻产品。① 近几年来，腾讯新闻公信力也有所提升，在社会责任感、用户信任度、媒体影响力和媒体满意度等方面，均能与人民网、新华网和人民日报社等带有官方背景的媒体比肩。② 工信部2018年发布的网络媒体公信力报告显示，腾讯新闻是唯一一家跻身第一梯队的商业媒体。腾讯新闻是腾讯媒体业务体系的重要组成部分，既是面向用户的信息分发平台，同时也是专业新闻信息生产的集成者。对于以社交、游戏和在线服务为主要业务的腾讯来说，研究腾讯新闻"三力"建设，便能帮助人们了解腾讯媒体业务"三力"的建构情况。

（二）微信订阅号

根据微信团队的官方描述，其订阅号主要为媒体和个人提供一种新的信息传播方式，主要功能是在微信侧给用户传达资讯，类似报纸杂志所提供的新闻信息或娱乐趣事。其适用人群包括个人、媒体、企业、政府和其他组织。订阅号是微信公众号平台所提供的三种可选形式之一，与服务号、企业号共同组成微信公众号这一集成性很强且面向大众开放的自媒体平台。从微信演化的历史来看，订阅号是最简洁和信息发布者最易用、上手最轻松的信息设计和推送组件，也是面向个人、组织、机构和官方合作媒体打造的代理式新闻资讯的发布工具。这些媒体利用订阅号的功能便可以实现与数十亿微信用户的实时互动，并了解他们的点击、评论、点赞和分享等行为。如果足够了解自媒体团队如何利用订阅号完成他们的资讯推送和后台运营，或是机构媒体和官方媒体如何打造它们在微信平台的订阅号，人们就能够更好地理解订阅号这一工具生成的目的，以及其对腾讯媒体业务做出贡献的背后逻辑。与腾讯新闻不同的是，订阅号既能够帮助第三方媒体生产信息，同时也是第三方自身发布信息与微信用户之间的重要桥梁，同时还发挥着对这些信息生产主体提供可视化反馈的作用。

（三）腾讯视频

早期的腾讯视频与互动娱乐事业群的关联较强，但在最近的一次架构

---

① QuestMobile：上半年腾讯新闻持续领跑 ［EB/OL］. （2016－07－26）［2021－06－24］. https：//m. sohu. com/n/461068210/.
② 工信部发网媒公信力报告　腾讯新闻是唯一跻身第一梯队的商业媒体 ［EB/OL］. （2018－03－06）［2020－06－22］. https：//tech. qq. com/a/20180302/024010. htm.

调整中，腾讯视频同腾讯新闻一起被划分至平台与内容事业群。腾讯视频不仅通过视频向公众传播最近发生的新闻资讯，也通过电影、电视剧、IP短剧、个人用户生产视频等影像产品为用户提供视听信息服务。整体来看，腾讯视频是兼具专业新闻资讯传播和娱乐产品传播的综合类视频平台，在性能稳定性、功能多样性和兼容性等方面都有出色表现。截至2018年7月，腾讯视频移动端月均独立设备数达6.4亿台，日均独立设备数达1.8亿台。根据2016—2018年三年互联网视频行业报告数据，结合第三方数据调查机构给出的信息，从其装机量、付费会员数量、月活用户数量以及总体点击量等多个指标综合来看，腾讯视频是中国规模最大的在线视频平台。

腾讯在创立之初虽然并不是一家专业的媒体，但却一直以媒体的功能和媒介连接的思维来管理内部产品。通过探究腾讯三大类媒体业务的运营理念、产品设计以及推广模式，我们可以发现其"三力"建设的相关做法和问题。

二　腾讯媒体业务提升"三力"的策略

腾讯媒体业务在独立运营和战略扩张中，时常采用的思维模式就是连接思维，即将不同场景的资源打通，据此建立并优化传播媒介，目的是打造"万物皆媒"的互联世界。在新闻专业生产、综合门户平台、视频、自媒体生态构建等多个方面，腾讯媒体业务已具有一定优势，并形成以社交用户为中心的信息流矩阵。本部分将重点讨论腾讯和腾讯媒体业务中与"三力"有关的运营策略与产品开发，并结合具体的案例，解析腾讯媒体业务是如何将"三力"的理论构想转化为现实优势的。

（一）立足社交基因扩大传播力

传播力一直是腾讯新闻、腾讯视频、微信订阅号等腾讯媒体资讯产品的优势。中国媒体发展年度报告、工信部年度报告等材料均显示，腾讯媒体资讯产品的传播力在新兴媒体中处于强势地位，并且连续多年居移动用户装机量、内容消费市场和会员增值消费等传播指标的首位。这与本书数据所呈现的腾讯网拥有较强的传播力，且位于传播力第一梯队的结果具有高度一致性。

1. 庞大的用户基数优势

腾讯媒体业务的传播力优势，在很大程度上源于其特有的社交基因，腾讯社交用户的维持与增长也被看作腾讯内部各项业务的核心。即便是同人民日报社、新华社、中央广播电视总台等中央级传统主流媒体相比，腾讯媒体业务在用户活跃数量、装机设备量等显性指标和传播力、影响力等隐形指标上，依然拥有较强的竞争力，而其竞争力主要来源于用户的社交需求，并且这些需求能够较为完整地在腾讯生态体系内得到满足。

众所周知，腾讯QQ与微信是腾讯的两大重头社交软件，也是全球范围内用户数量最多的社交软件。腾讯新闻、腾讯视频、微信订阅号等多个媒体产品也因此拥有其他竞争者无法匹敌的用户数量。从绝对指标来看，数千万的用户数量和设备装机量，令以腾讯新闻和腾讯视频为代表的腾讯媒体业务产品几乎覆盖中国全部移动互联网用户，这种"人海传播"方式，使腾讯媒体业务整体的传播力具有绝对优势，这是其他商业媒体所难以望其项背的。

腾讯内部财报的统计信息显示，2018年，QQ和微信的合并月活跃账户持续增长，腾讯视频订购用户同比增长58%，达到8900万，日活跃账户的视频播放量同比增长超过40%。[①] 媒体广告业务全年增长23%，达到183亿元。其中，腾讯视频广告收入同比增长34%，腾讯新闻广告业务在系统升级后恢复增长，媒体信息流广告收入同比增长超过10倍。[②] 自2018年以来，在短视频迅速发展的爆发期，腾讯视频作为综合类视频客户端，依然保持着会员数量的绝对增长。

2. 掌握社交圈入口控制权

腾讯之所以拥有如此巨大的用户群，主要缘于腾讯自身稳固的社交生态，得益于其掌握着社交圈入口的控制权。从其自身发展看，腾讯为用户营造的社交生态是基于固有的社会连接属性而非互联网本身。在一定程度上，其他媒体资讯产品很难将用户从已经成熟的社会网络中迁移到另一个场景中，因为他们面对的不仅仅是用户，更是用户之间早已形成的稳固关系，这种稳固关系在短时间内是很难被打破的。

[①] 2018腾讯收费增值服务用户1.6亿 腾讯视频会员8900万 [EB/OL]. (2019-03-21) [2020-06-21]. https://tech.sina.com.cn/i/2019-03-21/doc-ihsxncvh4411632.shtml.

[②] 腾讯网络广告第四季度营收170亿元 同比增长38% [EB/OL]. (2019-03-21) [2021-08-26]. https://tech.sina.com.cn/i/2019-03-21/doc-ihsxncvh4412149.shtml.

例如，在进行视频内容分享时，腾讯视频、微信、QQ 等拥有更多的内部社交用户资源，在不同视频平台和社交平台之间进行内容传输时，具有更高的适配性和优先级。选择腾讯视频观看直播的用户，除了能够体验基础的实时直播，还能够将内容分享至 QQ、微信等腾讯系社交平台，并在社交平台开设直播讨论间与朋友边看边聊。换句话说，微信或 QQ 用户能够与腾讯视频用户完全对接，这种互动可以将腾讯视频播放平台内置于社交软件，从而进行社交互动。

从行业竞争角度看，其他没有直接社交资源支持的视频平台无疑是弱势的。如果它们选择与腾讯视频展开正面竞争，那么，大多用户可能会由于社交需求逐步流向腾讯系产品，因此，这些平台更多的最终会选择妥协，通过接入分享的方式与腾讯社交产品共享数十亿用户资源。2017 年以后，移动互联网在三、四线地区普遍完成渗透，几乎所有的热门视频网站均支持以 QQ 或者微信的方式快捷登录，甚至是一键登录，相比采用短信验证或传统新建账号密码注册的方式来说，一键登录是更加高效便捷的方式。不论是阿里系的优酷土豆、多方控股的哔哩哔哩，还是与百度关系密切的爱奇艺，这些具备高流量、大用户的网络视频平台均可使用腾讯系社交产品账号一键登录，这足以证明微信和 QQ 两大社交产品对视频平台的引流能力。

值得注意的是，在此之前这些视频网站的登录方式并非如此。过去开通会员、免广告和获取增值服务等功能需要注册账户登录才能进行，因此，用户必须经过烦琐的账户注册和密码设置，甚至是绑定手机号和设置偏好等步骤之后，方能享受完整的视频体验。较为典型的是酷 6 网和 56 网两大在线视频平台，它们成立于 2010 年之前的互联网早期，并在之后的几年中通过提供在线播放业务获得众多用户的喜爱，地位一度和彼时尚未合并的优酷、土豆以及其他包括新浪视频和网易视频在内的主流网络视频平台并驾齐驱。然而，由于平台维护不力，后期内容创作乏力，用户黏性逐步消失，其迅速进入下滑期，以至于几乎被主流视频市场所淘汰。

需要指出的是，在 QQ 风靡 PC 互联网和微信初露锋芒的时代，上述在线视频播放平台并不支持 QQ 和微信快捷登录，而是需要自建账号，并设置独立的账户名和密码。由于新浪微博也曾是活跃度极高的社交产品，在阿里巴巴投资控股新浪之后，依托新浪微博的社交用户资源，合并后的优酷土豆也在相当长一段时间内成为装机量前三的视频类产品，但仍然在

2017年以后逐步被腾讯视频和爱奇艺甩开。所以，没有任何社交产品支持的酷6网、56网等产品，长期坚持自建账户，不对巨头开放，也不接入大流量社交产品的导流服务，致使产品的易用性在竞争中逐步落后，并最终导致用户的流失。以酷6网为例，虽在21世纪前十年享受到了中国互联网人口红利，但在2011年以后营收情况逐渐变得非常糟糕。

（二）依托传统主流媒体强化公信力

腾讯新闻作为一家有近20年发展历史的商业网络新闻媒体，纵跨PC、移动和后移动互联网时代，凭借其数千万用户建构起较强的传播力。但是自门户网站时代开始，腾讯新闻就同其他网络新闻产品一样，被外界认为存在消息源不可靠、新闻偏差度高、误导广告较多和平台舆论生态不佳等一系列问题，这些问题最终导致了腾讯媒体业务的公信力整体缺失。本书问卷调研数据同样反映了腾讯新闻公信力不如央视新闻等的情况，大多被访者一致认为腾讯新闻公信力相对较低。

然而，不断提升公信力才是巩固其传播力优势、扩大其影响力的必要保障。面对上述问题，腾讯媒体业务开始实施各种举措来提高媒体公信力，如全面展开以提高公信力为核心的内容生产流程改造和信息分发环节的重构工作。回归报道本质、恪守新闻底线、提高新闻质量，逐渐成为腾讯媒体开展业务的宗旨。腾讯内部事业群在2017年就率先进行了一次重大调整，将作为新闻生产的内容和会员广告等运营进行分离。

第一，从内容生产角度看，腾讯的新闻生产在专业资讯生产和传播层面彻底抛弃了流量至上思维，与传统主流媒体积极合作，在运营目标中引入新闻权威性，向主流媒体开放用户数据。腾讯新闻在全媒体矩阵规划中并未将点击量或广告收入凌驾于内容的准确性之上，更未将点击量列为网络媒体组织管理和日常考核的中心，而是专注于高品质的新闻资讯生产，同时追根溯源，保证源信息的真实性和可靠性。腾讯新闻会对全媒体合作伙伴尤其是官方主流媒体开放腾讯媒体业务的社交资源和相应的用户数据，以便让权威准确的信息及时到达用户。在这种连接与开放的过程中，腾讯新闻也增强了其作为中介者的公信力，虽然是以转载或者第三方推送的方式，但由于其信源是具备极强公信力的官方主流媒体，其可信度得到了保障，也间接地提升了自身公信力。以重大时政类新闻为例，虽然腾讯新闻拥有自主新闻编辑和发布等一系列牌照，但对一些特殊事件，持有牌照的传统地方媒体和网络新媒体仍然需要与中央级媒体保持完全一致。对这一类信息，腾讯新闻的处理通常比其他持有牌照的媒体机构更加谨慎。

第二，从运营策略上看，腾讯不断与人民日报社和新华社等具有较强公信力的主流媒体建立紧密合作关系。比如，在腾讯新闻页面顶部，常常转载来自人民日报社、新华社的诸多时政要闻。在突发事件报道中，腾讯新闻会反复核查新华社和本地官方媒体的通稿，在第一时间推送信息，还会对新闻事件进行版块划分和专题设置。如北京大学硕士章莹颖2017年在美国失踪案件被曝光后，腾讯新闻很快设置了新闻专题。在案发后的48小时内，腾讯新闻网页版、客户端以及移动端兼容版的首页均置顶了这一案件的超链接和版块跳转模块，这足以表明腾讯新闻团队对该社会事件的重视。两年之后，杀害章莹颖的凶手受到公开庭审，并被判处终身监禁，腾讯新闻团队也在众多网络媒体中最先完成专题新闻的报道，包括第一手资讯简报、深度分析、现场直击以及专业人士分析等多个部分。

（三）运用大数据技术深化影响力

在移动互联时代，大数据早已成为各领域重点关注的对象，用户行为数据更是各行各业提供优质服务的关键因素。在新闻传媒领域，用户行为数据最先表现为用户的浏览、点击等媒介接触行为，这些行为经过转化可变成包括广告收入、会员付费及在线购物在内的商业利益，以及影响用户心理、态度和后续媒介接触行为的媒体影响力。形成影响力是持续建设媒体传播力、公信力的终极目标，对于媒体而言，实现传播内容对受众心理、态度、行为的影响十分重要。当用户的使用数据、行为数据以及态度数据等被媒体掌握时，媒体才能更好更有效地利用这些数据，进行自我优化和提升，最终实现媒体信息传播的影响力落地。腾讯媒体业务影响力日益增强的背后便是大数据资源及技术的充分利用。

第一，腾讯自身所拥有的数十亿社交用户产生的用户行为数据，为腾讯媒体业务的信息传播提供了丰富的社交资源和畅通的传播渠道，更是其提升影响力的重要前提。从数据类别上看，腾讯、阿里巴巴和百度等互联网科技公司分别掌控着关系型数据、交易型数据和搜索型数据，其中，腾讯所拥有的关系型数据更能帮助媒体内容生产者对阅读用户发挥影响力。关系型数据是指用户与用户之间的连接产生的交互类的数据，这些信息对于运营商改进服务和针对特定用户给出个性化交往建议至关重要。掌握关系型数据意味着服务运营者掌握了用户形成的社会网络关系，即在很大程度上融入了该用户所处的"虚拟社区"。

对于腾讯来说，QQ 和微信两大社交软件构成的社交生态，已经令腾讯在开展各种业务时拥有先天优势，媒体业务也不例外。以购买国外知名赛事版权的腾讯体育为例，在进行 NBA 赛事直播时，腾讯视频和腾讯体育客户端同其他产品一样，会在包括客户端和网页在内的各个终端开设直播频道，为会员提供实时点播服务，非会员也能享受到部分场次的免费直播，以此提升用户黏性。不同之处在于，腾讯视频在提供特定场次的 NBA 赛事直播的同时，也允许用户将直播窗口分享到 QQ 和微信窗口中，以供好友共同观看。在此基础上，腾讯依靠社交资源累积的关系型数据，还实现了被动式的赛事分享，即多个好友可以在一个群组中接收到该场次 NBA 赛事的直播通道，并在微信和 QQ 客户端内实现观看。在观看的过程中，这些拥有共同节点的用户相当于拥有了一个小型直播间，在直播间内可以随意地进行交流，这对于观看竞技类体育赛事有明显的帮助。作为对比，其他视频直播类客户端以及包括央视体育在内的传统主流媒体，均难以实现这种朋友之间的赛事直播互动，观看体验由群体回归到个人会使影响力的发挥受限。

第二，腾讯媒体业务基于这些庞大的用户数据，可以运用大数据算法更加准确地识别用户偏好，分析用户后续媒介接触行为。腾讯在 2017 年以后倾力打造的 AI 团队，会结合腾讯的社交大数据，在移动端的内容分发上采用个性化资讯推荐的方式，聚合各路自媒体的头条号，为其提供了强大的内容支撑。这使个性化推荐有了技术和用户的双重保证，使腾讯新闻更加专注于内容本身，不断提升新闻内容质量，能够比其他网络媒体更快地提升影响力。

在腾讯新闻的客户端中，用户可以选择自己感兴趣的标签，但更多的情况下，腾讯新闻后台的云计算服务中心会根据用户的链接点击情况，自动为使用者贴上跟内容相关的简易标签，这些标签便成为后续内容推送选择的基础。比如，某特定用户反复浏览财经类新闻，甚至更具体地每天查看 A 股、港股和美股以及各大基金公司的收益情况，腾讯新闻后台将会在该用户下一次启动该客户端时，为他推荐与股市基金相关的资讯。若是该用户在查看财经类信息之外，还观看科技类新闻，比如新款手机、新款电脑以及自动驾驶技术的应用等，腾讯新闻将会在后台依靠腾讯云计算为该用户得出更加适宜的信息推送权重，除了财经新闻和科技新闻以外，二者相结合的包括科技股、知识科普以及商务广告等信息也会被一并推送。当科技和财经同时成为一个用户的爱好时，腾讯大数据会知道该用户有可能是男性，并且有更高的概率会是一个商务人士。

此外，由于传统媒体所掌握的数据搜集方式和工具相对落后，媒体从业人员的工作重心多集中在某类内容产品的生产上，后期内容产品的传播效果反馈情况相对容易被忽视。腾讯还会利用自身大数据资源及技术优势，与具有较强影响力的传统主流媒体、网络媒体展开合作，以第三方的身份，利用优势能力，通过对传统主流媒体进行技术支持的方式实现资源共享，最终对自身媒体业务进行补充，优化自身媒体产品生态，从而提升影响力。

2016年，人民日报社与腾讯签署了媒体融合发展创新战略合作协议，共建中国媒体融合云平台，由腾讯提供云计算及大数据技术支持，向全国媒体行业提供安全的云服务体系和媒体融合平台、应用工具，并进一步拓展媒体内容在国内外的分发渠道。地方传统媒体也选择运用腾讯大数据，共建内容舆论生态，助推双方发展。2019年，腾讯云与无锡广播电视集团（台）签订了战略合作框架协议，携手打造全国第一家融合云计算、人工智能以及大数据能力的城市级融媒体服务平台。这些技术合作基于各自的行业积淀和优势资源，加速了媒体行业的融合创新，在提升传统媒体优质内容生产和传播力的基础上，也提升了腾讯媒体业务自身的影响力。

三 腾讯媒体业务"三力"提升实践中遇到的问题

腾讯媒体业务所具有的社交基因，及其与传统主流媒体合作等措施，的确在一定程度上提升了传播力、公信力和影响力，但同时也带来了一些负面效应和问题，制约着其"三力"的提升。

（一）提升传播力的负面效应：青少年过度依赖社交媒体

相比其他网络媒体，在腾讯连接思维的影响下，新闻消费、内容生产、平台分发、用户响应等功能，在腾讯全媒体产品矩阵中得以连接。一方面，这种连接增强了用户体验，使用户能在内容消费的同时，更加便捷地参与社交讨论，得到更好的社交体验，最终增强用户间交流，提高用户黏性，提升媒体资讯平台传播力。另一方面，这种强有力的社交体验也会导致青少年用户在媒介接触时产生过度依赖心理，甚至沉迷于社交媒体。

2015年，针对广东青少年网民开展的一项社会网络参与调查报告显示，超过20%的青少年每天花在社交媒体上的时长超过7小时。如果长时间不能使用社交软件，38.3%的青少年会"感觉与世界失去联系"，有15.4%的会感觉"烦躁不安，不知该干什么"，仅有33.6%的会感觉"无所谓"。[1] 同样，2017—2019年三年的互联网报告显示，移动终端的使用者正在趋向年轻化，即10—20岁用户占比逐年增多，其他年龄段用户占比被逐渐压缩。[2] 这是行业的总体趋势，网络使用者的年轻化趋势在未来数年仍然难以避免。全球每位用户在社交网络上花费的平均时长正逐年快速增长，其中包含相当数量的青少年用户。

腾讯内部报告数据指出，在腾讯媒体业务的用户群中，数量占比排名第三的是12—18岁的青少年，该群体平均社交媒体花费时长远远高于40岁以上中年群体，甚至接近30—40岁用户人群，青少年社交媒体滥用和软件依赖问题在腾讯生态内部比较突出。究其原因，在一定程度上与腾讯媒体业务在吸引用户群体时采用的策略有很大关系。例如，QQ或微信注册并没有严格的年龄限制，更没有管理系统制约未成年人的社交媒体使用时间。换句话说，包括腾讯视频、腾讯新闻在内的腾讯媒体业务产品，对青少年完全开放且未做限制。除此之外，腾讯游戏业务及产品同社交和媒体产品的紧密联系，更是导致青少年过度依赖社交媒体的重要原因。网络游戏带来的娱乐体验从本质上来说取决于竞争、休闲和社交，而这种竞争、休闲和社交只有在人际传播和人际互动中才能得以进行。作为全国最大的在线游戏平台，腾讯游戏所获得的利润尤为可观，这也是腾讯整体营收的主要来源。而作为媒体产品的腾讯新闻、腾讯视频甚至是腾讯体育，其客户端内有大量的游戏广告，甚至是以整屏广告的形式出现。内置在腾讯新

---

[1] 调查显示：青少年对社交媒体依赖严重［EB/OL］.（2015-07-02）[2020-06-22]. http://news.sohu.com/20150702/n416023264.shtml.

[2] Meeker M. Internet Trends 2017 ［R/OL］.（2017-05-31）[2021-11-30]. https://www.iab.it/wp-content/uploads/2017/06/349976485-mary-meeker-s-2017-internet-trends-report.pdf；Meeker M. Internet Trends 2018 ［R/OL］.（2018-05-30）[2021-11-30]. https://socialgamesnc.files.wordpress.com/2018/06/internet-trends-report-2018.pdf；Meeker M. Internet Trends 2019 ［R/OL］.（2019-06-11）[2021-11-30]. https://www.bondcap.com/pdf/Internet_Trends_2019.pdf.

闻和腾讯视频中的广告，使大量青少年用户能首先得知信息并完成下载，在游戏中社交需求被满足从而被动地强化对社交产品的依赖，进而疯狂地在个人的人际关系网络中传播这些信息。最终，腾讯媒体产品作为中介之一，成为游戏的广告平台和导流系统，这种强大的传播力导致了用户源源不断地流向游戏产品，并将其扩散至社交圈，其覆盖青少年的可能性也随之增高。

（二）内容产品缺乏审核，影响公信力评价

由于网络信息环境十分复杂，腾讯媒体业务中仍有不少偏离事实的虚假新闻，这些新闻大多由腾讯新闻编辑完成，缺乏审核把关。腾讯媒体业务作为平台与内容事业群的重要组成部分，同样承受着一定的营收压力。当某些媒体业务给集团整体财政带来负担，或经评估后没有维持下去的必要时，腾讯将减少投入甚至放弃这些业务。

目前，腾讯开展的全部媒体业务和构建的媒体产品均经过市场的检验，这种市场化属性，一方面，会为腾讯带来值得信赖和生存力极强的媒体品牌；另一方面，也存在一些问题，比如有选择地生产新闻，优先报道与腾讯有关的事件。以Google公司Android漏洞查找新闻事件为例，只要安全团队能够准确地上报系统中存在的漏洞，谷歌便会给予奖励。包括腾讯、360、火绒和金山等科技公司在内的互联网企业，均有自己的安全团队，其中以360和腾讯最为强大。但由于360在安全软件业务上同腾讯电脑管家有直接竞争关系，在报道漏洞修复或官方致谢等新闻时，腾讯科技更倾向于发布腾讯旗下安全团队的消息，较少提到360或金山安全团队做出的贡献，这种新闻内容传播选择时所表现出的偏向性在一定程度上影响了腾讯媒体业务的公信力评价。

（三）"信息茧房"制约影响力提升

算法推荐技术在信息精准传播中发挥了至关重要的作用，也是媒体深化影响力经常运用到的重要工具。算法推荐能够实施高度自动化的内容推送，其中有相当多的内容来源于经由自然语言处理后的机器写作，这些内容在分发给用户时会根据用户使用行为产生的标签来进行匹配，但算法推荐过程中，也会导致"信息茧房"问题日益凸显。例如，某位用户在某一网络媒体浏览过篮球资讯后，他在之后进行其他操作时，同样会被推荐阅

读另一则与篮球相关的资讯,进而导致用户单位时间内获取的资讯高度同质化。

算法推荐的原本目的是提高传播内容与用户需求匹配的准确性,进而刺激用户做到相应的转发或收藏行为,最终让传播内容利用阅读用户的社交关系触达网络中的更多用户,以提高传播内容和信息平台的影响力。但当算法推荐技术不能把用户的阅读体验维持在一个较高水平时,它所带来的"信息茧房"效应就会削减用户对后续推送内容的分享行为,这反而不利于影响力的构建与提升。腾讯新闻内容在传播过程中采取的用户喜好匹配的方式,是基于关系型数据的机器学习算法,它会潜在损害后续内容的影响力。

以腾讯财经新闻为例,当使用腾讯新闻客户端的用户反复阅读中央财政政策、央行借贷信息以及政府基建措施等新闻时,他们在后续打开客户端时会有约66.6%的概率接触到相似的信息,这对腾讯新闻客户端影响十分严重。不同于网页版本的固定模块和主动点击,客户端版本由于竖屏和小屏,更多情况下只能采用智能推荐的方法。随着用户继续刷新,前一次出现的财经类信息将会以同样的主题再次出现在用户屏幕中,即便用户不主动点击,平台也会基于用户之前的阅读数据,以同样的权重推送类似的资讯主题。如果用户点击其中任意一条相关信息,这个权重还会继续增强,进而导致"信息茧房"效应进一步增强。

四 对网络媒体与主流媒体"三力"提升的启示

腾讯新闻等媒体产品在数十年发展的过程中依然存在诸多有待解决的问题,比如现在所面临的青少年数字消费管控和"信息茧房"等困局,这些问题同样也是当前网络媒体所共同面临的问题。同时,腾讯媒体产品运营的成功经验也给网络媒体甚至是主流媒体带来一定的启示,其提升"三力"的实践及思考都具有一定的借鉴价值。

(一) 坚持以人为本的理念,用技术服务用户

不论技术如何发展,其都应当以服务人为首要任务。当技术发展远远超过人工的能力时,只有具备正确信仰和更高精神追求的技术才能造福于人类,最终使社会经济保持长期的稳定,让人类生命得以延续。腾讯新闻

在人工智能技术的控制方面做得比较出色，不论是机器写作、算法推荐分发，还是对用户的管理，这些人工智能技术赋能的全新方式都在以一种十分稳健的方式进行。比如 NBA 战报新闻会使用写作机器人来改进普通战报的撰写工作，以此提高工作效率，并由人工编辑负责最终的审查与校对。但在一些社会民生和时政热点的消息写作上，腾讯新闻仍会采用人工撰写的方法，以保证信息的安全性与可靠性。

相比之下，一些网络媒体大炒"人工智能"概念，毫无底线地利用尚未完善的算法推荐机制向用户推送大量低俗的内容，通过引发群体极化使用户行为发生转变。同样，为了节省人工采编成本，许多媒体采购了机器写作工具，为了追求时效性导致新闻内容问题频出。除此之外，还出现了程序化推荐广告和诱导付费等问题。这些消费陷阱多数由人工智能技术提供支持，其通过用户在媒体使用中留下的数据进行识别训练，进而将这些虚假广告或者诱导消费信息推送给有消费倾向的用户，从而刺激他们的购买行为。对于众多网络媒体而言，技术所能带来的社会价值相比其带来的短期商业价值更为重要。公众需要健康干净的网络环境，网络媒体只有坚持以人为本，坚持技术服务用户的理念，合理使用技术，才能建构良性循环的网络生态和社会舆论生态，才能切实提升"三力"。

（二）坚持新闻客观真实性，尊重新闻传播规律

腾讯新闻始终坚持新闻生产的客观真实性，尊重新闻传播规律，将内容的客观真实性和信息源的准确性作为发布新闻的前提，才在公众心目中逐步树立起负责任的媒体形象。但腾讯新闻仍需要从编辑和监管两个层面对内容生产持续进行强化，这种强化不仅是基于客观要求的被动修正，更要依靠自身从上至下的坚守。

第一，腾讯新闻要在内容创作、编辑和生产等环节强化其真实性和客观性的理念，遵循新闻本位要求，杜绝偏向性报道。科技、财经、生活等版块的新闻生产要向时政、社会版块看齐，并统一标准；新闻编辑也需要持续强化自身的媒介素养，坚守新闻客观真实和准确性原则，杜绝那些按需赶工或滥用机器生产的内容创作方式，恪守新闻报道的底线，竭力为公众传达全面、准确的资讯和信息。尽管机器生产新闻的技术手段已经比较成熟，但其仍然难以适应所有场景的内容生产要求。在所有内容生产上都滥用机器自动写作虽然能得到传播力的短期提升，但在后续内容生产与交

互的过程中会因缺乏对公众的理解而令影响力遭到损害，不利于"三力"的提升。

第二，科技、财经等版块的新闻生产也需要监管者投入更大的精力，加强对其内容的审核。这就要求管理者拥有更多的专业知识和技能，以避免出现内容偏差和偏向性报道等错误。在这方面，时政类新闻由于具有高度的政治属性和严苛的传播责任，需要管理者格外谨慎地审核稿件内容，确保新闻的准确性、客观性和中立性，只有这样，时政新闻的公信力才会不断提升。在新技术已广泛地渗透到大众生活的背景下，科技资讯影响着用户对技术工具的判断和对未来趋势的思考，腾讯新闻也应当对科技、财经等版块加强管理，持续提升媒体业务的整体公信力。

此外，腾讯新闻还应利用大数据开展公益活动，比如，发布寻人启事类消息，开展扶贫捐款、危急救助等活动。这些行为本身虽然并不能为腾讯新闻带来任何直接收入，但能在无形之中提升腾讯新闻平台在公众心中的形象。因为，履行社会职责、维护公众权利、坚持新闻的真实性和客观性，均是网络媒体赢得公众信任和提升公信力的基石。

（三）坚守新闻专业精神，勇于承担社会责任

传递新闻资讯是腾讯媒体业务的核心职能之一，也是腾讯内容与社交生态的重要支撑。这意味着对新闻的把握决定着腾讯新闻乃至其整个媒体事业的现在与未来。所以，腾讯新闻业务要坚守新闻专业精神，坚持新闻内容的真实性、客观性和专业性，积极承担起社会职责。

第一，在重大突发事件的报道上，腾讯新闻要充分利用自身先进的科技和多方的信源，在报道方式、报道工具、内容设计及传播手段上不断创新，确保新闻报道的专业性。腾讯新闻曾做过这样的优秀报道，在2014年马航MH370失踪事件报道中，腾讯新闻同其他新闻客户端一样，开通了专栏报道这一事件。与其他网络媒体不同的是，腾讯新闻对该事件整体报道的消息更为全面，对事件本身的报道更为详细。腾讯新闻在报道中，以卫星雷达数据结合航空专家观点陈述的方式，让新闻报道体现出更强的科学性和专业性。

第二，承担社会责任是新闻生产机构和综合性平台媒体的重要属性，也是对新闻从业者和新闻机构更高的要求。腾讯新闻之所以能在短时间内提升自身的公信力，在很大程度上应归功于腾讯新闻的使命感和社会责任

感。例如，腾讯在媒体业务中把其公益传播活动的工作目标定位为创造人与人、人与物的连接，而非创造营收，其为了扩大腾讯公益传播效果，取消了部分商业广告栏位的设计，以凸显公益信息，其中最具影响力的就是腾讯公益的寻人启事活动。当用户浏览腾讯新闻或回到客户端首页时，腾讯新闻便会基于用户所处的地理位置向其推送附近走失的儿童或老人的信息。

  腾讯新闻的专业报道和开展公益活动的做法，不仅体现了其对新闻媒体专业精神的坚守，也是其承担社会责任的具体体现，还会让腾讯媒体业务的用户感受到其对社会职责的担当，最终也会获得用户对其公信力和影响力的良好评价。

附录一 "三力"调查问卷(广东省)

访问员姓名：_____【签名】   问卷编号：_____
访问地点：_____【请项目审核人员填写】

新闻媒体传播力公信力影响力调研

（适用于广东省）

亲爱的朋友：

  您好！我们是"新闻媒体传播力公信力影响力"课题组成员。本调研获得中央政府专项经费支持（国家社会科学基金重点项目），以了解公众对新闻媒体的看法。通过科学的抽样方式，我们选择了您作为被访对象，恳请您帮助填完问卷。填写一份问卷可能要花费您15分钟，但您的回答对于了解我国的媒体环境，以及制订今后的媒体管理制度，具有很重要的意义。问卷填答完毕后，我们会赠送您礼品表达感谢。我们衷心希望得到您的帮助与配合！

  本调研不记名，您的回答也仅作研究的数据分析使用；根据《统计法》的规定，您的回答信息将得到严格保密。如果您对我们的调研有任何建议，欢迎与我们联系（联系人：　　，电话：　　）。再次表达我们的衷心感谢！

"新闻媒体传播力公信力影响力"课题组
2015年2月

问卷审核信息【课题组成员填写】
  审核人员：_____【签名】   审核时间：_____

特别提醒：本问卷中，CCTV包括其各个频道，省级卫视也包括其各个频道。

Q1. 平均来看，您每天看电视、看报纸、听广播和上网的时间有多少分钟？【每行单选】

	从不看/听/上	1—10分钟	11—20分钟	21—40分钟	41—60分钟	61—120分钟	120分钟以上
a. 看电视（不包括在网上看）	0	1	2	3	4	5	6
b. 看报纸（不包括看网络版）	0	1	2	3	4	5	6
c. 听广播（不包括在网上听）	0	1	2	3	4	5	6
d. 上网（包括用手机上网）	0	1	2	3	4	5	6

Q2. 下面列举了许多媒体，包括报纸、电视、广播和网站，当您平时需要获取新闻时，您会看这些报纸或电视、收听这些广播，或上这些网站吗？【每行单选】

	从不看/听/上	1个月1次或更少	2—3周1次	约1周1次	1周2—3次	1周4—5次	每天约1次或多次
a. CCTV（包括其微信微博等网络版形态）	0	1	2	3	4	5	6
b. 广东卫视（同上）	0	1	2	3	4	5	6
c. 人民日报（同上）	0	1	2	3	4	5	6
d. 南方日报（同上）	0	1	2	3	4	5	6
e. 南方都市报（同上）	0	1	2	3	4	5	6
f. 中央人民广播电台（同上）	0	1	2	3	4	5	6
g. 广东人民广播电台（同上）	0	1	2	3	4	5	6
h. 腾讯网	0	1	2	3	4	5	6
i. 新浪网	0	1	2	3	4	5	6
j. 大粤网	0	1	2	3	4	5	6
k. 凤凰网	0	1	2	3	4	5	6

Q3. 还是上述各种媒体，上次您通过它们收看、阅读或收听新闻时，大概用了多长时间？【每行单选】

	从不看/听/上	5分钟及以下	6—10分钟	11—20分钟	20分钟以上
a. CCTV（包括其微信微博等网络版形态）	0	1	2	3	4
b. 广东卫视（同上）	0	1	2	3	4
c. 人民日报（同上）	0	1	2	3	4
d. 南方日报（同上）	0	1	2	3	4
e. 南方都市报（同上）	0	1	2	3	4
f. 中央人民广播电台（同上）	0	1	2	3	4
g. 广东人民广播电台（同上）	0	1	2	3	4
h. 腾讯网	0	1	2	3	4
i. 新浪网	0	1	2	3	4
j. 大粤网	0	1	2	3	4
k. 凤凰网	0	1	2	3	4

Q4. 我们想知道您平时阅读、收看或收听新闻最多的报纸/电视/广播（包括其网络版），或为了获取新闻而上的时间最长的网站。请您列举1—3个，并请指出您的使用情况。

媒体名称	每周看/听/上的次数	平均每次看/听/上的时间
a. _____	_____次/每周	_____分钟/次
b. _____	_____次/每周	_____分钟/次
c. _____	_____次/每周	_____分钟/次

Q5. 以下各家媒体，在新闻报道和评论的真实客观方面，您认为它们做得如何？【每行单选】

	很不好	比较不好	一般	比较好	很好
a. CCTV（包括其微信微博等网络版形态）	1	2	3	4	5
b. 广东卫视（同上）	1	2	3	4	5
c. 人民日报（同上）	1	2	3	4	5
d. 南方日报（同上）	1	2	3	4	5
e. 南方都市报（同上）	1	2	3	4	5
f. 中央人民广播电台（同上）	1	2	3	4	5

续表

	很不好	比较不好	一般	比较好	很好
g. 广东人民广播电台（同上）	1	2	3	4	5
h. 腾讯网	1	2	3	4	5
i. 新浪网	1	2	3	4	5
j. 大粤网	1	2	3	4	5
k. 凤凰网	1	2	3	4	5

Q6. 还是上述各家媒体，在<u>履行社会责任</u>方面，您认为它们做得如何？【每行单选】

	很不好	比较不好	一般	比较好	很好
a. CCTV（包括其微信微博等网络版形态）	1	2	3	4	5
b. 广东卫视（同上）	1	2	3	4	5
c. 人民日报（同上）	1	2	3	4	5
d. 南方日报（同上）	1	2	3	4	5
e. 南方都市报（同上）	1	2	3	4	5
f. 中央人民广播电台（同上）	1	2	3	4	5
g. 广东人民广播电台（同上）	1	2	3	4	5
h. 腾讯网	1	2	3	4	5
i. 新浪网	1	2	3	4	5
j. 大粤网	1	2	3	4	5
k. 凤凰网	1	2	3	4	5

Q7. 以下媒体提供的<u>新闻</u>，您觉得对于自己了解社会现实和帮助家庭/个人做出决策等方面，重要吗？

	完全不重要	不重要	有些重要	重要	很重要
a. 党报党刊（包括其微信微博等网络版形态）	1	2	3	4	5
b. 都市类报纸（同上）	1	2	3	4	5
c. CCTV（同上）	1	2	3	4	5
d. 省级卫视（同上）	1	2	3	4	5
e. 广播电台（同上）	1	2	3	4	5
f. 重要门户网站新闻频道	1	2	3	4	5

Q8. 还是以上各类媒体，您觉得它们提供的<u>新闻</u>，积极的内容多还是消极的内容多？（注：消极内容主要指违背社会公序良俗，以及在价值观方面存在问题）

	消极的内容很多	消极的内容比较多	积极的内容比较多	积极的内容很多
a. 党报党刊（包括其网络版）	1	2	3	4
b. 都市类报纸（包括其网络版）	1	2	3	4
c. CCTV（包括其网络版）	1	2	3	4
d. 省级卫视（包括其网络版）	1	2	3	4
e. 广播电台（包括其网络版）	1	2	3	4
f. 重要门户网站的新闻频道	1	2	3	4

Q9. 请您根据以下四项标准（a，b，c，d），分别列举1—3家媒体（包括电视、报纸、杂志、广播、新闻网站），比如在标准"a. 新闻和评论最真实客观的媒体"下，列举1—3家媒体；在标准"b. 最有社会责任感的媒体"下，再列举1—3家；依次类推。

	媒体1	媒体2	媒体3
a. 新闻和评论最真实客观的媒体			
b. 最有社会责任感的媒体			
c. 内容方面最积极正面的媒体			
d. 内容方面最消极负面的媒体			

Q10. 以下列举了一些关于新闻媒体（包括报纸、电视、广播和新闻网站）的功能，您觉得它们的重要性分别如何？

	非常不重要	不怎么重要	一般	比较重要	非常重要
a. 迅速为大众提供新的信息	1	2	3	4	5
b. 依据事实真相报道新近发生的事件	1	2	3	4	5
c. 帮助人民了解党和政府的政策	1	2	3	4	5
d. 引导公众舆论	1	2	3	4	5
e. 帮助人们对决策中的政策展开讨论	1	2	3	4	5

续表

	非常不重要	不怎么重要	一般	比较重要	非常重要
f. 对各种复杂的问题提供分析与解释	1	2	3	4	5
g. 质疑和批评政府部门/公务员的言行	1	2	3	4	5
h. 质疑和批评商业机构的言行	1	2	3	4	5
i. 做人民的喉舌	1	2	3	4	5
j. 帮助人民实行舆论监督	1	2	3	4	5
k. 推动社会的改革和进步	1	2	3	4	5

Q11. 下面对于上网看新闻的几种说法，您同意吗？

	完全不同意	不同意	一般	同意	完全同意
a. 网上的新闻更加丰富	1	2	3	4	5
b. 上网后人们了解的新闻明显多样化了	1	2	3	4	5
c. 相比于电视和报纸，人们通过网络获取新闻更方便迅速	1	2	3	4	5
d. 网上对新闻事件的呈现更为真实全面	1	2	3	4	5
e. 通过网络看新闻后的跟帖，能知道网友们的看法	1	2	3	4	5
f. 通过网络能和亲朋/网友很方便地交流对新闻的看法	1	2	3	4	5
g. 网上的新闻便于查找检索	1	2	3	4	5
h. 网上的新闻更有利于相互印证	1	2	3	4	5
i. 一些网站发布的不真实的新闻很多	1	2	3	4	5
j. 网上消极负面的新闻很多	1	2	3	4	5
k. 网上许多新闻为了吸引眼球而写得耸人听闻	1	2	3	4	5
l. 网友在转帖/转发新闻时，容易导致新闻失实	1	2	3	4	5

Q12. 以下各种说法，您同意吗？【每行单选】

	完全不同意	不同意	中立	同意	完全同意
a. 政府所做的决策是正确的	1	2	3	4	5
b. 官员值得信任	1	2	3	4	5
c. 我愿意为当地城市/社区的发展做出贡献	1	2	3	4	5
d. 我对国家未来的发展充满信心	1	2	3	4	5

Q13. 请问您对下面的事情关心吗？

	完全不关心	不关心	一般	关心	非常关心
a. 本地乡镇/街道的事情	1	2	3	4	5
b. 本地县/市的事情	1	2	3	4	5
c. 本省的事情	1	2	3	4	5
d. 国家的大政方针	1	2	3	4	5

以下会涉及您的一些个人信息，请不要担心，我们会严格保密！

Q14. 您的年龄：_____岁

Q15. 您的性别：（1）男性　（2）女性

Q16. 您的学历水平：

（1）小学及以下	（2）初中	（3）中专/高中/技校
（4）大专/大学肄业/本科学生	（5）本科毕业	（6）研究生及以上

Q17. 您的职业：

（1）党政机关/事业单位工作人员	（2）企业/公司管理者	（3）医生/教师/律师/银行职员等
（4）企业/公司普通职员	（5）大中学校在校学生	（6）退休/暂无业
（7）商业服务业（仓储/餐饮/运输/娱乐等）	（8）个体或自由职业	（9）工厂工人（生产型）
（10）农民（农林牧渔）	（11）其他，请列出_____	

Q18. 请问您的家庭每月的总收入大致在以下哪个区间？

（1）1000元及以下	（2）1001—3000元	（3）3001—5000元	（4）5001—8000元
（5）8001—10000元	（6）10001—15000元	（7）15001—20000元	（8）20000元以上

========问卷到此结束，请检查是否有漏答的题目。衷心感谢您的支持！========

注：本课题调查问卷分别在广东、湖北、贵州三省发放，根据各地媒体情况的不同，最终问卷呈现为三套，但问题设置均为统一设计。区别在于，不同省份问卷中所涉及的省级主流媒体及地方网络媒体对象有所不同。囿于篇幅，在此只详细展示广东省具体问卷。其余两省问卷中所涉及媒体请参考书中表1-1。

附录二　媒体从业人员半结构化访谈提纲

（一）主流媒体角色

1. 您觉得什么是主流媒体？
2. 您觉得哪些算是主流媒体？主流媒体应该有哪些特征？
3. 您认为主流媒体在我国媒体发展中扮演什么样的角色，以及具有什么功能？
4. 您认为主流媒体在发展过程中面临哪些挑战？

（二）主流媒体传播力、公信力、影响力现状

1. 在您看来，当前主流媒体传播力、公信力、影响力表现如何？
2. 您认为哪些主流媒体具有较高的传播力、公信力、影响力？
3. 您认为哪些网络媒体具有较高的传播力、公信力、影响力？
4. 您觉得影响主流媒体传播力、公信力、影响力现状的因素有哪些？

（三）主流媒体传播力、公信力、影响力发展中的问题及对策

1. 您认为当前主流媒体"三力"发展中面临哪些问题？
2. 您觉得哪些问题在主流媒体中比较严重？
3. 您认为这些问题应当如何解决？
4. 您认为主流媒体应该如何提升自身"三力"？
5. 您认为主流媒体拥有哪些素质才能获得您对其"三力"较高的评价？
6. 您认为当前网络媒体"三力"有问题吗？
7. 您认为网络媒体在"三力"发展上有没有需要改进的地方？

附录三 被访者信息和访谈情况

编号	被访者	性别	单位	身份	学历	访谈时间	访谈形式
1	CSX	男	人民日报	主任	博士	2018 年 9 月	面访+电话访谈
2	CZK	男	人民日报	主编	硕士	2018 年 10 月	面访+电话访谈
3	SXG	男	人民日报	副主任	硕士	2018 年 10 月	电话访谈
4	LP	男	湖北电视台	总经理	硕士	2018 年 3 月	面访
5	WB	男	湖北电视台	副总经理	硕士	2018 年 5 月	面访
6	CXQ	女	湖北电视台	总经理	硕士	2017 年 6 月	面访
7	XPF	男	湖北电视台	总编辑	博士	2018 年 7 月	面访
8	GXR	女	湖北电视台	主编	硕士	2018 年 7 月	面访
9	ZYY	男	湖北大学	教授	博士	2018 年 10 月	面访+电话访谈
10	LJ	男	某军区宣传处	处长	硕士	2019 年 2 月	面访
11	CH	男	湖北省委宣传部	处长	博士	2018 年 12 月	面访+电话访谈
12	CX	男	腾讯网络安全	职员	硕士	2018 年 10 月	面访
13	HJJ	女	腾讯微信	职员	硕士	2018 年 10 月	面访
14	DL	男	腾讯新闻	副总编	博士	2019 年 2 月	电话访谈

参考文献

一 中文著作/译著

［1］陈力丹. 舆论学——舆论导向研究［M］. 北京：中国广播电视出版社，1999.

［2］崔保国. 中国传媒产业发展报告（2018）［M］. 北京：社会科学文献出版社，2018.

［3］丁和根. 中国传媒制度绩效研究［M］. 广州：南方日报出版社，2007.

［4］冯俊华. 企业管理概论［M］. 北京：化学工业出版社，2006.

［5］德弗勒，丹尼斯. 大众传播通论［M］. 颜建军，等，译. 北京：华夏出版社，1989.

［6］福山. 信任：社会美德与创造经济繁荣［M］. 彭志华，译. 海口：海南出版社，2001.

［7］赫尔曼，乔姆斯基. 制造共识：大众传媒的政治经济学［M］. 邵红松，译. 北京：北京大学出版社，2011.

［8］胡晓云，等. 品牌传播效果评估指标［M］. 北京：中国传媒大学出版社，2007.

［9］拉扎斯菲尔德，贝雷尔森，高德特. 人民的选择［M］. 唐茜，译. 北京：中国人民大学出版社，2012.

［10］刘继南，周积华，段鹏，等. 国际传播与国家形象——国际关系的新视角［M］. 北京：北京广播学院出版社，2002.

［11］刘京林. 大众传播心理学［M］. 北京：中国传媒大学出版社，2005.

［12］刘学义. 比较视野下的中美媒介公信力研究［M］. 北京：中国传媒

大学出版社，2014.

［13］洛厄里，德弗勒.传播研究里程碑［M］.王嵩音，译.台北：远流出版事业股份有限公司，1993.

［14］迈克尔·埃默里，埃德温·埃默里.美国新闻史：大众传播媒介解释史［M］.展江，殷文，主译.北京：新华出版社，2001.

［15］麦奎尔.受众分析［M］.刘燕南，李颖，杨振荣，译.北京：中国人民大学出版社，2006.

［16］穆奇艾利.传通影响力——操控、说服机制研究［M］.宋嘉宁，译.北京：中国传媒大学出版社，2009.

［17］帕特森，等.影响力2［M］.彭静，译.北京：中国人民大学出版社，2008.

［18］普拉诺，等.政治学分析词典［M］.胡杰，译.北京：中国社会科学出版社，1986.

［19］齐爱军.社会转型期中国主流媒体发展路径分析［M］.济南：山东人民出版社，2013.

［20］单波.20世纪中国新闻学与传播学·应用新闻学卷［M］.上海：复旦大学出版社，2001.

［21］覃光广，冯利，陈朴.文化学词典［M］.北京：中央民族学院出版社，1998.

［22］谭云明.传媒经营管理新论：第二版［M］.北京：北京大学出版社，2014.

［23］瓦耶纳.当代新闻学［M］.丁雪英，连燕堂，译.北京：新华出版社，1986.

［24］吴忠观.人口科学辞典［M］.成都：西南财经大学出版社.1997.

［25］西奥迪尼.影响力［M］.闾佳，译.沈阳：万卷出版公司，2010.

［26］席勒.大众传播与美利坚帝国［M］.刘晓红，译.上海：上海译文出版社，2006.

［27］喻国明.喻国明自选集——别无选择：一个传媒学人的理论告白［M］.上海：复旦大学出版社，2004.

［28］喻国明，等.中国大众媒介的传播效果与公信力研究［M］.北京：经济科学出版社，2009.

［29］张洪忠.大众媒介公信力理论研究［M］.北京：人民出版社，2006.

[30] 张辉锋. 传媒经济学［M］. 广州：南方日报出版社，2006.

[31] 张军芳. 报纸是"谁"：美国报纸社会史［M］. 北京：中国传媒大学出版社，2008.

[32] 张磊. 产业融合与互联网管制［M］. 上海：上海财经大学出版社，2001.

[33] 郑丽勇. 中国新闻传媒影响力研究报告［M］. 杭州：浙江大学出版社，2010.

[34] 郑也夫. 信任：合作关系的建立与破坏［M］. 杨玉明，皮子林，等，译. 北京：中国城市出版社，2003.

[35] 中央人民广播电台提升中国互联网国际传播力课题组. 传统媒体和新兴媒体融合发展的愿景与路径——以提升中国互联网国际传播力为例［M］. 北京：社会科学文献出版社，2014.

二 中文报刊论文

[1] 卜卫. 互联网络对大众传播的影响（上）［J］. 国际新闻界，1998（3）：5-11.

[2] 曹爱民. 中美资产阶级政党报纸之命运解析［J］. 新闻爱好者，2011（4）：16-17.

[3] 常江. 新型主流媒体内涵辨析［J］. 青年记者，2015（28）：16-17.

[4] 陈力丹，张勇锋. 传媒公信力与公众信心凝聚［J］. 人民论坛，2013（5）：13-15.

[5] 陈敏，张晓纯. 告别"黄金时代"：——对52位传统媒体人离职告白的内容分析［J］. 新闻记者，2016（2）：16-28.

[6] 戴晓晓. 大数据为融合发展提供底层支撑［N］. 南方日报，2016-08-23.

[7] 丁柏铨. 论新闻舆论传播力、引导力、影响力、公信力［J］. 新闻爱好者，2018（1）：4-8.

[8] 丁和根. 反向融合：传统媒体衰退背景下新闻业的边缘化与未来进路［J］. 西北工业大学学报（社会科学版），2019（1）：48-56.

[9] 丁俊杰. 解剖"影响力营销"［J］. 广告人，2005（7）：82-83.

[10] 董天策，梁辰曦，夏侯命波. 试论《人民日报》官方微博新闻评论

的话语方式 [J]. 国际新闻界, 2013 (9): 81-91.

[11] 杜伶俐. 受众媒介素养提升中的媒体作用 [J]. 新闻世界, 2012 (4): 32-33.

[12] 范以锦. 传播影响力迁徙后的主流媒体应对 [J]. 新闻与写作, 2015 (1): 58-60.

[13] 范以锦, 匡骏. 传播力三个层次撕裂后的媒体内容价值 [J]. 传媒, 2016 (16): 16-18.

[14] 范以锦, 邹茜. 从跟随者回归到引领者——论新媒体时代传统主流媒体的舆论监督地位 [J]. 传媒, 2009 (9): 71-72.

[15] 冯锐, 李闻. 社交媒体影响力评价指标体系的构建 [J]. 现代传播 (中国传媒大学学报), 2017 (3): 63-69.

[16] 冯桢. 融媒体时代"内容为王"还是"渠道为王"? [J]. 新媒体研究, 2018 (8): 108-109.

[17] 高金光, 张靖, 施宇, 等. 失衡与重建——河南传统媒体人才流失状况调研报告 [J]. 新闻爱好者, 2018 (11): 8-12.

[18] 郭金明, 高俊卫. 大学出版社传播力研究及实证模型构建 [J]. 现代出版, 2013 (3): 18-21.

[19] 郭羽. 线上自我展示与社会资本: 基于社会认知理论的社交媒体使用行为研究 [J]. 新闻大学, 2016 (4): 67-74, 151.

[20] 韩晓宁, 郭玮琪. 智能传媒产业特征及国际竞争力提升对策 [J]. 当代传播, 2019 (2): 69-72.

[21] 韩振峰. 提高网络媒体公信力问题探析 [J]. 东南传播, 2008 (10): 41-42.

[22] 何春晖, 毛佳瑜. 媒体影响力的量化指标 [J]. 新闻实践, 2006 (10): 15-17.

[23] 胡晓峰, 易荣伟, 张美华, 等. 传播力与公信力: 新型主流媒体集团评价指标细化考量之探析 [J]. 新闻知识, 2018 (6): 32-35.

[24] 胡莹, 项国雄. 传者素养: 媒介素养教育的根本 [J]. 传媒观察, 2005 (8): 42-43.

[25] 华文. 媒介影响力经济探析 [J]. 国际新闻界, 2003 (1): 78-83.

[26] 黄楚新. 2017年中国报纸融合发展报告 [J]. 传媒, 2018 (1): 22-26.

[27] 黄楚新, 彭韵佳. 2017年中国媒体融合发展报告 [J]. 现代传播

（中国传媒大学学报），2018（4）：9-15.

[28] 黄楚新，王丹，任芳言. 试论习近平的新媒体观［J］. 新闻与传播研究. 2016（3）：7-17，126.

[29] 黄俭. 王朝闻谈新闻与美学［J］. 新闻记者，1983（3）：31-33.

[30] 黄奇，郭晓苗. Internet 上网站资源的评价［J］. 情报科学，2000（4）：350-352，354.

[31] 黄贤英，杨林枫，刘小洋. 分级意见领袖下的微博信息传播与数学建模［J］. 计算机科学，2018（11）：261-266.

[32] 黄小希. 守正道 创新局——党的十九大以来宣传思想文化工作述评［N］. 人民日报，2019-01-06.

[33] 黄晓芳. 公信力与媒介的权威性［J］. 电视研究，1999（11）：22-24.

[34] 黄杨. 互联网新型主流媒体提升传播力的路径分析——以澎湃新闻为例［J］. 新闻与写作，2018（11）：17-23.

[35] 贾茜.《华西都市报》"迈向主流大报"的探索［J］. 青年记者，2004（4）：21-22.

[36] 江作苏，梁锋. 网络论坛：媒介实现社会价值的有效平台［J］. 当代传播，2010（6）：113-114.

[37] 姜涛，冯彦麟. 媒介传播力的评估方法与路径［J］. 新闻与写作，2018（11）：11-16.

[38] 蒋佶成. 理性互动：媒介影响力的助推器——兼对郑丽勇教授媒介影响力指标体系质疑［J］. 新闻记者，2012（7）：65-68.

[39] 靳一. 中国大众媒介公信力影响因素分析［J］. 国际新闻界，2006（9）：57-61.

[40] 靖鸣，吴星星. 我国传统媒体新闻传播的困境与突围［J］. 新闻爱好者，2016（8）：22-25.

[41] 雷跃捷，沈浩，薛宝琴. 我国广播电视媒体公信力的受众认知调查与研究［J］. 现代传播（中国传媒大学学报），2012（5）：20-25.

[42] 李德刚. 打造网络影响力："冷媒介"时代的电视节目生存策略［J］. 现代传播（中国传媒大学学报），2008（3）：130-132.

[43] 李军，陈震，黄霁崴. 微博影响力评价研究［J］. 信息网络安全，2012（3）：10-13，27.

[44] 李良荣，袁鸣徽. 锻造中国新型主流媒体［J］. 新闻大学，2018

(5): 1-6.

[45] 李明德,高如.媒体微信公众号传播力评价研究——基于20个陕西媒体微信公众号的考察 [J].情报杂志,2015 (7): 141-147.

[46] 李忠昌.试论大众传媒的公信力 [J].西安建筑科技大学学报(社会科学版),2003 (1): 59-61.

[47] 廖圣清,李晓静,张国良.中国大陆大众传媒公信力的实证研究 [J].新闻大学,2005 (1): 19-27.

[48] 林颖颖."澎湃新闻"的灵魂是主流价值观——专访澎湃新闻总编辑刘永钢 [J].新闻与写作,2018 (10): 82-85.

[49] 刘成璐,尹章池.大众传媒科技传播能力评价体系的构建 [J].今传媒,2012 (4): 107-108.

[50] 刘亮.媒体内容融合的主要问题及研究对策 [J].现代传播(中国传媒大学学报),2015 (11): 156-157.

[51] 刘奇葆.推进媒体深度融合 打造新型主流媒体 [J].思想政治工作研究,2017 (2): 7-10.

[52] 刘太刚.对公共事务概念主流观点的商榷:兼论需求溢出理论的双层公共事务观 [J].政治学研究,2016 (1): 82-94, 127.

[53] 刘先根,屈金轶.论省会城市党报传播力的提升 [J].新闻战线,2007 (9): 48-50.

[54] 刘学义,王一丽.欧美传播语境下的媒介公信力研究 [J].北京理工大学学报(社会科学版),2010 (3): 96-100.

[55] 刘燕南,刘双.国际传播效果评估指标体系建构:框架、方法与问题 [J].现代传播(中国传媒大学学报),2018 (8): 9-14.

[56] 刘正荣.认识"新媒体"[J].中国记者,2007 (3): 80-81.

[57] 刘志."互联网+"时代传统媒体如何重构渠道和内容 [J].安徽理工大学学报(社会科学版),2016 (3): 81-85.

[58] 卢国华.中国报纸科技传播能力的评估与分析 [J].现代传播(中国传媒大学学报),2015 (7): 46-51.

[59] 陆小华.传媒运作的核心问题 [J].新闻记者,2005 (1): 15-18.

[60] 陆晔.新闻从业者的媒介角色认知——兼论舆论监督的记者主体作用 [J].中国青年政治学院学报,2003 (2): 86-91.

[61] 路易·阿尔都塞.意识形态和意识形态国家机器(续)[J].李迅,

译. 当代电影, 1987 (4): 31-43.

[62] 吕尚彬, 方苏, 胡新桥. 大学生媒介认知调查分析 [J]. 当代传播, 2009 (5): 36-40.

[63] 吕尚彬, 张萱. 中国传媒人媒介认知研究的主要发现与结果分析 [J]. 武汉大学学报 (人文科学版), 2009 (6): 770-777.

[64] 罗文辉, 陈世敏. 新闻媒介可信度之研究 [Z]. "行政院国科会" 专题研究计划成果报告, 1993.

[65] 罗文辉, 林文琪, 牛隆光, 等. 媒介依赖与媒介使用对选举新闻可信度的影响: 五种媒介的比较 [J]. 新闻学研究, 2003 (74): 19-44.

[66] 马晓娟, 李玉贞, 胡勇. 微博用户影响力的评估 [J]. 信息安全与通信保密, 2013 (6): 53-55.

[67] 孟建. 面向新世纪的我国城市电视发展战略——对主流媒体嬗变中城市电视发展问题的若干思考 [J]. 中国广播电视学刊, 1999 (11): 33-37.

[68] 孟锦. 舆论战与媒介传播力关系探微 [J]. 军事记者, 2004 (10): 31-32.

[69] 苗启明. 论事实本位的思维方式: 实证思维 [J]. 昆明师范高等专科学校学报, 1999 (1): 14-18, 49.

[70] 年度虚假新闻研究课题组. 2018年虚假新闻研究报告 [J]. 新闻记者, 2019 (1): 4-14.

[71] 潘忠党, 於红梅. 互联网使用对传统媒体的冲击: 从使用与评价切入 [J]. 新闻大学, 2010 (2): 4-13.

[72] 彭剑. 后真相时代的传媒公信力反思 [J]. 新闻战线, 2018 (23): 34-36.

[73] 彭兰. 新媒体: 大有可为的公共信息平台 [J]. 中国记者, 2006 (2): 49-50.

[74] 彭兰. 网络新闻传播效果评估的作用及方法 [J]. 中国编辑, 2008 (6): 47-51.

[75] 强月新, 陈星. 当前我国媒体传播力的影响因素研究: 以受众为视角 [J]. 新闻大学, 2017 (4): 73-80+149.

[76] 强月新, 陈星, 张明新. 我国主流媒体的传播力现状考察——基于对广东、湖北、贵州三省民众的问卷调查 [J]. 新闻记者, 2016 (5):

16-26.

[77] 强月新,刘莲莲.对主流媒体传播力公信力影响力关系的思考[J].新闻战线,2015(5):46-47.

[78] 强月新,夏忠敏.当前我国主流媒体影响力的调研与分析[J].新闻记者,2016(11):35-43.

[79] 强月新,徐迪.我国主流媒体的公信力现状考察——基于2015年问卷调查的实证研究[J].新闻记者,2016(8):50-58.

[80] 秦刚.传媒如何优化传播效果?——由地方媒体影响力越过"楚河汉界"说起[J].新闻记者,2001(4):16-17.

[81] 人民网研究院.2018年全国党报融合传播指数报告[J].新闻与写作,2018(7):36-40.

[82] 佘文斌.公信力——传媒竞争的重要砝码[J].新闻战线,2002(5):32-33.

[83] 沈正赋.新媒体时代新闻舆论传播力、引导力、影响力和公信力的重构[J].现代传播(中国传媒大学学报),2016(5):1-7.

[84] 施志君,乐娜.论网络"把关人"对网络媒体公信力的影响[J].湖北民族学院学报(哲学社会科学版),2007(3):112-115.

[85] 石长顺,梁媛媛.互联网思维下的新型主流媒体建构[J].编辑之友,2015(1):5-10.

[86] 史安斌,王沛楠.智媒时代传统主流媒体的品牌重塑[J].电视研究,2018(7):7-9.

[87] 宋兴明.党报传播力提升的影响因素分析[J].新闻知识,2012(12):20-22.

[88] 孙立平,王汉生,王思斌,等.改革以来中国社会结构的变迁[J].中国社会科学,1994(2):47-62.

[89] 谭健.从重大主题宣传看传播力生成模式转变[J].军事记者,2012(12):4-6.

[90] 谭震.北京师范大学发布《中央媒体海外网络传播力报告(2016)》[J].对外传播,2016(2):29.

[91] 唐钦.当代主流媒体融合实践过程中的困境与出路研究[D].华南理工大学,2017.

[92] 唐远清.新型主流媒体建设的困境与对策[J].新闻爱好者,2015

(7)：19-22.

[93] 田萌，蒋乐进．都市类报纸的区域影响力研究——以杭州《都市快报》与《钱江晚报》为案例［J］．新闻知识，2006（1）：66-69，7.

[94] 王斌．媒体融合语境下电视媒体影响力评价新论——兼对"郑丽勇指标体系"的补充与发展［J］．中国广播电视学刊，2016（4）：73-75.

[95] 王华良．论编辑创造的特殊性［J］．编辑学刊，1990（2）：27-34.

[96] 王林，潘陈益，朱文静．基于h指数、g指数和p指数的微博影响力评价对比研究［J］．现代情报，2018（6）：11-18，61.

[97] 王昕，陈晓．主流媒体融合发展的战略与策略——基于新媒体发展基本问题的观察与思考［J］．新闻战线，2018（23）：64-66.

[98] 王秀丽，赵雯雯，袁天添．社会化媒体效果测量与评估指标研究综述［J］．国际新闻界，2017（4）：6-24.

[99] 王怡红．西方"传播能力"研究初探［J］．新闻与传播研究，2000（1）：57-66.

[100] 王勇．我国新闻网站的发展现状与趋势——基于对"中国新闻网站传播力榜"的分析［J］．新闻前哨，2016（10）：31-33.

[101] 闻学峰．传媒公信力的概念及测量——兼论梅耶的传媒公信力测量体系［J］．浙江万里学院院报，2006（6）：37-40.

[102] 吴昊天．中国传媒产业发展研究——基于产业融合的视角［D］．西南财经大学，2014.

[103] 吴月红，陈明珠．中国语境下主流媒体传播力评估模型及指标体系的构建［J］．安徽农业大学学报（社会科学版），2016（2）：127-130.

[104] 西坡．王凤雅事件，任何社会都不需要"造谣式慈善"［N］．新京报，2018-05-27.

[105] 肖焰，蔡晨．新时代背景下我国农民企业家带富效能的双因素研究［J］．农业经济，2019（2）：54-56.

[106] 谢静．20世纪初美国的媒介批评与新闻专业主义确立［J］．新闻与传播研究，2004（2）：73-78.

[107] 谢新洲．我国媒体融合的困境与出路［J］．新闻与写作，2017（1）：32-35.

[108] 许丹旸．新传媒环境下报业的发展对策研究［J］．现代传播（中国传媒大学学报），2012（8）：164-165.

[109] 玄洪友. 为主流媒体正名 [J]. 中国出版, 2004 (4): 34-36.

[110] 严三九. 中国传统媒体与新兴媒体产业融合发展研究 [J]. 新闻大学, 2017 (2): 93-101, 151.

[111] 杨悦, 艾新新. 省级卫视官方微博影响力评估及提升路径 [J]. 现代传播 (中国传媒大学学报), 2018 (5): 127-130.

[112] 姚林. 大众媒体传播力分析 [J]. 传媒, 2006 (9): 20-21.

[113] 佚名. CNN背后有一位"恐怖的特德" [J]. 国际新闻界, 1991 (3): 19-20.

[114] 佚名. 本局消息: 六、拱宸桥桑螟卵寄生蜂放饲区域越冬卵寄生率及传播力之考查 [J]. 昆虫与植病, 1933 (7-8): 190.

[115] 佚名. 主流媒体如何增强舆论引导有效性和影响力之一: 主流媒体判断标准和基本评价 [J]. 中国记者, 2004 (1): 10-11.

[116] 尤蕾. 媒体公信力调查: 传统媒体突围信用榜单 [J]. 小康, 2018 (22): 72-74.

[117] 喻国明. 迎接传媒产业的"竞合时代" [J]. 传媒观察, 2002 (11): 6-8.

[118] 喻国明. 关于传媒影响力的诠释——对传媒产业本质的一种探讨 [J]. 国际新闻界, 2003 (6): 24-27.

[119] 喻国明. 大众媒介公信力理论初探（上）——兼论我国大众媒介公信力的现状与问题 [J]. 新闻与写作, 2005 (1): 11-13.

[120] 喻国明. 大众媒介公信力理论初探（下）——兼论我国大众媒介公信力的现状与问题 [J]. 新闻与写作, 2005 (2): 11-13.

[121] 喻国明, 焦建, 张鑫, 等. 从传媒"渠道失灵"的破局到"平台型媒体"的建构——兼论传统媒体转型的路径与关键 [J]. 北方传媒研究, 2017 (4): 4-13.

[122] 喻国明, 姚飞. 强化互联网思维推进媒介融合发展 [J]. 前线, 2014 (10): 54-56, 58.

[123] 喻国明, 张洪忠, 靳一. 媒介公信力: 判断维度量表之研究——基于中国首次传媒公信力全国性调查的建模 [J]. 新闻记者, 2007 (6): 12-15.

[124] 袁爱清. 增强媒介免疫力的新路径 [J]. 传媒观察, 2013 (7): 32-34.

[125] 袁丽媛. "后真相"语境下提升网络媒体公信力的必要性及路径探

索［J］．阴山学刊，2019（2）：27-30．

［126］詹骞，周莉，吴梦．我国社交媒体公信力测评量表设计研究［J］．当代传播，2018（6）：41-44．

［127］张春华．传播力：一个概念的界定与解析［J］．求索，2011（11）：76-77．

［128］张春华．"传播力"评估模型的构建及其测算［J］．新闻世界，2013（9）：211-213．

［129］张洪忠，季娇．新媒介公信力考察——基于全国十大城市网络、手机调查数据的分析［J］．当代传播，2010（4）：76-77．

［130］张洪忠，姜文琪，丁磊．人工智能时代打造新型主流媒体的路径探索——封面新闻调研报告［J］．中国记者，2018（9）：33-36．

［131］张德君，徐园，张宇宜．传统媒体 App 应用的问题与方向［J］．中国记者，2012（9）：114-115．

［132］张玲．媒介素养教育——一个亟待研究与发展的领域［J］．现代传播（中国传媒大学学报），2004（4）：101-102．

［133］张显峰．传统媒体最大危机是忘了"读者"［J］．新闻与写作，2016（3）：74-76．

［134］张志安，吴涛．"宣传者"与"监督者"的双重式微——中国新闻从业者媒介角色认知、变迁及影响因素［J］．国际新闻界，2014（6）：61-75．

［135］赵飞飞．国际传播力评估指标体系研究——以中国国际广播电台为例［J］．国际传播，2017（2）：24-30．

［136］赵光怀．媒介环境、受众与媒体公信力下降问题［J］．山东社会科学，2010（10）：30-34．

［137］郑保卫．试论传媒公信力形成的要件及判断与评估的标准［J］．新闻界，2005（6）：4-6．

［138］郑保卫．强化传播力　彰显影响力　拓展创新力　提升竞争力——试论当前我国新闻传媒业发展之要略［J］．新闻与传播研究，2007（2）：18-21．

［139］郑保卫，李晓喻．影响力　公信力　亲和力——新媒体环境下的党报应对之道［J］．新闻与写作，2013（2）：35-37．

［140］郑积梅．智媒时代新技术应用模式及其传播效果分析——以2019

年两会报道为例 [J]. 出版广角, 2019 (9): 70-72.

[141] 郑丽勇. 媒介影响力乘法指数及其效度分析 [J]. 当代传播, 2010 (6): 20-23.

[142] 郑丽勇, 郑丹妮, 赵纯. 媒介影响力评价指标体系研究 [J]. 新闻大学, 2010 (1): 121-126.

[143] 中国传媒大学党报党刊研究中心课题组. 提高新时代党报传播力、引导力、影响力、公信力——"人民共和国党报论坛"第十四届 (2017) 年会综述 [J]. 新闻与写作, 2018 (1): 86-88.

[144] 《中国政府网站互联网影响力评估报告 (2013)》评估工作组. 中国政府网站互联网影响力评估报告 2013 [J]. 电子政务, 2013 (11): 2-21.

[145] 中视金桥媒介研究中心. 如何评估电视媒体影响力 [J]. 市场观察, 2017 (12): 96-98.

[146] 钟虎妹. 从媒介机理来看新闻传媒影响力及影响力经济 [J]. 东北师大学报 (哲学社会科学版), 2008 (2): 110-113.

[147] 钟新, 陆佳怡, 陈国韵. 主流媒体的国际传播能力建设——以中外主流媒体应用国际社交媒体的现状分析为例 [J]. 新闻与写作, 2014 (11): 30-35.

[148] 周钢. 困境与裂变: 省级党报集团融合发展战略研究 [D]. 华中科技大学, 2016.

[149] 周胜林. 论主流媒体 [J]. 新闻界, 2001 (6): 11-12.

[150] 周宪. 视觉文化的转向 [J]. 学术研究, 2004 (2): 110-115.

[151] 周志峰, 韩静娴. h 指数应用于微博影响力分析的探索——以我国"211 工程"大学图书馆微博为例 [J]. 情报杂志, 2013 (4): 63-67.

[152] 周志懿. 媒体竞争: 传播力制胜 [J]. 中国报业, 2006 (9): 45-47.

[153] 朱春阳. 传播力: 传媒价值竞争回归的原点 [J]. 传媒, 2006 (8): 52.

[154] 朱雯. 东方卫视影响力评估研究 [D]. 南京师范大学, 2005.

三 英文著作

[1] Aristotle. The art of rhetoric [M]. New York: Putmans Press, 1926.

［2］ Bostrom R N. Competence in communication：A multidisciplinary approach［M］. Thousand Oaks：Sage Publications Press，1984.

［3］ Castells M. Communication power［M］. Oxford：Oxford University Press，2009.

［4］ Hovland C I，Janis I L，Kelley H H. Communication and persuasion：Psychological studies of opinion change［M］. New Haven：Yale University Press，1953.

［5］ Sass C P. Interpretive approaches to interpersonal communication［M］. New York：State University of New York Press，1994.

［6］ Trenholm S，Jenson A. Interpersonal communication［M］. New York：Wadsworth Publication Company，1996.

四 英文论文

［1］ Adams W J. Program scheduling strategies and their relationship to new program renewal rates and rating changes［J］. Journal of broadcasting and electronic media，1993（37）：465－474.

［2］ Anderson C A，Berkowitz L，Donnerstein E，et al. The influence of media violence on youth［J］. Psychological science in the public interest，2010，4（3）：81－110.

［3］ Austin E W，Dong Q. Source vs. content effects on judgments of news believability［J］. Journalism quarterly，1994（71）：973－983.

［4］ Berlo D K，Lemert J B，and Mertz R J. Dimensions for evaluating the acceptability of message sources［J］. Public opinion quarterly，1969（4）：563－576.

［5］ Cohen J，Tsfati Y. The influence of presumed media influence on strategic voting［J］. Communication research，2009（3）：359－378.

［6］ DeLorme D，Fedler F. Endowed newspapers：A solution to the industry's problems?［J］. Journal of humanities and social sciences，2008（1）：14.

［7］ Hamo M，Kampf Z，Shifman L. Surviving the "mock interview"：Challenges to political communicative competence in contemporary televised discourse［J］. Media，culture & society，2010（2）：247－266.

［8］ Hassan S, Hashim N L. Evaluating social media: Towards a practical model for measuring social media influence ［J］. International journal of interactive communication systems and technologies, 2014 (2): 33 – 49.

［9］ Hassan S. Identifyingcriteria for measuring influence of social media ［J］. International journal of information technology & computer science, 2013 (3): 86 – 91.

［10］ Hirsch J E. Anindex to quantify an individual's scientific research output ［J］. Proceedings of the national academy of sciences of the United States of America, 2005 (46): 16569 – 16572.

［11］ Ladd J C C, Attitudes toward the news media and political competition in America ［D］. Princeton: Princeton University, 2006.

［12］ Lull J. Family communication patterns and the social uses of television ［J］. Communication research, 1980 (3): 319 – 333.

［13］ Markham D. The dimensions of source credibility of television newscasters ［J］. Journal of communicationn, 1968 (18): 57 – 64.

［14］ McCombs M E, Shaw D L. The agenda-setting function of mass media ［J］. Public opinion quarterly, 1972 (2): 176 – 187.

［15］ Meyer P. Defining and measuring credibility of newspapers: Developing and index ［J］. Journalism quarterly, 1988 (1): 567 – 574.

［16］ Mikkelson A C, York J A, Arritola J. Communication competence, leadership behaviors, and employee outcomes in supervisor-employee relationships ［J］. Businessand professional communication quarterly, 2015 (3): 336 – 354.

［17］ Miller A H. Political issues and trust in government: 1964 – 1970 ［J］. American political science review, 1974 (3): 951 – 972.

［18］ Morgan R. A consumer-oriented framework of brand equity and loyalty ［J］. International journal of market research, 2013 (1): 65 – 78.

［19］ Mulder R A. Log-linear analysis of media credibility ［J］. Journalism quarterly, 1981 (58): 635 – 638.

［20］ Newton K. Mass Media Effects: Mobilization or Media Malaise? ［J］. British Journal of Political Science, 1999 (4): 577 – 599.

［21］ Noelle-Neumann E, Mathes R. The "event as event" and the "event as news": The significance of "consonance" for media effects research [J]. European journal of communication, 1987 (4): 391-414.

[22] Pan Z, Chan J M. Shifting journalistic paradigms [J]. Communication research, 2003 (6): 649-682.

[23] Robison M J. Believability and press [J]. Public opinion quarterly, 1990 (52): 174-189.

[24] Rubin A M. Uses of daytime television soap operas by college students [J]. Journal broadcasting & electronic media, 1985 (3): 241-258.

[25] Slater M D. Operationalizing and analyzing exposure: The foundation of media effects research [J]. Journalism & mass communication quarterly, 2004 (1): 168-183.

[26] Slater M, Rouner D. How message evaluation and source attributes may influence credibility assessment andbelief change [J]. Journalism and mass communication quarterly, 1996 (4): 974-991.

[27] Wathen C N, Burkell J. Believe it or not: Factors influencing credibility on the web [J]. Journal of the American society for information science and technology, 2002 (2): 2.

[28] Weng J, Lim E P. TwitterRank: Finding topic-sensitive influential twitterers [C]. Proceeding of the third ACM international conference on web search and data mining. ACM, 2010: 261-270.

[29] West M D. Validating a scale for the measurement of credibility: A covariance structure modeling approach [J]. Journalism & mass communication quarterly, 1994 (1): 159.

[30] Withaar R J, Ribeiro G F. The social media indicator 2: Towards a software tool for measuring the influence of social media [C]. EGOV &ePart ongoing research, 2013: 200-207.

五 电子文献

[1] Chomsky A N. What makes mainstream media mainstream [J]. Z Magazine, 1997. https://chomsky.info/199710__/.

[2] 调查显示：青少年对社交媒体依赖严重 [EB/OL]. (2015-07-02)

[2020-06-22]. http://news.sohu.com/20150702/n416023264.shtml.

[3] 丁伟:提高新媒体从业者政治意识和业务素质 [EB/OL]. (2018-07-27) [2020-06-27]. http://k.sina.com.cn/article_2810373291_a782e4ab02000pcri.html.

[4] 丁伟:重塑优势 坚守主流 [EB/OL]. (2016-07-26) [2020-06-27]. http://finance.people.com.cn/n1/2016/0726/c1004-28586553.html.

[5] 东方早报整体转型,澎湃新闻引进6.1亿国有战略投资 [EB/OL]. (2016-12-28) [2020-06-27]. https://m.thepaper.cn/newsDetail_forward_1588957.

[6] 工信部发网媒公信力报告 腾讯新闻是唯一跻身第一梯队的商业媒体 [EB/OL]. (2018-03-06) [2020-06-22]. https://tech.qq.com/a/20180302/024010.htm.

[7] 关于深化新闻出版业数字化转型升级工作的通知 [EB/OL]. (2017-05-18) [2020-06-30]. http://www.nppa.gov.cn/nppa/contents/279/1486.shtml.

[8] 郭全中. 传统媒体转型的五大逻辑之五:市场逻辑 [EB/OL]. (2017-05-16) [2020-06-27]. http://www.sohu.com/a/141067505_481352.

[9] "寒门状元之死"内容违规被删 账号被禁言60天 [EB/OL]. (2019-01-30) [2020-06-27]. http://www.bjnews.com.cn/news/2019/01/30/544180.html.

[10] 2019互联网趋势报告中文完整版 [EB/OL]. (2019-06-12) [2020-06-19]. http://www.ebrun.com/20190612/337225.shtml.

[11] 2018年,与我们告别的报纸,已经超过40家 [EB/OL]. (2018-12-31) [2020-06-20]. https://baijiahao.baidu.com/s?id=1621337710084908693&wfr=spider&for=pc.

[12] AI泡沫前,我们怎么办?中美两国人工智能产业发展全面解读 [EB/OL]. (2017-08-02) [2020-06-28]. https://www.sohu.com/a/161709079_455313.

[13] 清博指数:域名行业微信公众号影响力月榜单(2017年2月) [EB/OL]. (2017-03-21) [2020-06-21]. http://www.admin5.com/article/20170321/727994.shtml.

[14] 探索文化发展新道路 开创文化建设新局面——党的十六大以来我国

文化体制改革成就综述［EB/OL］．（2011 - 10 - 17）［2020 - 06 - 28］．http：//www．zhangzhou．gov．cn/cms/siteresource/article．shtml？id = 20224807543690004&siteId = 60421715499190000．

［15］ 2018 腾讯收费增值服务用户 1.6 亿 腾讯视频会员 8900 万［EB/OL］．（2019 - 03 - 21）［2020 - 06 - 21］．https：//tech．sina．com．cn/i/2019 - 03 - 21/doc - ihsxncvh4411632．shtml．

［16］ 推动主流媒体在融合发展之路上走稳走快走好［EB/OL］．（2014 - 08 - 20）［2020 - 06 - 18］．http：//www．gov．cn/xinwen/2014 - 08/20/content_2737635．htm．

［17］ 习近平谈媒体融合发展：关键在融为一体、合而为一［EB/OL］．（2018 - 08 - 22）［2020 - 06 - 30］．http：//cpc．people．com．cn/n1/2018/0822/c164113 - 30242991．html．

［18］ 习近平：推动传统媒体和新兴媒体融合发展［EB/OL］．（2014 - 08 - 18）［2020 - 06 - 20］．http：//media．people．com．cn/n/2014/0818/c120837 - 25489622．html．

［19］ 习近平总书记在党的新闻舆论工作座谈会上的重要讲话引起强烈反响［EB/OL］．（2016 - 02 - 22）［2020 - 06 - 18］．http：//www．xinhuanet．com//politics/2016 - 02/22/c_1118122184．htm．

［20］ 徐立军：中国媒体融合的核心问题单［EB/OL］．（2018 - 09 - 28）［2020 - 06 - 30］．http：//www．sohu．com/a/256718928_650612．

［21］ "中国国际传播力（2018）"系列报告之一：中国企业国际传播力（2018）［EB/OL］．（2019 - 01 - 29）［2020 - 06 - 20］．http：//news．cssn．cn/zx/zx_gjzh/zhnew/201901/t20190129_4819277．shtml．

［22］ 2018 中国媒体融合传播指数报告发布［EB/OL］．（2019 - 03 - 26）［2020 - 06 - 20］．http：//media．people．com．cn/n1/2019/0326/c120837 - 30994743．html．

［23］ 中国网络视听节目服务协会：2019 年中国网络视听发展研究报告（附下载）［EB/OL］．（2019 - 06 - 03）［2020 - 06 - 30］．http：//www．199it．com/archives/882433．html？weixin_user_id = 1eo6ETQjqbZ67b_ - KSP1EB77i6eGUU．

［24］ 2017 中国应用新闻传播领域十大创新案例出炉［EB/OL］．（2017 - 10 - 29）［2020 - 06 - 27］．http：//www．xinhuanet．com//politics/2017 -

10/29/c_1121872103.htm.

[25] 【重磅】《2018中国网络视听发展研究报告》发布（附PPT全文）[EB/OL].（2018-11-28）[2020-06-22]. https://www.sohu.com/a/278400728_488163.

后　记

2013年1月，时任中宣部部长的刘奇葆提出"要围绕学习宣传贯彻十八大精神这条主线，坚持正确导向，创新报道，改进文风，提高新闻媒体的传播力公信力影响力，增强舆论引导的及时性针对性实效性"[1]，首次将"传播力公信力影响力"同时提出。2014年8月18日，习近平主持召开中央全面深化改革领导小组第四次会议，会议审议通过的《关于推动传统媒体和新兴媒体融合发展的指导意见》提出，要"着力打造一批形态多样、手段先进、具有竞争力的新型媒体，建成几家拥有强大实力和传播力公信力影响力的新型媒体集团，形成立体多样、融合发展的现代传播体系"[2]。"三力"首次作为一个整体在官方文件中出现，提升主流媒体"三力"也成为学界业界讨论的热点话题之一。

在2014年国家社会科学基金项目申报中，本人以"增强主流媒体的传播力公信力影响力研究"为题，成功立项重点项目（项目批准号：14AXW001）。2014年下半年课题正式立项后，课题组第一时间召开项目论证会，组织专家进行研讨，听取专家意见和建议，对研究框架进行适度调整，进一步细化研究计划、明确研究思路，使项目更具可操作性。在占有大量文献材料基础上，2014年底课题正式启动。该课题已于2019年顺利结项，本书为该课题最终研究成果。根据研究设计，本书以马克思主义新闻观为指导、以科学发展观为基本理念，对主流媒体"三力"的理论阐释、现状分析、存在问题和提升对策进行系统研究。

---

[1] 刘奇葆在人民日报社调研时强调 媒体要创新报道改进文风［EB/OL］.（2013-01-18）［2021-06-24］. http://politics.people.com.cn/n/2013/0118/c1001-20240870.html.

[2] 推动主流媒体在融合发展之路上走稳走快走好［EB/OL］.（2014-08-20）［2020-06-18］. http://www.gov.cn/xinwen/2014-08/20/content_2737635.htm.

整体而言，本书主要有以下三个特点。

第一，从研究内容来看，本书首次将作为主流媒体评价体系不同面向的"三力"放在一起进行整体研究，率先对主流媒体"三力"之间的关系进行剖析，为主流媒体"三力"研究开辟了新的理论视角，丰富了中国特色社会主义新闻理论体系。本书认为，传播力是主流媒体产生影响力和获得公信力的前提和基础，公信力是维持主流媒体传播力和影响力的保障，影响力是主流媒体提高传播力的终极诉求和获得公信力的直接表征。此外，基于核心概念的清晰界定，本书构建了相对科学的主流媒体"三力"评价体系，对中国主流媒体传播力、公信力、影响力的基本现状进行统计考察。本书提出的公式模型为：传播力 = 用户接触频率 × 用户单次接触时长；公信力 = 媒体在新闻/评论方面的真实客观程度和履行社会责任程度；影响力 = 传播力 × 媒体内容重要性 × 媒体内容价值导向。

第二，从研究方法来看，本书将理论分析与实证研究相结合，使用参与式观察法、问卷调查法及深度访谈法等多种方法展开研究。2015年1月，课题组对问卷题项进行编制，选取小范围样本展开预调查工作。根据预调查结果，组织召开三次问卷协商会，对问卷题项进行调整完善，并针对问卷调研人员开展调查方式、调查技巧等方面的培训。2015年2月开始，问卷调研人员分别前往广东省、贵州省、湖北省发放共计1350份问卷，最终成功收回1183份问卷，其中有效问卷1159份（广东省 $N=393$，湖北省 $N=392$，贵州省 $N=374$），有效问卷占比85.9%。本书调查样本规模较大，从收回样本的人口统计学数据来看，样本覆盖相对全面，在一定程度上能代表当时中国广泛的媒体受众。

第三，从社会影响来看，本书关注传播理念、体制机制、方法路径等不同方面，关涉社会、政府、媒体、公众等不同群体。同时结合研究数据和结果，提出提升主流媒体"三力"的具体对策建议，对引导当前中国复杂的舆论环境具有一定现实意义，同时也有助于主流媒体在新的媒体竞争格局中找回主导地位。2015年下半年开始，课题组对采集到的数据进行分析处理，结合数据分析结果，配合深度访谈法，先后发表了20余篇学术论文及调研报告，其中"增强主流媒体的传播力公信力影响力研究"系列论文获得第十一届湖北省社会科学优秀成果奖三等奖，核心观点被湖北省委宣传部新闻出版处采纳。

本课题的开展受到了各方大家和好友的鼎力支持，结集成书的过程更是离不开整个课题组的辛劳付出。值此付梓之际，特别感谢华中科技大学新闻与信息传播学院张明新教授为本课题设计问卷，在数据分析过程中给予指导；特别感谢社会科学文献出版社刘荣老师、程丽霞老师为本书所付出的辛勤劳动，感谢各位专家给予的建议及帮助，更感谢本书中所引用的观点和看法的作者们。

本书共计九章内容。本人主要负责梳理把握整体思路、设计书稿框架、撰写第一章引言及审阅统筹全部书稿。第二、三章由孙志鹏博士执笔，第四、五、六章由陈星博士执笔，第七、八章由刘亚博士执笔，第九章由戴劲松博士、梁湘毅博士、肖迪博士共同执笔。感谢各位博士的辛勤付出，感谢武汉大学新闻与传播学院2014级博士研究生及硕士研究生、2018级新闻学硕士研究生参与问卷发放及数据收集、录入等工作。

主流媒体"三力"是一个相对新鲜和前沿的课题，更是值得社会各界持续关注、深入研究的重要问题。2016年2月19日，在党的新闻舆论工作座谈会上"引导力"第一次被提出，习近平总书记强调要"切实提高党的新闻舆论传播力、引导力、影响力、公信力"。本课题"增强主流媒体的传播力公信力影响力研究"，立项于2014年底，问卷调查则在2015年初展开，数据采集于2015年上半年。虽然当时项目名称和问卷设计中并未涉及"引导力"，但基本反映了当时中国主流媒体"三力"的发展现状。此外，本书始终认为主流媒体的传播力、公信力、影响力与引导力息息相关，提升主流媒体传播力、公信力及影响力是发挥舆论工作引导力的前提。

在未来研究中，本人及课题组将依托在研课题教育部人文社科重大项目"互联网形态与中国传播能力"（项目批准号：17JJD860003）、国家社会科学基金重大项目"社会转型期新型主流媒体公信力研究"（项目批准号：20&ZD316），结合媒介生态变革，持续跟踪主流媒体"三力"相关数据，更新相关数据调查结果，进一步研究主流媒体"传播力、引导力、影响力、公信力"的发展问题，希望与社会各界专家学者深入交流，共同探讨。

本书虽经反复校对，仍难免有所疏漏，敬请各位读者指正。

强月新

2021年3月25日

图书在版编目(CIP)数据

主流媒体"三力"研究／强月新等著. -- 北京：
社会科学文献出版社，2022.1
ISBN 978-7-5201-9510-2

Ⅰ.①主…　Ⅱ.①强…　Ⅲ.①传播媒介－研究－中国
Ⅳ.①G219.2

中国版本图书馆 CIP 数据核字（2021）第 267232 号

主流媒体"三力"研究

著　　者 / 强月新　陈　星　等

出 版 人 / 王利民
责任编辑 / 刘　荣
文稿编辑 / 程丽霞
责任印制 / 王京美

出　　版 / 社会科学文献出版社（010）59367011
　　　　　地址：北京市北三环中路甲 29 号院华龙大厦　邮编：100029
　　　　　网址：www.ssap.com.cn
发　　行 / 市场营销中心（010）59367081　59367083
印　　装 / 三河市尚艺印装有限公司

规　　格 / 开本：787mm × 1092mm　1/16
　　　　　印张：18.25　字数：309 千字
版　　次 / 2022 年 1 月第 1 版　2022 年 1 月第 1 次印刷
书　　号 / ISBN 978-7-5201-9510-2
定　　价 / 99.00 元

本书如有印装质量问题，请与读者服务中心（010-59367028）联系

▲ 版权所有 翻印必究